Essential
기업회계

김정호

Essential
business accounting

퍼스트북
1st book

머리말

본 저서는 취업을 준비하는 많은 학생들이 취업 전에 기본적으로 꼭 알아두어야 할 기초회계와 관련된 기본 회계적 정보와 기업회계를 바탕으로 한 재무분석을 쉽게 익히고 이해할 수 있도록 구성되었다. 매년 졸업을 앞둔 많은 대학생들은 취업을 앞두고 어떤 미래를 보장하고 있는지도 인지하지 못한 채 취업전선에 뛰어들고 있다. 그래서 본서는 자신이 입사하고 싶은 회사가 얼마나 재무지표가 우수한지를 알아보기 위하여 기본적인 회계를 익히고 더불어 기업의 재무비율분석을 하고자 한다.

크게 세 파트로 구성하였는데 기본적인 기초회계지식을 알아보고 기초회계에서 회계를 점 더 확장하여 응용회계를 다루었다. 이를 통하여 기업의 재무제표를 통한 기업의 성장성, 발전가능성, 수익성 등을 알아보기 위하여 재무비율분석까지 다룰 수 있도록 구성하였다.

앞서 언급했듯이, 본서를 집필하게 된 동기는 우리 학생들이 취업을 준비하기 전에 스스로 자신의 역량을 되돌아보고 자신이 진정 원하는 삶을 살 수 있도록 하기 위한데 있다. 또한 회계학과 학생이든 아니든 간에 회사 생활을 하면서 필요한 기본적인 회계지식을 습득하게 하여 좀 더 수월한 회사생활을 할 수 있도록 도움을 주고, 자신이 가고자 하는 회사의 미래비전과 지향점을 스스로 알아보고자 하는데 있다. 부족한 필력에도 불구하고 많은 도움을 준 고마운 분들께 감사하는 마음을 가지며 더 나은 미래를 위해 오늘도 열심히 자기개발에 힘쓰는 학생들에게 작은 도움이 되기를 바란다.

백양산 기슭에서
김정호

차 례

제 1 장

회계란 무엇인가?

1. 회계란

(1) 회계(Accounting)란 무언인가?

회계란 회사의 경영 활동에 관련된 다양한 이해당사자들의 합리적인 의사 결정을 할 수 있도록 경영 활동을 기록하고 유용한 재무적 정보를 측정하여 전달하는 과정이라 할 수 있다. 즉 이해 당사자들이 합리적인 결정을 할 수 있게 재무적 정보를 제공하는 것을 회계라고 한다.

이해 당사자들이란 투자자, 채권자, 경영자, 과세당국, 종업원, 거래처(공급자, 수요자) 등이 있으며 각각의 이해관계자 자신의 이익과 목적에 따라 회계정보를 활용하고 있다. 예를 들면 투자자는 얼마만큼의 수익을 달성할 수 있는지, 채권자는 일정기간의 이자수익 회수와 원금을 잘 돌려받을 수 있는지, 경영자는 올해 실적이 얼마나 되는지, 과세 당국은 세금을 얼마나 걷을 수 있는지, 종업원은 올해 성과급을 얼마나 받을 수 있는지 등 각자의 이익과 목적에 맞는 회계 정보를 이용한다.

(2) 기업과 관련된 다양한 정보이용자

· 회계의 정의

다양한 기업의 정보 이용자가 자원 배분에 관한 의사 결정을 합리적으로 할 수 있도록 목적에 적합한 정보를 적시에 제공하는 것

회계 정보는 크게 두 종류로 나누는데 재무회계와 관리회계로 나누어진다. 기업 외부 공표의 목적으로 사용되는 것이 재무회계, 내부의 관리의 목적으로 사용되는 것이

관리회계이다.

재무회계의 정보 이용자는 투자자(주주), 채권자, 정부기관, 협력업체, 고객 등이 사용하며 재무상태표, 포괄손익계산서, 현금흐름표, 자본변동표 등의 정보가 제공 되는데 기본적인 법규와 규정에 따라 회계를 작성하여야 하며 정해진 기간에 적절하게 공시 되어야 한다.

반면에 관리회계의 정보 이용자는 경영자, 관리자, 실무자, 노동조합 등이 사용하며 가격결정 정보, 사업부별 손익정보, 원가절감 정보 등이 제공된다. 이러한 정보는 정보이용자의 요구에 따라 다양한 형태로 제공이 되며, 필요하거나 요구를 할 경우 정보를 제공 받을 수 있다.

재무제표(F/S, Financial Statement)는 기업의 경영활동을 일반적으로 인정된 회계원칙(GAAP, Generally Accepted Accounting Principle)에 따라 간결하게 요약한 재무보고서이다. 재무제표는 기업의 다양한 이해관계자의 경제적 의사결정에 도움이 될 수 있도록 경영자가 기업의 경제적 자원과 의무인 재무상태와, 기업의 수익과 비용인 재무성과 등에 관한 재무정보를 제공하고자 하는데 주목적이 있다. 그러므로 다양한 이해관계자가 어떤 유형의 재무정보를 필요로 하느냐에 따라 작성하여야 할 재무제표의 종류도 달라질 것이다. 기업의 이해관계자들은 일반적으로 기업의 재무상태 및 경영성과에 관한 정보를 필요로 하며, 이러한 욕구를 충족시켜 주기 위하여 작성되는 재무보고서는 재무상태표, 포괄손익계산서, 자본변동표, 현금흐름표이며, 이에 대한 적절한 주석과 부속명세서도 재무제표의 구성요소 등으로 구성된다.

재무회계와 관리회계

구 분	재무회계	관리회계
주요이용자	외부이용자(투자자, 채권자)	내부이용자(경영자)
보고서유형	일반목적 보고	특수목적 보고
정보내용	과거증명	미래예측
규칙 및 양식	규칙 및 양식 존재	규칙 및 양식 제한없음
보고주기	분기별 혹은 연기별	수시보고

(3) 기업의 회계환경

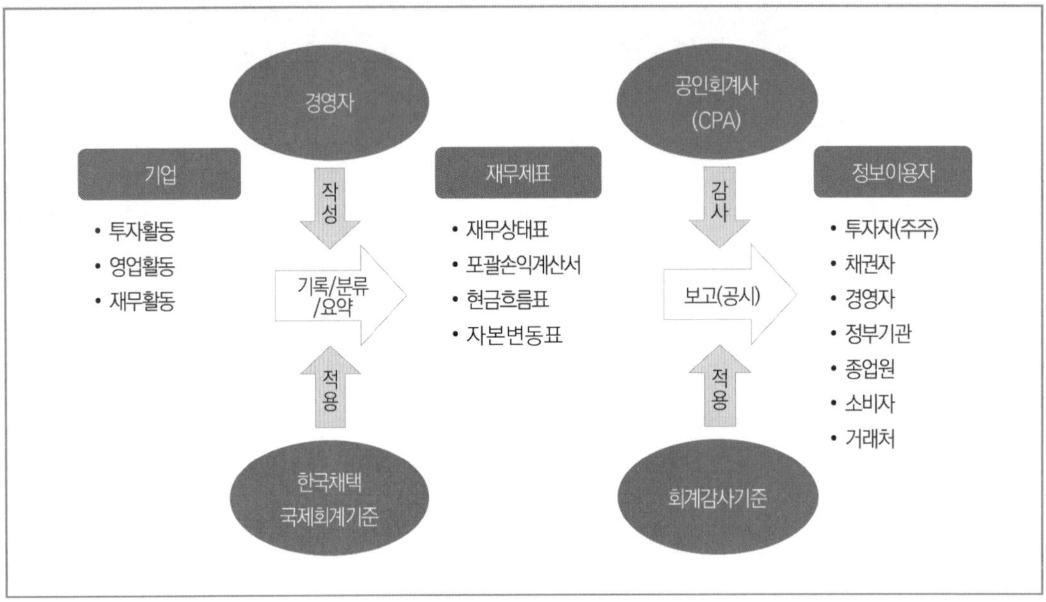

재무제표의 체계

재무보고
- 재무제표
  - 재무상태표, 포괄손익계산서, 자본변동표, 현금흐름표
  - 주석 및 부속명세서 : 이익잉여금처분계산서, 회계정책, 우발상황 등
- 보조정보 : 유가증권명세서, 제조원가명세서 등
- 기타재무 보고수단 : 경영자 분석 및 전망보고서, 주주에 대한 서한 등

경영자는 일반적으로 인정된 회계기준에 의거하여 회계기준의 허용 범위 내에서 적절한 회계처리 방법을 선택하여 이를 일관성 있게 적용하고, 합리적인 판단으로 재무제표를 작성하여야 한다.

우리나라의 회계기준 적용 체제

구 분	2008년까지	2009년-2010년	2011년-2012년	2013년	2014년 이후
상장기업 (listed company)		한국채택국제회계기준 (K-IFRS)			
비상장기업 (Unlisted company)	일반기업회계기준 (K-GAAP)			중소기업회계기준 (AS for SME)	

(4) 재무제표의 상호관련성

재무제표는 동일한 거래 또는 사건에 있어서 다양한 측면에서 정보를 제공하고 있으므로 재무제표의 각 구성요소는 서로 연관되어 있다. 재무제표의 재무상태표, 포괄손익계산서, 현금흐름표 등이 서로 다른 정보를 제공한다 하더라도, 어느 하나의 재무정보가 특정 의사결정에 충분한 정보를 제공할 수는 없으며 또한 모든 재무제표의 정보를 대신 할 수 있는 것도 아니다. 따라서 재무제표인 재무상태표, 포괄손익계산서, 현금흐름표, 자본변동표는 상호 보완적 관계에 있으며, 이러한 관계는 다음과 같이 유기적으로 연계되어 있다.

우선, 재무상태표는 일정시점(stock)의 기업의 재무 유동성과 재무건전성을 평가하는데 유용한 정보를 제공해 준다. 재무상태표의 정보가 현금흐름표의 정보와 함께 제공된다면 특정시점에 있어 기업의 재무상태와 현금 유동성의 정보로 인하여 재무 유동성 및 재무건전성을 평가하는데 중요한 정보를 제공해 줄 수 있다. 반면에 포괄손익계산서는 일정기간(flow)의 경영성과로 기업의 수익성을 주로 평가하는데 유용한 정보를 제공해 준다. 포괄손익계산서의 정보가 재무상태표의 정보와 함께 제공된다면 수익성의 기간별 비교 또는 기업실체간의 비교를 통하여 자기자본이익률과 같은 유용한 정보를 제공해 줄 수 있다.

그리고 현금흐름표는 일정기간(flow) 동안의 현금유입과 현금유출에 대해 많은 정보를 제공해 주지만, 현금유입과 현금유출은 서로 대응하여 표시되지 않으므로 현금흐름표는 기업의 미래 현금흐름을 전망하는데 한계가 있어 중요한 정보를 제공해 주지는 못한다. 그러므로 미래의 현금흐름을 예측하기 위해서는 현금흐름표 정보와 포괄손익계산서 그리고 재무상태표의 정보가 함께 사용될 때 좀 더 유용한 정보를 얻을 수 있는 것이다.

반면 자본변동표는 자산, 부채, 자본 변동의 주요 원천에 대한 정보를 제공해 준다. 주주에게 배당을 할 경우에는 포괄손익계산서상의 이익과 비교하여 유용한 정보를 제공 받을 수 있으며, 재무상태표와 함께 유상증자 및 자기주식의 취득과 배당은 신규 차입 및 기존 채무의 상환에 대한 중요한 정보를 제공해 줄 수 있다.

이와 같이 재무제표의 재무상태표, 포괄손익계산서, 현금흐름표, 자본변동표 등은 회계정보이용자의 의사결정에 중요한 정보를 제공해 주기 위해서는 각각의 정보뿐만 아니라 서로의 정보를 유기적으로 연계하여 상호 관련시킴으로서 정보의 유용성이 증대하게 되는 것이다.

재무제표 상호간의 관련성

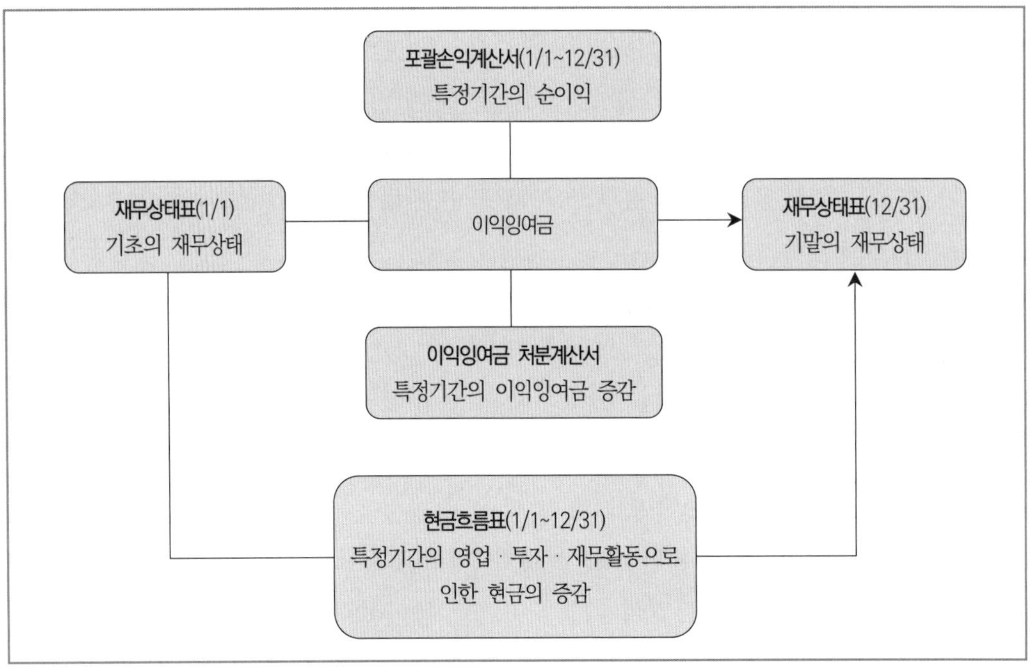

이 해 하 기

다음 중 빈 칸에 들어갈 금액으로 옳은 것은?

기 초(1/1)	기 말(12/31)			당기순손실
자 본	자 산	부 채	자 본	
8,000,000원	㉮	9,000,000원	㉯	1,000,000원

	㉮	㉯		㉮	㉯
①	16,000,000원	7,000,000원	②	16,000,000원	9,000,000원
③	18,000,000원	7,000,000원	④	18,000,000원	9,000,000원

해답 ①

- 당기순이익(손실) = 기말자본 − 기초자본
  △ 1,000,000원 = 기말자본 − 8,000,000원
- 기말자본 = 7,000,000원
- 기말자산 = 기말부채 + 기말자본
  = 9,000,000원 + 7,000,000원
  = 16,000,000원

재무상태표(1/1)

	기초자본 8,000,000

재무상태표(12/31)

기말자산 x	기말부채 9,000,000
	기말자본 7,000,000
합계 16,000,000	합계 16,000,000

- 기말자본 = 기초자본 + 당기순이익 − 배당금
- 기말자본 = 기초자본 − 당기순손실 − 배당금 이므로
  x = 8,000,000 −1,000,000
  x = 7,000,000

- 기말자산 = 기말부채 + 기말자본이므로
  x = 9,000,000 + 7,000,000
  x = 16,000,000

2. 기업의 재무상태표

(1) 재무상태표의 내용과 양식

재무상태표(B/S, Balance Sheet)는 일정시점(stock) 현재에 기업이 보유하고 있는 경제적 자원인 자산과 경제적 의무인 부채, 그리고 자본에 대한 정보를 제공하는 재무보고서이다. 재무상태표에 나타나 자산과 부채는 기업의 가치를 직접적으로 평가 할 수 있는 것은 아니지만, 다른 재무제표와 함께 기업가치 평가에 유용한 정보를 제공해 준다. 이에 일정한 규모 이상의 기업은 회계연도말(재무상태표)을 포함하여 매분기(분기보고서)와 반기(반기보고서), 월별(월별보고서-외국인투자기업)로, 재무상태표를 작성하기도 하며, 필요에 따라서는 수시로 재무상태표를 작성하기도 한다.

재무상태표는 회계등식과 동일한 기본체계를 가지고 있으며, 이는 다음과 같다.

자산 = 부채 + 자본

B/S

자산 xxx	부채 xxx
	자본 xxx

이 등식을 '회계등식' 또는 '대차대조표 등식'이라고 부르며, 회계등식을 구성하고 있는 요소이다.

재무상태표는 계정식과 보고식의 두 가지 보고방법이 있다. 계정식이란 〈표 1-1〉과 같이 중앙을 중심으로 좌측에는 자산을, 우측에는 부채와 자본을 보고하는 방법이다. 반면에 보고식이란 〈표 1-2〉 과 같이 좌우의 구별 없이 재무상태표 상단으로부터 자산, 부채, 그리고 자본의 순서대로 연속 표시하여 보고하는 방법을 말한다. 기업회계기준에서는 이 두 가지 방법을 모두 허용하고 있으나, 일반적으로 자산, 부채 및 자본을 동시에 파악할 수 있는 T계정식을 주로 사용하고 있다.

기업회계기준에서 정하고 있는 재무상태표의 양식에는 〈표 1-1〉 과 〈표 1-2〉 에 나타난 것과 같이 제일 윗부분에 "재무상태표"란 이름을 쓰고 그 아래에 재무상태를 표시하는 기준시점인 "제×(당)기 20××년 ××월 ××일 현재, 제×(전)기 20××년 ××월 ××일 현재"를 비교식으로 기재하게 된다. 그리고 재무상태표가 나타내는 기업의 이름을 좌측 상단에 기재하고, 금액은 원, 천원 또는 백만 원 등의 금액 단위를 우측 상단에 기재하면 된다. 기업회계기준에서는 재무상태표를 당해 연도와 전년도를 비교하는 형식으로 보고하고 있다.

표 1-1 계정식 재무상태표

재무상태표

제×(당)기 20××년 ××월 ××일 현재
제×(전)기 20××년 ××월 ××일 현재

㈜정호상사 (단위: 원)

	당 기	전 기		당 기	전 기
자 산	×××	×××	**부 채**	×××	×××
유 동 자 산	×××	×××	유 동 부 채	×××	×××
당 좌 자 산	×××	×××	비 유 동 부 채	×××	×××
재 고 자 산	×××	×××	**자 본**	×××	×××
비 유 동 자 산	×××	×××	자 본 금	×××	×××
투 자 자 산	×××	×××	자 본 잉 여 금	×××	×××
유 형 자 산	×××	×××	자 본 조 정	×××	×××
무 형 자 산	×××	×××	기타포괄손익누계액	×××	×××
기타비유동자산	×××	×××	이 익 잉 여 금	×××	×××
자 산 총 계	×××	×××	**부채와 자본총계**	×××	×××

표 1-2 보고식 재무상태표

재무상태표

제×(당)기 20××년 ××월 ××일 현재
제×(전)기 20××년 ××월 ××일 현재

㈜정호상사 (단위: 원)

	당기	전기
자 산		
유 동 자 산	×××	×××
당 좌 자 산	×××	×××
재 고 자 산	×××	×××
비 유 동 자 산	×××	×××
투 자 자 산	×××	×××
유 형 자 산	×××	×××
무 형 자 산	×××	×××
기타비유동자산	×××	×××
자 산 총 계	**×××**	**×××**
부 채		
유 동 부 채	×××	×××
비 유 동 부 채	×××	×××
부 채 총 계	**×××**	**×××**
자 본		
자 본 금	×××	×××
자 본 잉 여 금	×××	×××
자 본 조 정	×××	×××
기타포괄손익누계액	×××	×××
이 익 잉 여 금	×××	×××
자 본 총 계	**×××**	**×××**
부채와 자본총계	**×××**	**×××**

(2) 자산

자산(Asset)이란 기업이 소유하고 있는 경제적 자원으로서, 과거 거래나 사건의 결과로 기업이 보유하여 기대되는 자원으로 미래의 경제적 효익 또는 용역의 잠재력을 의미한다. 즉 기업이 영업활동 혹은 그 외의 목적을 달성하기 위하여 소유 또는 통제하고 있는 유형 및 무형의 재화, 용역 및 권리 등을 포함한 경제적 자원을 의미한다. 이러한 자산은 기본적으로 그 기업에 대하여 경제적 효익을 제공할 수 있는 재화나 용역잠재력을 보유하며 기업이 이를 소유하거나 통제가능 할 때에 한하여 재무상태표에 계상될 수 있다.

재무상태표에 표시되는 자산은 일정한 유동성 순서에 따라 배열하게 된다(유동성배열법). 먼저 1년 이내의 기간에 현금화 할 수 있는 **유동자산**으로 현금, 매출채권, 단기금융상품 등과 같은 **당좌자산**과 상품, 제품, 재공품, 원재료 등의 **재고자산**으로 나열된다. 이어서 장기(1년 이상)인 **비유동자산**으로는 투자목적으로 보유하는 장기예금, 장기투자증권, 투자부동산, 장기대여금 등의 **투자자산**과 토지, 건물, 기계장치, 차량운반구 등과 같이 단기간에 현금화되지 아니하는 것으로 물리적 형체가 있는 **유형자산** 및 영업권, 산업재산권, 개발비 등 단기간에 현금화되지 아니하면서 물리적 형체가 없는 **무형자산**, 그리고 보증금이나 장기성 매출채권 등의 **기타비유동자산** 등의 순서로 나열된다.

자산은 일반적으로 현재의 시가가 아닌 취득원가로 작성한다. 그러나 취득한 후 자산의 시장가치가 크게 증가하면 자산재평가에 따라 자산을 공정가치로 재평가 할 수 있도록 하고 있다. 자산은 크게 유동자산인 당좌자산과 재고자산, 비유동자산인 투자자산, 유형자산, 무형자산, 그리고 기타비유동자산으로 분류한다.

자산의 구성

- 자산
  - 유동자산
    - 당좌자산: 현금, 매출채권, 단기금융상품 등
    - 재고자산: 상품, 제품, 제공품, 원재료 등
  - 비유동자산
    - 투자자산: 장기예금, 장기투자증권, 투자부동산, 장기대여금 등
    - 유형자산: 토지, 건물, 기계장치, 차량운반구 등
    - 무형자산: 영업권, 산업재산권, 개발비 등
    - 기타비유동자산: 보증금, 장기성 매출채권 등

상품과 제품의 차이

상품과 제품 모두 판매를 목적으로 보유하는 재고자산이라는 공통점이 있지만 상품과 제품의 다음과 같이 차이점이 있다.
직접 제조하여 판매하는 자산은 제품이고, 타인으로 부터 사들여 판매를 하는 자산을 상품으로, 도·소매가 이에 해당된다.
제품의 경우 직접 제조함으로 원가회계(cost accounting)가 적용된다.

① 당좌자산

당좌자산은 현금 또는 1년 이내의 기간에 현금화되는 자산들을 가리킨다. 사용제한이 없는 현금과 현금성자산 그리고 매매목적으로 보유하고 있거나 또는 단기간 보유하여 재무상태표일로부터 1년 내에 수익이 실현되거나 현금이 회수될 것으로 기대되는 매출채권, 단기금융상품 등이 포함된다.

② 재고자산

재고자산은 제조·판매 활동에 의하여 단기간에 현금화가 가능한 자산들을 가리킨다. 기업의 정상적인 영업주기 내에 수익이 실현될 것으로 예상되거나, 판매 또는 자가소비 목적으로 보유하고 있는 상품, 제품, 재공품 또는 저장품 등이 포함된다.

③ 투자자산

투자자산은 장기적인 투자수익을 목적으로 보유하는 채권 및 주식, 영업활동에 사용되지 않는 유형자산 즉, 투자부동산인 토지 및 설비자산, 특정목적인 퇴직금 지급, 설비확장, 채무상환 등의 예금 등과 다른 기업에 중대한 영향력 행사나 지배를 목적으로 장기간 보유하는 지분법적용투자주식 등을 포함한다. 투자자산은 기업의 고유한 영업목적에 사용되지 않는 점에서 유형자산과 구분되며 장기적으로 보유하고 있다는 점에서 유동자산인 당좌자산과 재고자산과도 구분이 된다.

④ 유형자산

유형자산은 기업의 정상적인 경영활동인 재화의 생산, 용역의 제공, 타인에 대한 임대 등에 사용할 목적이거나 또는 자체적으로 사용할 목적으로 보유하는 물리적 형체가 있는 자산으로서, 1년을 초과하여 사용할 것이 예상되는 자산으로 토지, 건물, 비품, 기계장치, 차량운반구 등을 포함한다.

⑤ 무형자산

무형자산은 기업이 장기간 경영활동에 이용할 목적으로 보유하고 있는 물리적 형체는 없지만 식별 가능한 비화폐성 자산으로서 산업재산권, 저작권, 개발권, 영업권 등이 있다.

⑥ 기타 비유동자산

그 외의 장기간 보유하는 자산으로 보증금이나 장기성 매출채권 등의 기타비유동자산이 있다.

(3) 부채

부채(Liablities)는 과거 거래나 사건의 결과로서 현재 기업실체가 부담하고 있고 미래의 재화나 용역을 이전하여야 하는 현재의 의무로부터 발생하는 미래의 경제적 효익의 희생을 의미한다. 즉, 기업이 제3자에게 미래에 자산을 사용하거나 용역을 제공하는 등 경제적 자원의 희생이 예상될 경우에는 이를 부채로 분류하여야 한다. 부채는 일반적으로 자산의 변제를 통하여 소멸되기 때문에 기업자산에 대한 채권자의 지분을 나타낸다고도 볼 수 있다.

기업이 일반적인 상거래를 위하여 재화나 용역을 외상으로 매입하여 발생하는 채무를 **매입채무**라 하고, 일반적인 상거래 이외의 거래에서 발생하는 채무를 **미지급금**이라고 한다. 때때로 기업은 사업에 필요한 자금을 소유주가 출자하는 것 이외에 다른 사람이나 다른 회사로부터 현금을 차입하는 경우가 발생할 수 있는데 이를 차입금이라 하며, 비용이 발생하였으나 아직 지급하지 않고 있는 비용을 미지급비용이라 한다.

① 유동부채

유동부채란 기업의 정산적인 영업주기 내에 결제가 예상되거나, 재무상태표일 후 1년 내에 결제되어야 하는 부채로서 단기차입금, 매입채무, 미지급금, 단기성 이연법인세부채 등을 포함한다.

② 비유동부채

비유동부채란 1년 이후에 만기일이 도래하는 부채로서 장기차입금, 사채, 퇴직급여충당부채 및 장기성 이연법인세부채, 기타비유동부채 등이 있다.

부채의 구성

부채
- 유 동 부 채: 매입채무, 미지급금, 단기차입금, 미지급비용 등
- 비유동부채: 사채, 장기차입금, 퇴직급여충당부채 등

(4) 자본

자본(Owners' equity)은 기업실체의 자산총액에서 부채총액을 차감한 잔여액 또는 순자산으로서 자산에 대한 소유주의 잔여청구권을 말하는데, 이는 기업의 순자산으로 소유주에 귀속되어야 할 몫을 나타내기 때문에 소유주지분 또는 잔여지분이라고 부르기도 한다.

자본을 잔여지분이라고 부르는 이유는 자산으로부터 자산에 대한 우선적 청구권인 채권자에 대한 부채를 차감한 후에 남는 금액에 대하여 소유주인 주주의 잔여금액이라는 의미로 잔여지분이라고 부르는 것이다.

재무상태표에 자본을 표시하는 방법은 기업의 출자형태에 따라 조금씩 차이가 있는데 오늘날의 경제사회에서는 주식회사의 기업형태가 대부분이다. 따라서 주식회사는 주식을 발행하여 자본을 조달하는데 있어 주식의 소유주는 투자한 금액 내에서만 유한책임을 지며, 소유주식을 다른 사람에게 자유로이 양도할 수도 있다. 이러한 주주의 회사에 대한 유한책임과 소유주식을 자유로이 처분할 수 있다는 장점 때문에 주식회사는 오늘날 가장 보편적인 기업의 형태가 되었다. 자본은 크게 자본금, 자본잉여금, 자본조정, 기타포괄손익누계액 및 이익잉여금으로 구성된다.

자본의 구성

자본
- 자본금: 보통주자본금, 우선주자본금
- 자본잉여금: 주식발행초과금, 감자차익, 자기주식처분이익 등
- 자본조정: 주식할인발행차금, 배당건설이자, 자기주식, 미교부주식배당금, 감자차손, 자기주식처분손실 등
- 기타포괄손익누계액: 매도가능증권평가손익, 해외사업환산대 등
- 이익잉여금: 이익준비금, 기타법정적립금, 임의적립금, 차기이월이익잉여금 등

① 자본금

자본금은 기업이 유지하여야 할 최소한의 자본으로 이를 법정자본금이라고 하며 발행주식의 액면금액에 해당되는 금액이다. 자본금은 보통주자본금과 우선주자본금으로 나누어진다.

② 자본잉여금

자본잉여금은 자본적 거래인 증자활동이나 감자활동 등의 거래에서 발생하는 잉여금을 말한다. 즉, 증자, 감자 등의 주주와의 자본거래로 인하여 증가한 자본을 의미하며, 자본잉여금은 손익거래로 발생한 것이 아니므로 주주들에게 배당을 할 수 없고 단지, 자본의 전입이나 손실의 보전에만 사용할 수 있다.

③ 자본조정

자본조정이란 자본거래 등에서 발생하였으나 자본금, 자본잉여금, 이익잉여금 중 어느 항목에도 속하지 않는 임시적인 항목을 말한다. 즉, 자산이나 부채로 분류할 수 없는 성격의 금액을 자본계정의 조정항목으로 임시 분류한 것으로, 자본의 수정항목과 미실현손익 등이 있으며 궁극적으로 자본에 가산 또는 차감되어야 할 항목이다.

④ 기타포괄손익누계액

기타포괄손익누계액은 매도가능증권평가손익, 해외사업환산차 등으로 손익계산서의 당기손익으로 분류하기 어려운 손익항목들을 포함하고 있다.

⑤ 이익잉여금

이익잉여금은 기업의 영업활동으로부터 벌어들인 순이익에서 주주에게 배당을 차감한 후 남은 잔액으로 사내에 유보된 금액을 말한다. 기업이 획득한 이익이 없고 손실만 있는 경우에는 당해 손실 누적액을 결손금이라 한다.

자본잉여금 vs 이익잉여금

이익잉여금은 기업의 영업활동에서 벌어들인 이익을 쌓아놓은 것을 말하고 자본잉여금은 기업의 자본거래에서 자본활동(증자, 감자)을 통하여 발생한 잉여금을 의미한다.

3. 기업의 포괄손익계산서

(1) 포괄손익계산서의 내용과 양식

기업은 일상적인 영업활동이나 부수적인 경영활동 등을 통하여 수익과 비용 등의 손익을 발생시킨다. 이를 포괄손익계산서(I/S, Income Statement) 또는 경영성과보고서라고도 하는데, 일정기간 동안 기업의 경영성과를 나타내는 것으로, 그 기간에 속하는 모든 수익과 이에 대응하는 모든 비용을 적정하게 표시하고 그 내역에 관한 정보를 제공하는 동태적 재무보고서이다. 포괄손익계산서는 경영성과를 다음과 같은 형태로 요약된다.

수익 − 비용 = 순이익(순손실)

I/S

비 용	수 익
당기순이익	

or

I/S

비 용	수 익
	당기순손실

수익 − 비용 = 순이익(순손실)

포괄손익계산서는 동태적 재무제표로서, 일정기간(flow) 동안의 경영성과를 나타내므로 여기에 표시되는 모든 금액은 당기의 발생액으로 보고된다. 반면에 재무상태표는 특정시점(stock)의 재무 상태를 나타내므로 모든 계정의 금액이 재무상태표일 현재의 누계액의 잔액으로 표시되는 정태적 재무제표라는 사실에 유의하여야 한다.

표 1-3 포괄손익계산서

포괄손익계산서

제×(당)기 20××년 ××월 ××일 부터 ××월 ××일 까지
제×(전)기 20××년 ××월 ××일 부터 ××월 ××일 까지

㈜정호상사 (단위: 원)

		당기	전기
	매 출 액	×××	×××
(-)	매 출 원 가	(×××)	(×××)
	기초상품(제품)재고액		
	당기매입액(당기제품제조원가)		
	기말상품(제품)재고액		
=	매출총이익	×××	×××
(-)	판매비와 관리비	(×××)	(×××)
=	영 업 이 익	×××	×××
+	영업외수익	×××	×××
(-)	영업외비용	(×××)	(×××)
=	법인세비용차감전순이익	×××	×××
(-)	법인세비용	(×××)	(×××)
=	당기순이익	×××	×××
±	기타포괄이익	×××(×××)	×××(×××)
=	총이익	×××	×××

기업회계기준에서 정하고 있는 포괄손익계산서의 양식은 〈표 1-3〉 에 나타난 것과 같이 제일 윗부분에 "포괄손익계산서"란 이름을 쓰고 그 아래에 재무성과의 회계기간을 기재하면 된다. 그리고 포괄손익계산서가 나타내는 회계실체의 이름을 우측 상단에 기재한다. 포괄손익계산서의 본문은 수익(Revenues)와 비용(Expenses)으로 구성되어 있고, 수익에서 비용을 차감한 후 남는 금액은 기업의 당기순이익(Net Income)으로 보고된다. 만일 비용이 수익보다 많으면 당기순손실(Net Loss)이 발생하게 된 것이다.

(2) 수익

수익(Revenues)이란 기업의 주요 경영활동으로서 재화의 판매, 용역의 제공 등의 대가로 발생하는 자산의 유입 또는 부채의 감소액을 의미한다. 즉, 수익은 기업이 일정기간 동안 고객에게 인도한 재화 또는 제공한 용역의 판매가액이다. 기업이 고객에게

재화를 판매하거나 용역을 제공하면, 그 대가로 즉시 현금을 받거나 혹은 미래에 현금화 할 수 있는 수취채권을 받게 된다. 즉, 일정기간의 수익은 그 기간 내에 재화의 판매나 용역의 제공에 대한 대가로서 유입된 현금 혹은 수취채권의 증가액을 말한다.

수익은 크게 **매출액**과 **영업외수익**으로 구분한다. 매출액은 기업의 주된 영업활동에서 발생한 제품, 상품, 용역 등의 총매출액에서 매출할인, 매출에누리와 환입을 차감한 금액이다. 즉, 기업의 가장 중심적이면서도 중요한 영업활동과 관련하여 발생하게 되며, 재화를 판매하거나 용역을 제공한 대가로서 받는 수익을 말한다. 한편, 영업외수익은 영업활동 이외의 활동 즉, 재무 및 투자활동과 관련하여 발생하는 수익으로서 이자수익, 배당금수익, 임대료수익, 단기매매처분이익, 매도가능증권처분이익, 유형자산처분이익, 전기오류수정이익 등이 여기에 속한다.

수익의 구성

수익
- 매출액: 주된 영업활동인 제품, 상품, 용역 등
- 영업외수익: 이자수익, 배당금수익, 임대료수익, 단기매매처분이익, 매도가능증권 처분이익, 유형자산처분이익, 전기오류수정이익 등

(3) 비용

비용(Expenses)이란 기업이 재화의 판매, 용역의 제공 등 영업활동을 수행함에 따라 발생하는 자산의 유출이나 사용 또는 부채의 증가액을 말한다. 비용과 종종 혼용되어 사용하는 용어 중에 원가가 있는데 원가(Cost)란 재화나 용역을 취득하기 위하여 지급한 대가이며, 비용이란 수익을 얻기 위하여 일정기간 소비된 재화 및 용역의 원가를 말한다. 다시 말하면, 재화와 용역을 취득하면 이를 취득하기 위하여 지급한 가액인 원가를 모두 장부상에 자산으로 기록하고, 이러한 재화와 용역이 수익을 얻기 위하여 소비되었을 때 비용으로 처리한다는 것이다. 비용에는 크게 매출원가, 판매비와 관리비, 영업외비용 및 법인세 비용으로 구분한다.

비용의 구성

비용
- 매출원가: 제조원가 또는 매입원가
- 판매비와 관리비: 판매원 및 관리사원의 급여, 감가상각비, 광고선전비, 여비교통비 등
- 영업외비용: 이자비용, 단기매매증권처분손실, 매도가능증권처분손실, 유형자산 처분손실, 전기오류수정손실 등
- 법인세비용: 법인세비용

매출원가는 제품, 상품 등의 매출액에 대응되는 원가로서 판매된 제품이나 상품 등에 대하여 배분된 제조원가 또는 매입원가를 말한다. **판매비와 관리비**는 제품, 상품과 용역의 판매활동과 기업의 관리활동에서 발생하는 비용으로서 매출원가에 속하지 아니하는 모든 영업비용을 포함한다. 판매원 및 관리사원의 급여, 감가상각비, 광고선전비, 여비교통비 등이 여기에 속한다. **영업외비용**은 영업활동 이외의 활동과 관련하여 발생하는 비용으로서 이자비용, 단기매매증권처분손실, 매도가능증권처분손실, 유형자산처분손실, 전기오류수정손실 등이 있다. 마지막으로 **법인세비용**은 법인세비용차감전순이익에서 과세될 세율을 곱한 법인세를 말한다.

이와 같이 기업은 수익과 비용을 그 발생원천에 따라 구분한 후 그 발생원천이 비슷한 유형의 수익과 비용을 상호 대응시킴으로서 단계별로 이익을 산출하게 된다. 예를 들면, 기업의 가장 중심적인 영업활동과 관련하여 발생한 수익 즉, 매출액에 매출원가를 대응시켜 매출총이익을 계산하고, 이로부터 다시 매출 및 영업수익을 창출하기 위해 간접적으로 소비된 판매비와 관리비를 차감함으로서 영업이익을 산출한다. 영업이익에서 영업활동과 관련 없이 발생하는 영업외수익과 영업외비용을 각각 가감하여 법인세비용차감전순이익을 산출하며, 법인세비용을 차감하여 당기순이익을 산출한다.

<표 1-3>에서 보는 바와 같이 총수익에서 총비용을 차감하는 방법에 의해 당기순이익을 계산하는 단일 이익의 개념이 아니라, 몇 단계의 이익개념으로 구분하여 작성하는 포괄손익계산서로 이를 '구분식 손익계산서'라 한다. 구분식 포괄손익계산서는 이익을 여러 유형으로 구분하여 회계정보이용자들에게 제공함으로서 경제적 의사결정의 목적에 따라 그에 적합한 이익의 개념을 스스로 선택하여 사용할 수 있게 하는 장

점을 갖고 있다. 회계가 이해관계자들의 경제적 의사결정의 유용성을 강조하고 있다는 점에 비추어 볼 때 기업회계기준에서 정하고 있는 구분식 포괄손익계산서의 의의가 크다고 할 수 있다.

수익 · 비용 대응의 관계

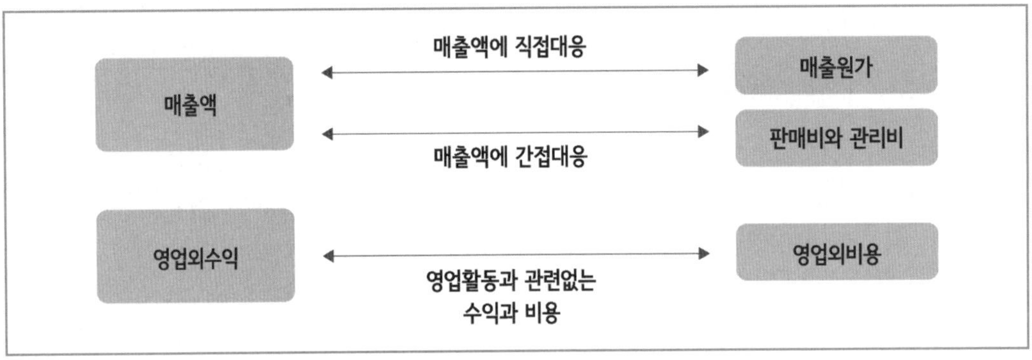

Ref. 참고사항

1. 이익잉여금(결손금)처분계산서

이익잉여금처분계산서는 이익잉여금의 처분사항을 명확히 보고하기 위하여 이월이익잉여금의 총변동사항을 나타내는 표로서 전기로부터 이월된 이익잉여금과 당기에 발생한 이익이 어떻게 처분되었는지를 나타내고, 다음 회계기간으로 이월된 이익잉여금의 금액을 나타내기 위하여 작성되는 재무제표이다.

2. 이익잉여금처분계산서의 기본구조

기업회계기준에 따르면 이익잉여금처분계산서는 다음과 같은 체계로 작성·보고하도록 규정하고 있다. 기업회계기준에서 정하고 있는 표준양식에 따라 작성된 이익잉여금처분계산서는 다음과 같다.

이익잉여금

	미 처 분 이 익 잉 여 금
+	임의적립금 등의 이입액
−	이 익 잉 여 금 처 분 액
=	차기이월 미처분이익잉여금

3. 이익잉여금처분계산서의 내용 및 양식

<표 1-4>와 <표 1-5>는 이익잉여금처분계산서, 결손금처리계산서를 나타내는 표준양식이다.

표 1-4 이익잉여금처분계산서

이익잉여금처분계산서

제 × (당) 기	20××년 ××월 ××일부터 ××월 ××일까지	제 × (전) 기	20××년 ××월 ××일부터 ××월 ××일까지
처 분 예 정 일	20××년 ××월 ××일	처 분 확 정 일	20××년 ××월 ××일

㈜정호상사 (단위: 원)

	당기	전기
미처분이익잉여금	×××	×××
전기이월미처분이익잉여금(결손금)	×××	×××
회계정책변경누적효과	×××	×××
전기오류수정(손실)	×××	×××
중간배당금	×××	×××
당기순이익(순손실)	×××	×××
임의적립금 등의 이입액	×××	×××
×××적립금	×××	×××
×××적립금	×××	×××
합계	×××	×××
이익잉여금처분액	×××	×××
이익준비금	×××	×××
기타법정적립금	×××	×××
주식할인발행차금상각액	×××	×××
배당금	×××	×××
현금배당	×××	×××
주당배당률 보통주: 당기 ×××원(%)		
전기 ×××원(%)		
우선주: 당기 ×××원(%)		
전기 ×××원(%)		
주식배당	×××	×××
주당배당률 보통주: 당기 ×××원(%)		
전기 ×××원(%)		
우선주: 당기 ×××원(%)		
전기 ×××원(%)		
사업확장적립금	×××	×××
감채적립금	×××	×××
차기이월미처분이익잉여금	×××	×××

표 1-5 결손금처리계산서

결손금처리계산서

제×(당)기	20××년 ××월 ××일부터 ××월 ××일까지	제×(전)기	20××년 ××월 ××일부터 ××월 ××일까지
처분예정일	20××년 ××월 ××일	처분확정일	20××년 ××월 ××일

㈜정호상사 (단위: 원)

	당기	전기
미처리결손금	×××	×××
전기이월미처분이익잉여금(결손금)	×××	×××
회계정책변경누적효과	×××	×××
전기오류수정(손실)	×××	×××
중간배당금	×××	×××
당기순이익(순손실)	×××	×××
결손금처리액	×××	×××
임의적립금이입액	×××	×××
법정적립금이입액	×××	×××
자본잉여금이입액	×××	×××
차기이월미처분이익잉여금	×××	×××

① 미처분이익잉여금

미처분이익잉여금은 전기이월 미처분이익잉여금에 당기순이익을 합한 금액을 말한다. 만약 당기의 손익계산서와는 무관하게 직접적으로 이익잉여금을 조정하는 항목이 있는 경우에는 이를 포함한 금액이 된다. 즉, 회계정책변경의 누적효과와 전기오류수정손익이 포함된다.

② 임의적립금 등의 이입액

기업이 임의적립금을 설정하게 된 경우는 본래의 기업경영의 목적을 달성하였거나 또는 적립금에 대한 회사정책이 변경되는 경우가 있을 수 있기 때문이다. 이 경우에는 과거에 유보된 임의적립금을 제거하여 미처분이익잉여금으로 환원시키게 되는데 이를 임의적립금이입액이라고 한다.

③ 이익잉여금처분액

처분가능이익 총액인 미처분이익잉여금과 임의적립금이입액의 합계액에 대하여 처분예정일에 그 처분내역의 예정액을 표시하게 된다. 이익잉여금처분액으로 기재되어 있는 금액은 모두 당기의 처분예정액을 기준으로 하여 표시되고 있다. 이익잉여금의 처분 순서는 이익준비금 및 기타 법정적립금의 순서로 하며, 그 다음은 배당금 혹은 임의적립금 등으로 주주총회의 결의에 의하여 임의로 처분하게 된다. 또한 주식할인발생차금의 당기상각분 등도 이익잉여금처분액으로 표시한다.

④ 차기이월미처분이익잉여금

차기이월미처분이익잉여금은 미처분이익잉여금에 임의적립금 등의 이입액을 합하고 여기에서 이익잉여금처분액을 차감한 금액이다.

4. 자본변동표

① 자본변동표의 체계

기업회계기준서에서는 자본변동표를 재무상태표, 포괄손익계산서, 현금흐름표와 더불어 기본 재무제표 중의 하나로 규정하고 있다. 자본변동표는 한 회계기간 동안 발생한 소유주지분인 자본의 변동을 표시한다. 따라서 자본변동표에서는 자본을 구성하고 있는 자본금, 자본잉여금, 자본조정, 기타포괄손익누계액, 이익잉여금(결손금) 각각의 변동을 나타내게 된다.

② 자본변동표의 의미와 양식

일정기간 동안 재무상태표상 자본의 변동에 관한 자세한 내용을 나타내는 재무보고서가 자본변동표(Statement of owners' equity)이다. 자본은 주주들과의 거래로 인하여 변화하거나 영업활동에 따라 발생하는 손익으로 인하여 변화하게 된다.

회사가 최초로 설립되어 주식을 발행하게 되면 주주들이 발행가액에 해당하는 현금 등을 납입하게 되는데 이때 주식의 액면가액에 해당하는 금액은 자본금으로, 액면가액을 초과하는 금액은 자본잉여금인 주식발행초과금으로 분류되며 이러한 자본금과 자본잉여금을 상법에서는 납입자본금이라고 부르기도 한다. 물론 설립 이후에 추가로 자금이 필요하여 유상증자를 하는 경우에도 주주들로부터 납입이 이루어지고 그에 따라 자본금 또는 자본잉여금이 변화하게 된다. 한편 회사가 영업활동을 시작함에 따라 수익과 비용이 발생하게 되는데 수익과 비용의 차이인 순이익은 재무상태표상의 자본 중 이익잉여금을 증가시키며, 만일 주주들에게 배당금을 지급하게 되면 이익잉여금이 그만큼 감소하게 된다. 이와 같이 자본금, 자본잉여금 및 이익잉여금의 변동 내용을 표시한 자본변동표는 <표 1-6>과 같이 나타낸다.

③ 자본변동표의 내용과 구성항목

<표 1-6>에 나타난 자본변동표를 보면 가장 윗줄의 '2017.01.01(보고금액)'에는 전기말(2016.12.31) 재무상태표에 보고된 자본의 기말잔액들이 표시된다. '수정후 이익잉여금'이란 전기말 재무상태표에 보고된 이익잉여금의 기말 잔액에서 당기의 회계정책변경누적효과와 전기오류수정을 가감한 잔액이 된다. 그리고 가장 아랫줄의 '2017.12.31'에는 당기말 재무상태표에 보고되는 기말잔액이 표시된다.

표 1-6 자본변동표

자본변동표

제×기 20××년 ××월 ××일 부터 ××월 ××일 까지

㈜정호상사 (단위: 원)

구 분	자본금	자본잉여금	자본조정	기타포괄손익누계액	이익잉여금	총계
2017. 01. 01. (보고금액)	×××	×××	×××	×××	×××	×××
회계정책변경누적효과					(×××)	(×××)
전기오류수정					(×××)	(×××)
수정후 이익잉여금					×××	×××
연차배당					(×××)	(×××)
처분후 이익잉여금					×××	×××
중간배당					(×××)	(×××)
유상증자(감자)	×××	×××				×××
당기순이익(손실)					×××	×××
자기주식 취득			(×××)			(×××)
매도가능 증권평가손익				×××		×××
2017. 12. 31.	×××	×××	×××	×××	×××	×××

④ 자본금의 변동

자본금의 변동은 유상증자나 무상증자 또는 주식배당에 의하여 발생한다. 만약 기업이 우선주를 발행하였다면 보통주자본금과 우선주자본금을 구분하여 표시하여야 한다.

⑤ 자본잉여금의 변동

자본잉여금은 유·무상증자 또는 결손금의 처리 등에 의하여 발생한다. 구체적으로는 주식발행초과금, 감자차익, 기타자본잉여금의 변동이 있다.

⑥ 자본조정의 변동

자본조정 항목은 여러 가지가 있는데 예를 들어 자기주식, 주식할인발행차금 등이 있다.

⑦ 기타포괄손익누계액의 변동

기타포괄손익누계액은 매도가능증권평가손익, 해외사업환산손익 등이 있다.

5. 현금흐름표

① 현금흐름표의 의미

현금흐름표(Statement of cash flows)는 일정기간 동안 재무상태표상 현금의 변동내용을 표시하는 재무보고서이다. 재무상태표는 특정시점의 기업재무상태를 나타내며, 포괄손익계산서는 특정기간동안의 기업 경영성과, 즉 당기순이익의 발생내역을 나타내준다. 이익잉여금처분계산서는 이익잉여금의 증감내역을 보다 상세히 나타내는 것을 주요 목적으로 한다. 그러나 이러한 재무제표는 기업의 현금 유입과 유출, 즉 현금흐름에 관한 정보를 나타내지 못한다. 이러한 한계점을 보완하여 현금흐름에 관한 정보를 보다 포괄적으로 설명한 기본재무제표 중의 하나가 바로 현금흐름표이다. 현금에 영향을 미치는 활동은 크게 영업활동, 투자활동 및 재무활동으로 구분한다. 영업활동은 재화 또는 용역을 판매하거나 제공함에 따라 발생하는 수익 창출활동을 말하며, 투자활동은 영업활동을 원활히 하기 위하여 필요한 자산을 취득하거나 처분하는 활동을 일컬으며, 재무활동은 투자자나 채권자로부터 자금을 조달 또는 상환하는 활동을 말한다. 따라서 현금흐름표는 이들 세 가지 활동으로 나누어 표시된다.

현금주의와 발생주의

현금주의는 수익의 인식시점이 현금을 받았을 때 기록하고 비용은 현금을 지급하였을 때 기록되기 때문에 기록시점이 명확함으로 객관적이기는 하지만 경우에 따라서는 기업의 경영성과를 제대로 파악하지 못하는 경우가 많다. 이러한 문제점을 해결하기 위해 사용하는 방법이 바로 발생주의이다.

발생주의는 현금의 유출과 유입과 상관없이 실제 거래를 통하여 거래나 사건을 중시하는 것으로 그 사건이나 거래가 발생하였을 시에 회계장부에 기록하는 것으로 수익과 비용을 인식하는 방법이다. 즉, 수익은 실현기준과 가득기준으로 수익을 인식하고, 실제 거래나 사건으로 인하여 비용이 발생하였기 때문에 수익비용대응의 원칙에 합리적이다.

흑자도산

흑자도산이란 장부상으로는 당기순이익이 발생하였는데도 불구하고 기업이 부도가 나는 경우를 일컫는 말입니다. 따라서 유동성문제로 흑자 도산했다는 것은 이익은 발생하였으나, 현금회수가 이루지지않아 부도처리되는 것을 의미한다. 즉, 유동성 위기로 회사의 현금부족 상태로 부도처리가 되는 것이다.

겉으로 볼 때는 이익이지만 속에선 곪아가고 있는 빛 좋은 개살구의 모습을 띄고 있는 회사

② 현금흐름표의 양식 및 구조

현금흐름표는 〈표 1-7〉 에서 보는 바와 같이 제일 윗부분에는 “현금흐름표”란 이름을 쓰고 그 아래에 기준시점인 “제×(당)기 20××년 ××월 ××일 현재, 제×(전)기 20××년 ××월 ××일 현재”를 비교식으로 기재하게 된다. 그리고 현금흐름표를 나타내 주는 회계실체의 이름을 우측 상단에 기재한다. 현금흐름표는 크게 3부분을 나누어지는데, 그 첫째 부분은 영업활동으로 인한 현금흐름으로 표시된다. 두 번째 부분은 투자활동

으로 인한 현금흐름이 표시되고, 세 번째 부분은 재무활동으로 인한 현금흐름이 표시된다. 현금흐름표는 이들 세 활동으로부터 현금의 증감액에 기초한 현금을 가산하여 기말의 현금을 산출하는 형식으로 보고된다.

현금흐름표는 영업활동으로 인한 현금흐름의 표시방법에 따라 직접법과 간접법으로 나누어진다. 직접법은 영업활동에서 현금을 수반하여 발생한 수익 또는 비용항목을 총액으로 표시하는 방법을 말하며, 간접법은 당기순이익(손실)에 현금의 유출이 없는 비용 등을 가산하고 현금의 유입이 없는 수익 등을 차감하여 표시하는 방법을 말한다. 기업회계기준에 따른 현금흐름표의 양식을 살펴보면 다음과 같다.

표 1-7 직접법에 의한 현금흐름표

현금흐름표

제×(당)기 20××년 ××월 ××일 부터 ××월 ××일 까지
제×(전)기 20××년 ××월 ××일 부터 ××월 ××일 까지

㈜××상사 (단위: 원)

영업활동으로 인한 현금흐름		×××
매출 등 수익활동으로부터의 유입액	×××	
매입 및 종업원에 대한 유출액	(×××)	
이자수익 유입액	×××	
배당금수익 유입액	×××	
이자비용 유출액	(×××)	
미지급법인세의 지급	(×××)	
투자활동으로 인한 현금흐름		×××
투자활동으로 인한 현금 유입액	×××	
투자활동으로 인한 현금 유출액	(×××)	
재무활동으로 인한 현금흐름		×××
재무활동으로 인한 현금 유입액	×××	
재무활동으로 인한 현금 유출액	(×××)	
현금의 증가(감소)		×××
기초의 현금		×××
기말의 현금		×××

표 1-8 간접법에 의한 현금흐름표

현금흐름표

제×(당)기 20××년 ××월 ××일 부터 ××월 ××일 까지
제×(전)기 20××년 ××월 ××일 부터 ××월 ××일 까지

㈜정호상사 (단위: 원)

영업활동으로 인한 현금흐름		×××
당기순이익	×××	
현금의 유출이 없는 비용 등의 가산	×××	
현금의 유입이 없는 수익 등의 차감	(×××)	
영업활동으로 인한 자산부채의 변동	(×××)	
투자활동으로 인한 현금흐름		×××
투자활동으로 인한 현금 유입액	×××	
투자활동으로 인한 현금 유출액	(×××)	
재무활동으로 인한 현금흐름		×××
재무활동으로 인한 현금 유입액	×××	
재무활동으로 인한 현금 유출액	(×××)	
현금의 증가(감소)		×××
기초의 현금		×××
기말의 현금		×××

현금흐름표의 작성기준이 되는 현금의 범위를 현금 및 현금등가물로 정의하는데, 이는 통화 및 타인발행수표 등 통화대용증권과 당좌예금·보통예금 및 현금등가물로 구성이 된다. 현금등가물이란 큰 거래비용 없이 현금으로 전환이 용이하고, 이자율 변동에 따른 가치변동의 위험이 없는 것으로 유가증권 또는 단기금융상품으로서 취득당시 만기 또는 상환일이 3개월 이내에 도래하는 것으로 다음과 같은 것들이 있다.

- 취득당시 만기가 3개월 이내에 도래하는 채권
- 취득당시 상황일 까지의 기간이 3개월 이내인 상환우선주
- 3개월 이내의 환매조건인 환매체

현금흐름표는 현금의 유입과 유출을 활동별로 구분하여 표시하는데 이는 각각의 활동이 기업의 재무상태와 현금흐름에 미치는 영향을 분석할 수 있는 정보를 제공해 주며, 활동 상호간의 관한 유용한 정보도 제공해 준다. 기업의 활동은 크게 영업활동, 투

자활동 및 재무활동으로 구분되는데 다음 〈표 1-9〉 과 같다.

표 1-9 기업 활동의 구분

영업활동으로 인한 현금흐름

현금 유입	현금 유출
- 제품 등의 판매 - 이자수익 또는 배당금 수익	- 상품 등의 구입 - 종업원에 대한 지출 - 이자비용과 법인세비용 등
※ 투자활동과 재무활동에 속하지 않는 거래에서 발생한 기타의 모든 거래를 포함한다.	

투자활동으로 인한 현금흐름

현금 유입	현금 유출
- 대여금의 회수 - 유가증권의 처분 - 고정자산의 처분	- 현금의 대여 - 유가증권의 취득 - 고정자산의 취득

재무활동으로 인한 현금흐름

현금 유입	현금 유출
- 현금의 차입(어음, 사채 등) - 주식의 발행	- 차입금의 상환 - 유상감자 및 자기주식의 취득 - 배당금의 지급

6. 주석

재무제표 본문내용에 추가하여 상세한 정보를 전달하기 위해 주석을 제공한다.

주석은 재무제표상의 해당과목 또는 금액에 기호를 붙이고 별지에 동일한 기호를 표시하여 그 내용을 간결, 명료하게 서술적으로 기재하는 방법이다. 기업회계기준서에서는 주석사항으로 기재하여야 할 많은 내용을 규정하고 있는데, 몇 가지 예를 들면 다음과 같은 사항이 있다.

- 회사가 채택한 회계처리방법, 자산과 부채의 평가기준
- 특수관계자의 명칭과 주요 거래내용
- 보유토지의 공지시가
- 진행 중인 소송에 관한 내용과 전망

주석은 재무제표 본문에 제시되는 항목을 강조하거나 더욱 상세히 설명하기 위한 수단으로 이용되고 있지만 때로는 내용이 너무 전문적이고 상당한 노력이 없이는 이해하기 어렵기 때문에 이용자가 이를 무시하는 경향이 있다. 그러나 비록 주석의 내용이 전문적이고 이해하기 어렵다고 해도 재무정보의 이용자에게 의미있는 정보전달수단으로 사용되고 있다. 주석은 특정 재무제표 항목에 관련된 정보를 보완하는 기능도 있지만, 이에 추가하여 비계량적인 설명도 가능하게 한다는 장점을 지니고 있다. 최근에는 기업의 사회적 책임에 대한 관심이 증가하고 있다. 기업의 사회적 책임과 관련하여 현행 재무제표에 주석으로 나타낼 수 있는 정보는 다음과 같이 매우 다양하다.

- 기업의 환경기준과 정책, 안전 및 사고에 관한 사항, 환경관련투자액, 자원과 에너지의 소비, 부산물 및 폐기물의 발생 및 처리 등에 관한 사항
- 종업원에 대한 복지, 사회에 대한 기여금의 내용
- 전문인력의 개발과 관련하여 발생한 전문 인력의 신규채용비용, 교육훈련비용 및 이에 사용하는 유형자산의 감가상각비등에 관한 사항

7. 제조원가명세서

① 제조원가명세서의 이해

제조원가는 도 · 소매가 아닌 제조업에 있어서 당기제품의 제조원가 내용을 기재한 제조원가명세서로 작성하게 된다. 당기총제조원가는 재료비, 노무비, 제조경비를 합한 것으로 기초재공품원가와 당기총제조원가를 합한 것에서 기말제공품원가를 차감한 것이 당기에 발생한 당기제품제조원가가 된다.

표 1-10 제품의 흐름도

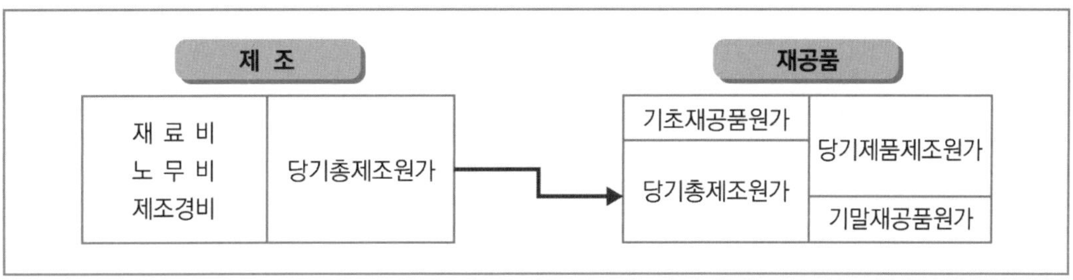

일정기간의 경영성과를 나타내는 손익계산서의 매출원가의 표시는 제조업의 경우에 기초제품재고액과 당기제품제조원가의 합계에서 기말제품재고액을 차감하는 형식으로 기재하며, 당기제품제조원가의 내역은 제조원가명세서에 기재하게 된다. 원가관리나 가격설정 등에 대한 내부보고용 제조원가명세서의 양식내용은 회사마다의 관리목적에 따라 달리 수행된다.

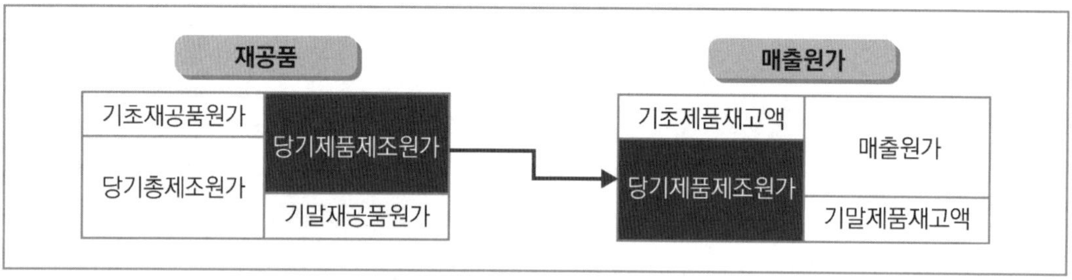

제조원가명세서는 재무상태표에 표시되는 원재료, 재공품, 제품 등의 재고자산가액과 손익계산서에 표시되는 매출원가를 결정하기 위한 정보를 제공해 준다. 제조원가명세서의 양식에는 〈표 1-11〉 에 나타난 것과 같이 제일 윗부분에 "제조원가명세서"란 이름을 쓰고 그 아래에 기준시점인 "제×(당)기 20××년 ××월 ××일부터 ××월 ××일까지"를 기재하면 된다. 그리고 제조원가명세서가 나타내는 회계실체의 이름을 우측상단에 기재하면 된다. 재무제표의 정보가 정확한지를 확인하기 위하여 제조원가명세서 상의 기말원재료와 기말재공품이 재무상태표의 재고자산란에 정확히 있는지 여부를 검토하고 제조원가명세서상 당기제품제조원가가 포괄손익계산서의 매출원가란에 정확히 있는지 여부를 검토하면 된다.

표 1-11 제조원가명세서

제조원가명세서

제×(당)기 20××년 ××월 ××일 부터 ××월 ××일 까지

㈜정호상사	(단위: 원)
Ⅰ 재료비	**×××**
기초재료재고액	×××
당기재료매입액	×××
기말재료재고액	×××
Ⅱ 노무비	**×××**
급여	×××
일용급여	×××
퇴직급여(충당금전입액 포함)	×××
Ⅲ 경비	**×××**
전력비	×××
가스	×××
운임	×××
감가상각비 등	×××
Ⅳ 당기총제조비용	**×××**
Ⅴ 기초재공품원가	**×××**
Ⅵ 합 계	**×××**
Ⅶ 기말재공품원가	**×××**
Ⅷ 타계정대체액	**×××**
Ⅸ 당기제품제조원가	**×××**

이 해 하 기

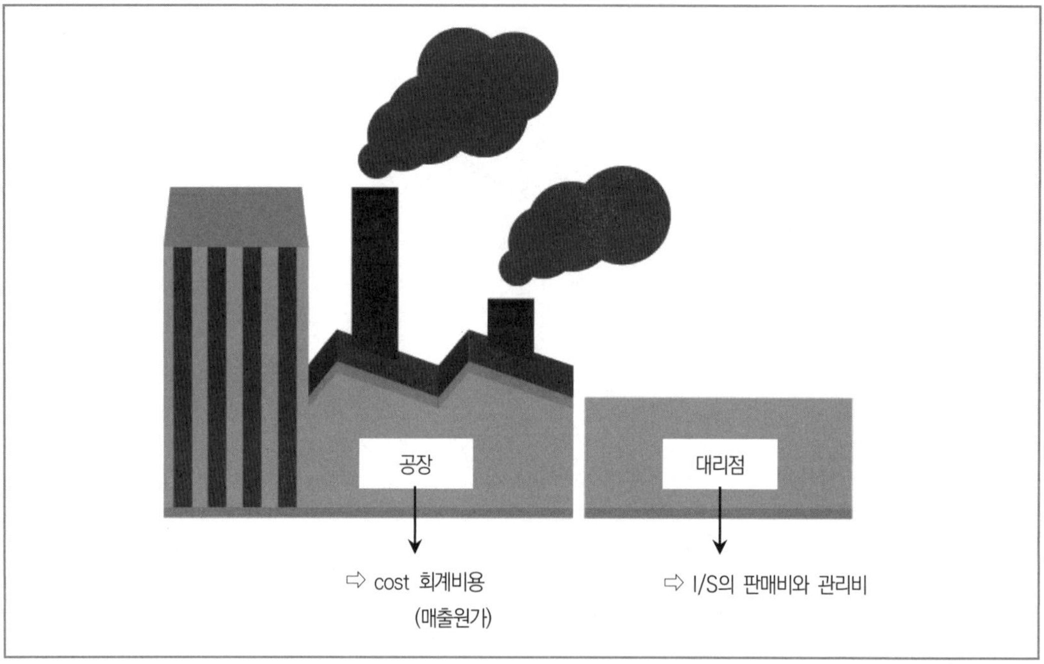

원가회계와 재무회계를 이해하여야 한다. 공장에서 즉 생산제조활동에서 발생하는 다양한 비용들(공장 직원의 급여, 전기 수도료, 운반비 등)은 제조원가(매출원가)로 흘러들어가지만(원가회계) 사무실 또는 대리점 등의 영업활동에서 발생하는 다양한 비용들(사무직원의 급여, 전기, 수도료, 교육비 등)은 포괄손익계산서의 판매비와 관리비로 구분된다.

문 제

01 다음 중 재무상태표 구성요소가 아닌 것은?

① 자산 ② 부채
③ 자본 ④ 수익

해답 ④

자산, 부채, 자본은 재무상태표 구성요소에 속하고, 수익과 비용은 손익계산서 구성요소에 속한다.

---

02 다음의 등식 중 잘못된 것은?

① 기말자본 = 기초자본 + 총수익 – 총비용
② 기말자산 = 기말부채 + **기초자본** + 당기순이익
③ 기말자본 = 기말자산 – 기말부채
④ 기말자산 + 총비용 = 기말부채 + **기말자본** + 총수익

해답 ④

시산표 등식 : 기말자산 + 총비용 = 기말부채 + **기초자본** + 총수익

---

03 다음 중 회계순환과정을 바르게 나타낸 것은?

① 거래의 인식 → 분개장 → 시산표 → 총계정원장 → 재무제표
② 거래의 인식 → 시산표 → 분개장 → 총계정원장 → 재무제표
③ 거래의 인식 → 총계정원장 → 분개장 → 시산표 → 재무제표
④ 거래의 인식 → 분개장 → 총계정원장 → 시산표 → 재무제표

해답 ④

거래의 인식 – 분개장 –총계정원장 전기 – 수정전시산표 – 결산수정분개 – 수정후시산표 –재무제표

---

04 다음 중 일반기업회계기준에서 규정하고 있는 재무제표의 종류가 아닌 것은?

① 재무상태표　　② 손익계산서
③ 자본변동표　　④ 주기

해답 ④

일반기업회계기준상 재무제표의 종류는 재무상태표, 손익계산서, 현금흐름표, 자본변동표, 주석임.
재무제표는 재무상태표, 손익계산서, 현금흐름표, 자본변동표로 구성되며 그 외 주석을 포함한다.

---

05 다음에 주어진 자료에서 부채총액은 얼마인가?

· 현 금	20,000원	· 상 품	100,000원	· 보통예금	200,000원
· 비 품	50,000원	· 외상매출금	100,000원	· 자본금	250,000원

① 120,000원　　② 130,000원
③ 220,000원　　④ 470,000원

해답 ③

자산 − 자본 = 부채
20,000원 + 100,000원 + 200,000원 + 50,000원 + 100,000원 − 250,000원 = 220,000원

재무상태표

현 금	20,000	부 채	x
보통예금	200,000		
외상매출금	100,000		
상 품	100,000	자본금	250,000
비 품	50,000		
합 계	470,000	합 계	470,000

x + 250,000 = 470,000
x = 220,000

06 다음 중 당좌자산에 해당하지 않는 것은?

① 선급비용 ② 외상매출금
③ 현금성자산 ④ 임차보증금

해답 ④

임차보증금은 기타비유동자산에 해당한다. 당좌자산은 현금 및 현금성자산, 매출채권(외상매출금, 받을어음), 단기금융상품(단기예금), 단기매매금융증권, 단기대여금, 미수금, 선급금, 미수수익, 선급비용 등이 있다.

---

07 다음 중 상품 매입액에서 차감하는 계정과목이 아닌 것은?

① 매입할인 ② 매입환출
③ 매입에누리 ④ 매입운임

해답 ④

매입운임이 발생하면 매입원가에 포함 하여야 한다.

Check 순매입액 = 매입액 - 매입할인 -매입에누리 - 매입환출

---

08 다음 자료에서 당기 손익계산서에 보고되는 외상매출금의 대손상각비는 얼마인가?

· 전기말 외상매출금의 대손충당금은 30,000원이다.
· 당기중 외상매출금 20,000원을 회수 불능으로 대손 처리하다.
· 당기말 외상매출금 잔액 5,000,000원에 대해 1%의 대손을 설정하다.

① 20,000원 ② 30,000원
③ 40,000원 ④ 50,000원

해답 ③

기중 : (차) 대손충당금 20,000 (대) 외상매출금 20,000
기말 : (차) 대손상각비 40,000 (대) 대손충당금 40,000

5,000,000원(외상매출금 잔액) × 0.01 = 50,000원
50,000원 - 10,000원(대손충당금 잔액) = 40,000원

즉, 올해 대손상각비는 40,000 이고, 기말시점의 대손충당금은 50,000이다.

09 다음의 계정과목 중 당좌자산에 해당되지 않는 것은?

① 당좌예금 ② 외상매출금
③ 보통예금 ④ 장기성예금

해답 ④

장기성예금은 투자자산 계정과목이다.

---

10 아래 내용의 괄호에 해당하는 계정과목으로 옳은 것은?

> 자산은 1년을 기준으로 유동자산과 비유동자산으로 구분되며, 유동자산은 ( )과 재고자산으로 분류된다.

① 상품 ② 미수금
③ 건물 ④ 외상매입금

해답 ②

( )는 당좌자산이다. 상품은 재고자산, 건물은 유형자산, 외상매입금은 부채이다.

---

11 다음 중 재고자산에 해당하는 것은?

① 판매용으로 구입한 핸드폰
② 거래처 직원에게 명절에 줄 선물세트를 구매한 경우
③ 영업용으로 구입한 복사기
④ 직원에게 지급할 단체복을 구입한 경우

해답 ①

재고자산은 판매를 목적으로 구입한 자산을 말하며 상품, 제품, 재공품, 원재료 등을 말한다.

② 복리후생비, ③ 유형자산, ④ 복리후생비

---

12 자산의 분류 중 다음 설명에 해당하는 자산 계정으로 옳은 것은?

> 구체적인 형태가 있는 자산으로 판매 목적이 아닌 영업활동에 있어서 장기간 사용하기 위하여 소유하고 있는 자산

① 비품　　② 상품
③ 제품　　④ 단기금융상품

해답 ①

Check 자산의 분류

판매를 목적으로 보유하는 자산은 재고자산
사용할 목적으로 장기간 보유하는 것으로 물리적 형태가 있는 자산은 유형자산
사용할 목적으로 장기간 보유하는 것으로 물리적 형태가 없는 자산은 무형자산

---

13 다음 중 부채계정으로만 짝지어진 것은?

① 미수금, 미지급금　　② 선수금, 지급어음
③ 선급금, 지급어음　　④ 받을어음, 미지급금

해답 ②

받을어음, 미수금, 선급금은 자산이고, 지급어음, 미지급금, 선수금은 부채이다.

---

14 2015년 12월 31일 현재 각 계정의 잔액은 다음과 같다. 2015년 12월 31일 단기차입금은 얼마인가?

· 현 금	500,000원	· 외상매출금	250,000원	· 미수금	120,000원
· 선수금	150,000원	· 선급금	130,000원	· 미지급금	70,000원
· 자본금	400,000원	· 단기차입금	?	· 장기차입금	160,000원

① 210,000원　　② 220,000원
③ 310,000원　　④ 320,000원

해답 ②

자산총계(1,000,000원)
= 현금(500,000원) + 외상매출금(250,000원) + 미수금(120,000원) + 선급금(130,000원)

부채총계(600,000원)
= 자산총계(1,000,000원) − 자본금(400,000원)

단기차입금(220,000원)
= 부채총계(600,000원) − 선수금(150,000원) − 미지급금(70,000원) − 장기차입금(160,000원)

재무상태표(12/31)

현 금	500,000	선수금	150,000
외상매출금	250,000	미지급금	70,000
미수금	120,000	단기차입금	x
선급금	130,000	장기차입금	160,000
		자본금	400,000
합 계	1,000,000	합 계	1,000,000

x + 150,000 + 70,000 + 160,000 + 400,000 = 1,000,000
x = 220,000

---

15 다음 자료를 보고 기초자본을 구하시오.

• 당기순이익 : 900,000원 • 기말자산 : 3,000,000원 • 기말부채 : 1,300,000원

① 1,700,000원 ② 900,000원
③ 800,000원 ④ 100,000원

해답 ③

• 3,000,000 − 1,300,000 = 1,700,000원(기말자본)
• 1,700,000 − 900,000 = 800,000원(기초자본)

재무상태표(1/1)

		기초자본	x

재무상태표(12/31)

기말자산	3,000,000	기말부채	1,300,000
		기말자본	1,700,000

기말자본은 기초자산에서 당기순이익은 더하고 배당금은 차감하여 구함으로 기말자본은 1,700,000 (기말자산 3,000,000 − 기말부채 1,300,000)임

기초자본 + 당기순이익 − 배당금 = 기말자본이므로

x + 900,000 − 0 =1,700,000
x = 800,000

---

16 다음 중 영업외비용과 판매비와관리비로 짝 지어진 것은?

① 개발비 : 재해손실
② 기부금 : 수도광열비
③ 임대료 : 이자비용
④ 대손상각비 : 감가상각비

해답 ②

- 판매비와관리비 : 잡비, 임차료, 대손상각비, 감가상각비
- 무형자산 : 개발비
- 영업외비용 : 재해손실, 기부금, 이자비용
- 영업외수익 : 임대료

---

17 다음 중 영업이익을 계산할 때 포함되지 않는 것은?

① 상품매출원가
② 급여
③ 접대비
④ 기부금

해답 ④

기부금은 영업외비용이다.

제2장

회사에서 알아야 할 다양한 정보

전체적인 회사와 관련된 일련의 일들

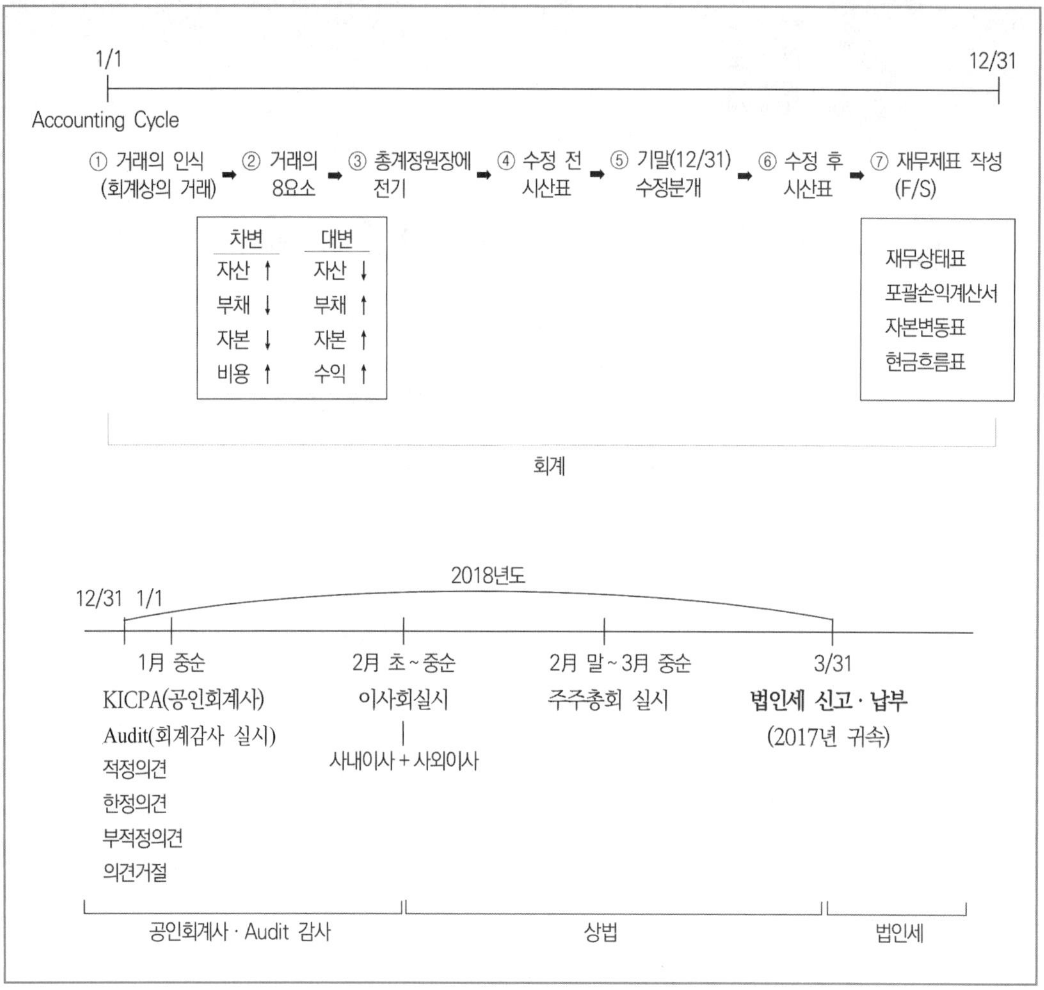

세법

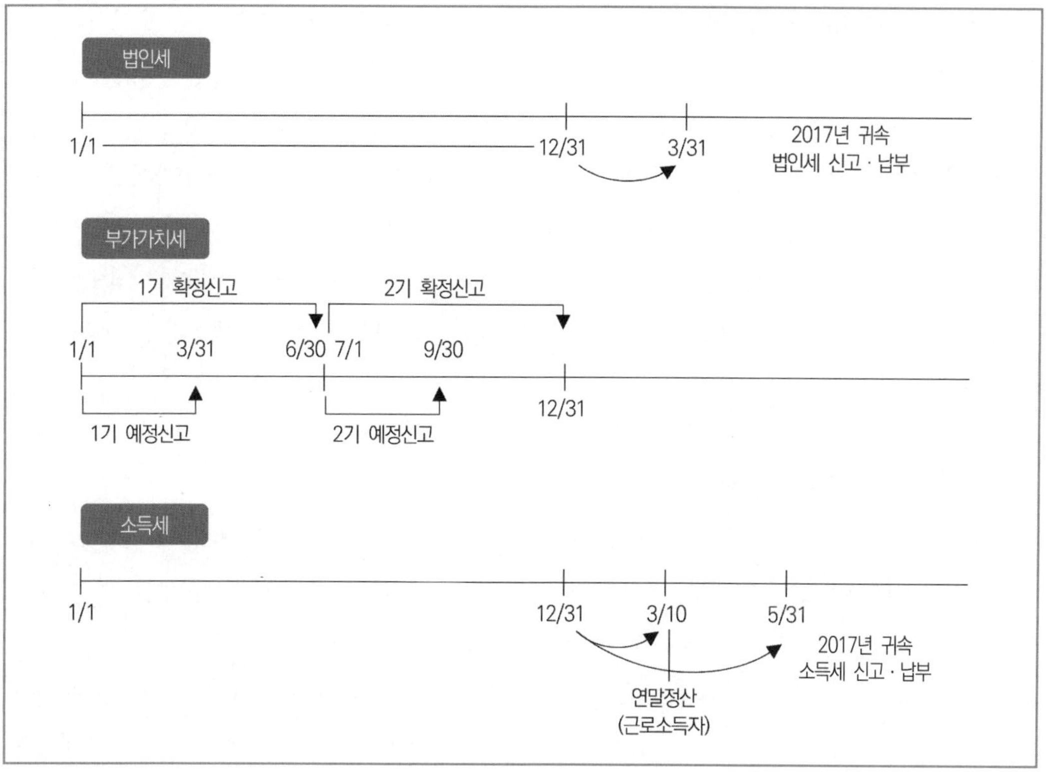
법인세
1/1
12/31
3/31
2017년 귀속
법인세 신고 · 납부
부가가치세
1기 확정신고
2기 확정신고
1/1
3/31
6/30
7/1
9/30
12/31
1기 예정신고
2기 예정신고
소득세
1/1
12/31
3/10
5/31
2017년 귀속
소득세 신고 · 납부
연말정산
(근로소득자)

1. 국제회계기준(IFRS)

국제회계기준(International Financial Reporting Standards)은 2001년 설립된 IASB에서 제정하는 회계기준으로, 국가간의 자본시장이 개방되어 자본의 유입 / 유출이 빈번해진 현재 국가간의 상이한 회계기준으로 인해 통일된 회계기준의 필요성이 증대되었고 이에 따라 전세계적으로 국제회계기준을 도입하고 있다. 우리나라에서도 이러한 세계적인 흐름에 맞추어서 외국인투자를 촉진하고 자본시장의 유동성을 증대시키기 위한 취지에서 '국제회계기준 도입 로드맵'을 2007년에 발표하였다. 이에 따라 원칙적으로 적용대상을 상장기업으로 하고, 수용시기는 2009년부터 선택적용을 허용하되 2011년에는 전면 적용 하였다.

(1) 국제회계기준의 필요성

과거에는 각 국가 별로 각 국가의 상황에 맞는 회계기준을 제정하여 사용해왔지만, 국가 간 무역이 활발해지면서 국가마다 다른 회계기준은 여러 가지 문제를 야기했다. 예를 들어 우리나라 기업이 중국과 미국 사이의 중계 무역을 하고 있다고 하면, 중국과 미국에서 각각 다른 회계기준에 따라 장부를 작성해야 하는 비효율성이 존재하게 된다. 그리고 정보이용자입장에서는 국가마다 다른 회계기준에 따라 작성된 회계정보를 분석하는데 많은 노력(시간과 비용)이 필요했다.

따라서 회계정보의 국가간 비교가능성을 높이기 위해 국제적으로 통일된 회계기준을 적용할 필요성이 대두되었다. 또한 국가마다 상이한 회계정보의 보고에 대한 규제가 표준화 될 수 있기 때문에 기업의 국제상장(cross-border listing)에 대한 부담이 감소되어 자본시장의 국제화를 가속시킬 수 있을 것이다. 과거에 대부분의 국가들은 규칙중심의 회계기준(rule-based accounting standards)을 적용해왔다. 이는 어떤 사건에 대해서 구체적으로 어떻게 회계처리를 해야 하는지, 즉 세부 항목 별로 어떻게 측정하고, 표시하고 공시해야 하는지에 대해서 지침을 규정하는 방식이다. 따라서 국제회계기준을 책정하는 두 가지 목적은 ①재무제표의 비교가능성을 높이고, ②재무제표작성에 소요되는 비용의 삭감인데, 규칙중심의 회계기준에서 적용되던 각 나라의 세부적인 지침을 모두 반영하는 것은 국제회계기준의 목적에 위배된다. 따라서 국제회계기준은 원칙중심의 회계기준 (principle-based accounting standards) 으로 재무보고를 위한 개념체계를 기준으로 세부 항목들은 원칙을 벗어나지 않는 선에서 재량적으로 처리를 하는 방향으로 만들어졌다. 즉, 원칙을 세워놓고 세부적인 처리는 전문가적인 판단을 요구하는 것이다.

세계 각국의 IFRS 도입현황

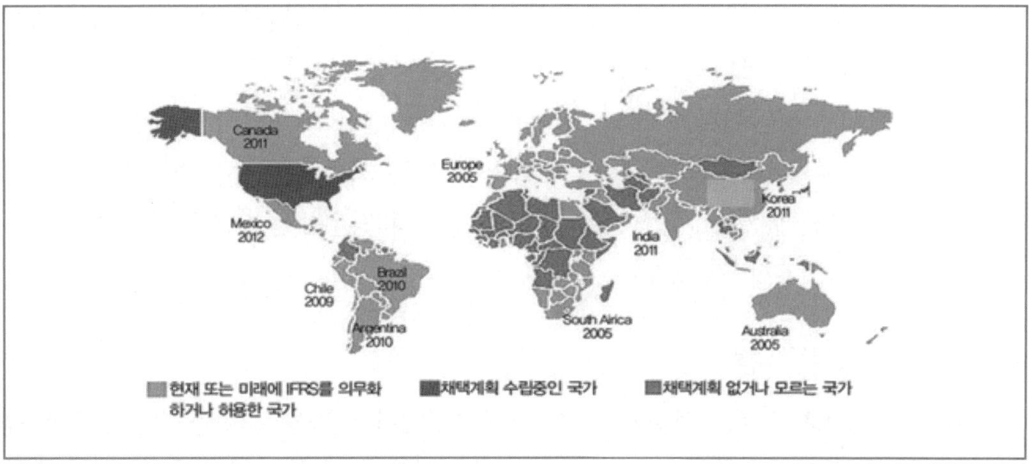

(2) 국제회계기준의 특징

1) 원칙중심의 회계기준

국제회계기준이 등장하기 전까지는 각국의 GAAP(Generally Accepted Accounting Principle)은 각 나라, 각 산업에 적합한 실무 중심의 회계기준으로 작성되었다. 그러나 많은 나라에서 공통적으로 적용되는 회계기준을 제정하다 보니 나라별, 산업별 실무지침을 하나의 회계기준에 모두 포함시키는 것이 불가능함에 따라 국제회계기준은 재무보고에 포함되어야 할 내용을 원칙에 입각하여 규정하는 세부적인 계산절차나 표시방법은 원칙을 벗어나지 않는 범위내에서 재량적으로 허용하는 원칙중심의 회계기준으로 제정되었다. 따라서 국제회계기준을 적용하는 과정에서 광범위한 전문가의 판단이 요구되어 진다.

2) 연결재무제표

국제회계기준의 기본 재무제표는 개별기업의 재무제표가 아니라 연결재무제표이다. 따라서 여러 기업들이 하나의 경제적 실체를 구성하고 있다면 이를 통합한 연결재무제표가 기본재무제표로서 작성·공시되어야 한다. 하지만 모든 기업이 연결재무제표를 작성해야하는 것은 아니고 종속회사가 있는 경우에만 작성하면 된다.

3) 공정가치 측정

국제회계기준의 가장 큰 특징은 과거 취득원가와 같은 역사적원가에 기초한 측정에서 공정가치 측정으로 대폭 그 방향을 전환하였다. 이는 역사적원가에 비해 공정가치가 경제적 의사결정에 보다 목적적합하게 이용될 수 있다는데 근거한다. 여기서 공정가치란 측정일에 시장참여자 사이의 정상거래에서 자산을 매도하면서 수취하거나 부채를 이전하면서 지급하게 될 가격이다. 하지만 모든 회계처리에서 공정가치 모형을 적용하는 것은 아닌데, 예를 들어 유형자산의 평가의 경우에는 원가모형이나 재평가모형을 선택하여 적용할 수 있도록 하였다.

4) 기업의 공시의무 강화

기존의 GAAP에서도 감사보고서의 주석사항으로 여러 가지 정보를 공시하도록 규정하고 있으나 국제회계기준에서는 이런한 공시규모가 대폭 강화확대 되었다. 우선 기본적인 공시내용이 연결기준으로 바뀌며, 상기한 공정가치에 대한 정보나 영업부문에 대한 재무정보가 공시되어야 함으로 국제회계기준상에서는 감사보고서의 분량이 매우 증가할 것이다.

5) 재무상태표 중심

국제회계기준은 수익과 비용을 지분참여자와의 거래를 제외한 자산과 부채의 증감으로 정의함으로써 포괄손익계산서보다는 재무상태표를 중심으로 재무제표 구성요소를 측정한다. 즉, 손익이라는 것은 자산과 부채의 변동 결과이며, 자산과 부채의 변동을 신뢰성 있게 측정할 수 없다면 수익과 비용이 발생하지 않은 것으로 본다.

증선위, 회계처리기준 위반한 금오하이텍·조선내화 제재

증선위가 주식회사의 회계처리기준을 위반해 재무제표를 작성·공시한 금오하이텍, 조선내화 등 2개사를 적발해 과징금, 감사인지정 등의 조치를 내렸다.

증권선물위원회는 최근 진행된 제10차 회의에서 금오하이텍, 조선내화 등 2개사에 대해 과징금, 감사인지정 등의 조치를 부과했다고 25일 밝혔다.

증선위에 따르면 금오하이텍은 지분법적용투자주식을 부풀려 작성하고, 매출채권 대손충당금을 적게 기록하는 등 회계처리기준을 위반해 재무제표를 작성한 것으로 드러나, 증선위는 1천2백만원의 과징금과 감사인지정 2년의 조치를 내렸다.

조선내화는 종속회사의 차입금을 계상하지 않고 자기자본을 부풀려 기록해 1천470만원의 과징금과 감사인지정 1년의 조치가 부과됐다.

또한, '주식회사의 외부감사에 관한 법률'을 위반해 주식을 소유한 회사에 감사업무를 수행한 공인회계사에 대해서는 주권상장(코스닥상장 제외), 지정회사 감사업무제한, 당해회사 감사업무제한 등의 조치를 내렸다.

신영우 기자 syw01@taxtimes.co.kr

2. 상법

(1) 주식회사

주식회사란 주식의 발행을 통해 여러 사람으로부터 자본금을 조달받고 설립된 회사를 말한다. 주식을 매입하여 주주가 된 사원은 주식의 인수한도 내에서만 출자의무를 부담하고 회사의 채무에 대해서는 직접책임을 부담하지 않는다(주주의 유한책임). 따라서 주식회사는 ① 주식, ② 자본금, ③ 주주의 유한책임이라는 3가지 요소를 본질로 구성한다.

(2) 주식회사의 본질적 요소

1) 주식

주식이란 주식회사에서의 사원의 지위를 말한다. 주식은 주식회사의 입장에서는 자본금을 구성하는 요소이면서 동시에 주주의 입장에서는 주주의 자격을 얻기 위해 회사에 납부해야 하는 출자금액의 의미한다(「상법」 제301조, 제305조 및 제451조).

회사는 주식을 발행할 때 액면주식으로 발행할 수 있으며, 정관으로 정한 경우에는 주식의 전부를 무액면주식으로 발행할 수도 있다(「상법」 제329조제1항).

Check "액면주식"이란 1주의 금액이 정해져 있는 주식을 말하며 "무액면주식"이란 1주의 금액이 정해져 있지 않은 주식을 말한다.

액면주식의 금액은 균일해야 하며, 1주의 금액은 100원 이상으로 해야 한다(「상법」 제329조제2항 및 제3항). 일반적으로 대부분의 주식회사는 주식의 액면금액을 5,000원으로 하고 있다. 일부 기업들은 주식의 병합, 주식의 분할을 통하여 액면금액이 50,000원 또는 500원이 될 수도 있다.

2) 자본금

자본금은 주주가 출자하여 회사성립의 기초가 된 자금을 말한다. 자본금은 다음과 같이 액면주식을 발행한 경우와 무액면주식을 발행한 경우에 따라 다르게 구성된다(「상법」 제451조제1항 및 제2항 참조).

자본금

구 분	자본금
액면주식을 발행한 경우	발행주식의 액면총액(액면금액에 주식수를 곱한 것)이 자본금이 된다.
무액면주식을 발행한 경우	주식발행가액의 2분에 1이상의 금액으로서 이사회(상법 제416조 단서에서 정한 주식발행의 경우에는 주주총회를 말함)에서 자본금으로 계상하기로 한 금액의 총액이 자본금이 된다(이 경우 주식의 발행가액 중 자본금으로 계상하지 않은 금액은 자본준비금으로 계상함).

회사의 자본금은 액면주식을 무액면주식으로 전환하거나 무액면주식을 액면주식으로 전환함으로써 변경할 수 없다(「상법」 제451조제3항).

한편, 주식회사의 최저자본금은 종전에는 5,000만원 이상 이었으나, 「상법」(법률 제9746호, 2009. 5. 28. 개정, 2010. 5. 29. 시행) 개정으로 최저자본금제도를 폐지하여 누구라도 손쉽게 저렴한 비용으로 주식회사를 설립할 수 있도록 하였다.

3) 주주의 유한책임

주주는 회사에 대하여 주식의 인수가액을 한도로 하여 출자의무를 부담할 뿐이며, 그 이상 회사에 출연할 책임을 부담하지 않는다. 따라서 회사가 채무초과상태에 있다고 하더라도 주주는 회사의 채권자에게 변제할 책임이 없다. 이를 주주의 유한책임이라고 한다(「상법」 제331조 참조).

주식회사 설립 절차 개관

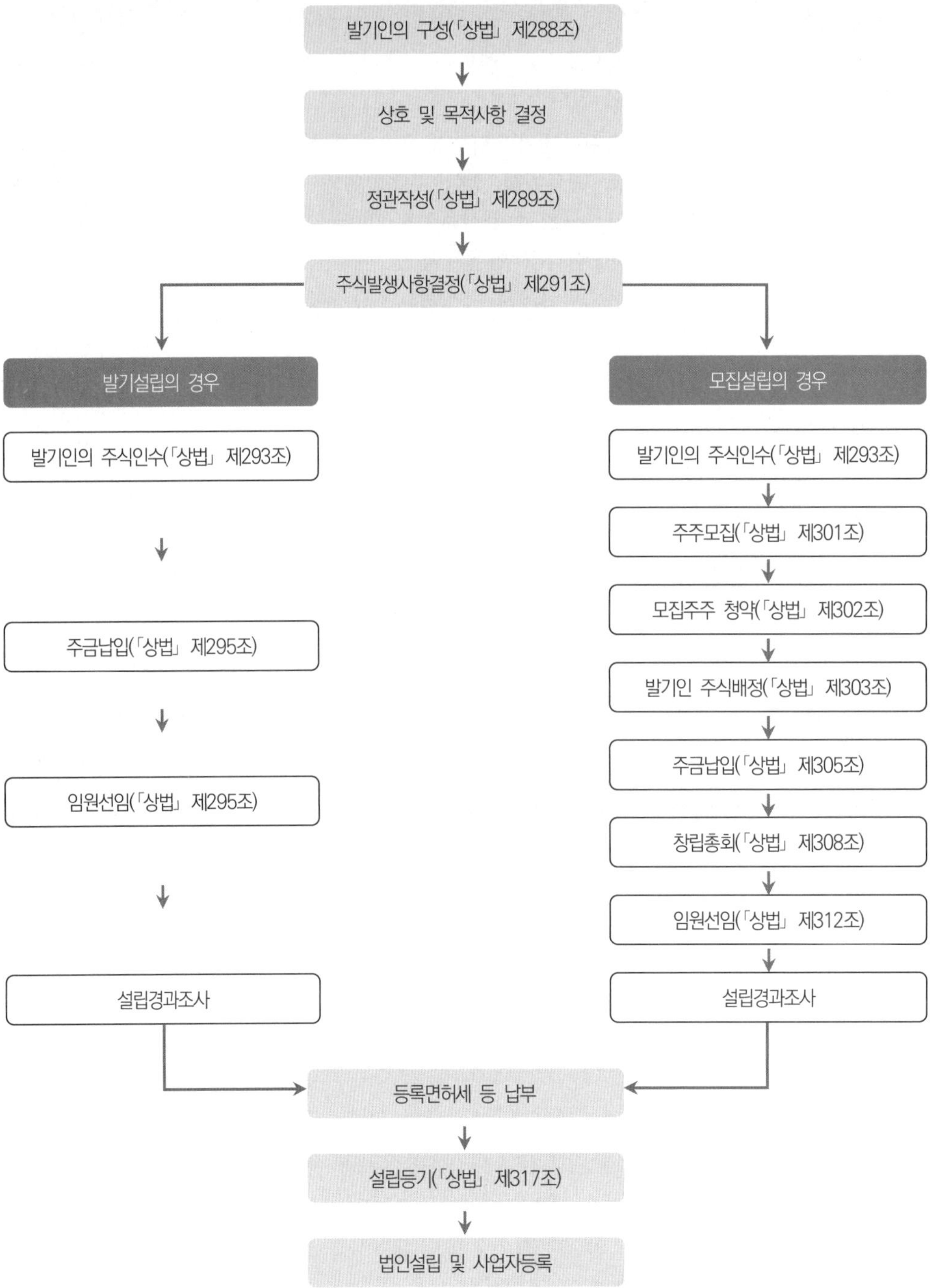

<출처: 법무부 중소기업법률지원단, 「주식회사 설립절차」, 2면 참조>

(3) 발기설립과 모집설립의 차이

주식회사의 설립방법에는 **발기설립**과 **모집설립**이 있다. 발기설립이란 설립 시에 주식의 전부를 발기인만이 인수하여 설립하는 것을 말하고, 모집설립이란 설립 시에 주식의 일부를 발기인이 우선인수하고 주주를 모집하여 그 나머지를 인수하게 하는 설립방법을 말한다. 발기설립과 모집설립은 다음과 같은 차이가 있다.

구 분	발기설립	모집설립
기 능	소규모 회사설립에 용이	대규모 자본 조달에 유리
주식의 인수	주식의 총수를 발기인이 인수	발기인과 모집주주가 함께 주식 인수
인 수 방 식	단순한 서면주의	법정기재사항이 있는 주식청약서에 의함
주식의 납입	발기인이 지정한 은행 그 밖의 금융기관에 납입	주식청약서에 기재한 은행 그 밖의 금융기관에 납입
납입의 해태	민법의 일반원칙에 따름	실권절차(「상법」 제307조)가 있음
창 립 총 회	불필요	필요
기 관 구 성	발기인의 의결권의 과반수로 선임	창립총회에 출석한 주식인수인의 의결권의 3분의 2 이상이고 인수된 주식의 총수의 과반수에 해당하는 다수로 선임
설립경과조사	이사와 감사가 조사하여 발기인에게 보고	이사와 감사가 조사하여 창립총회에 보고
변태설립사항	이사가 법원에 검사인 선임 청구, 검사인은 조사하여 법원에 보고	발기인은 법원에 검사인 선임 청구, 검사인은 조사하여 창립총회에 보고

〈출처: 법무부 중소기업법률지원단, 「주식회사 설립절차」, 2면 참조〉

주식회사 설립절차에 대해 도움을 받을 수 있는 곳

주식회사 설립절차 및 각종 필요서류, 주식회사 설립에 관한 온라인 민원신청, 온라인 상담 서비스 등 주식회사 설립 전반에 관한 자세한 내용은 중소벤처기업부에서 운영하고 있는 『온라인 법인설립시스템(www.startbiz.go.kr)』에서 안내를 받을 수 있다.

Ref. 참고사항

1. 주주총회[株主總會, general meeting of shareholders]

주식회사의 최고의사결정기관으로 중요한 사항에 대해서 의사결정을 하는 회의체 형식의 기관을 말한다. 회사의 주인인 주주는 자신의 보유주식 1주당 1개의 의결권을 가지며 주주총회에서의 의결권행사를 통해 회사의 경영에 참여하게 된다.

주주총회에는 매 결산기에 소집되는 정기주주총회와 필요에 따라 소집되는 임시주주총회가 있으며 원칙적으로는 이사회에서 소집을 결정하지만 주식발행총수의 3% 이상을 소유하고 있는 주주(대주주)는 서면을 통해 주주총회의 소집을 청구할 수가 있다.

총회의 결의는 보통결의의 경우 정관에 다른 정함이 있는 경우를 제외하고는 출석한 주주의 의결권의 과반수와 발행주식총수의 4분의 1 이상의 수로써 결의한다. 보통결의사항으로는 이사 및 감사의 선임과 보수결정, 재무제표 승인, 배당 결의 등이다. 반면에 특별결의는 출석한 주주의 의결권의 3분의 2 이상의 수와 발행주식총수의 3분의 1 이상의 수로써 결의한다. 특별결의사항으로 결의할 사항으로는 정관의 변경, 회사의 인수 및 합병, 이사 및 감사의 해임, 자본감소, 주식매수소각, 사업분할 등으로 주주의 특별결의사항의 동의를 얻어 성립된다. 마지막으로 특수결의사항이 있는데 이는 총 주주의 동의 및 의견이 일치하여야 하며 이러한 결의가 필요한 사항으로는 발기인, 이사, 감사에 대한 회사의 책임면제 등이 있다. 주주총회에서 결의할 수 있는 사항은 상법 또는 정관에 정해진 사항으로 한정되어 있는데 구체적으로는 임원 · 감사의 선임과 해임, 재무제표의 승인, 정관변경, 영업양도, 합병, 감사, 해산 등이 있다.

2. 이사회(board of directors)

회사의 업무집행에 관한 의사결정을 하기 위하여 이사 전원으로 구성되는 필요·상설의 회의체 기관이 이사회이다. 이사회는 주주총회의 권한사항을 제외하고는 회사의 업무집행에 관한 모든 의사결정을 할 권한이 있으며 대표이사의 집무집행을 감독할 권한도 있다. 업무집행의 세목까지 이사회가 직접 결정할 필요는 없다 하더라도 적어

도 기본적 사항, 특히 법정권한사항은 그 결정을 다른 기관에 위임하지 못하도록 하였다. 상법상 이사회의 결의사항으로는 주주총회의 소집, 이사회 소집권자의 특정, 지점의 설치·이전 또는 폐지, 지배인의 선임·해임, 대표이사의 선정과 공동대표의 결정, 이사와 회사간의 거래에 대한 승인, 신주발행사항의 결정, 재무제표의 승인, 영업보고서의 승인, 준비금의 자본전입, 사채발행의 결정, 주주에 대한 전환사채 발행사항의 결정, 주주에 대한 신주인수권부사채 발행사항의 결정 등이 있다.

이사의 선임은 일반적으로 주주총회의 보통결의에 의해 선임되며, 이사 후보 1명에 대해 하나의 주주총회 결의만 가능하나, 집중투표제를 이용할 경우에는 2명 이상의 후보를 하나의 결의로 선임할 수 있다.

일반적으로 상법상 이사 자격에 대한 제한은 없으나 감사의 경우에는 그 회사의 이사나 자회사의 이사가 될 수 없다는 제한이 있음을 유의하여야 한다. 이사 임기는 3년을 초과할 수 없고, 다만 정관으로 그 임기 중의 최종 결산기에 관한 정기주주총회 종결에 이르기까지 연장할 수 있다.

이사회는 각 이사가 소집하지만, 정관이나 이사회에서 소집권자를 따로 정해 놓을 수도 있으며, 이사회의 결의는 이사 과반수의 출석과 출석이사 과반수로 하되, 정관으로 그 비율을 높게 정할 수 있다.

3. 감사위원회

감사위원회는 회사의 업무감독과 회계감독권을 가지고 있는 이사회 내 위원회이다. 원래 감사는 상법상 업무감시기구로서 필요적 상설기관임에도 이사회에 이사의 업무집행에 대한 감독권을 부여함으로써 감사의 기능 강화를 저해한 측면이 있다. 또한 기업의 소유와 경영이 분리되지 않을 경우 감사의 선임과 해임에 있어 대주주 또는 최고 경영진의 영향력을 배제할 수 없는 현실 여건 하에서 단독 기관으로서의 감사가 경영진과 독립적인 입장에서 견제기능을 발휘하기가 곤란하여 감사의 전문성도 미흡하여 실효성 있는 감사업무를 수행하기 어려웠다. 특히 IMF 구제금융 이후 기업경영 감시체제를 강화하기 위해 미국 회사법상의 내부감사위원회제도를 도입하게 되었다. 자산 총액 2조원 이상의 대형 상장법인이나 증권회사에 있어서는 감사위원회가 법정 필요상 상설기관이며, 기타의 회사에 있어서는 감사 또는 상근감사에 갈음하여 회사가 정관에 의하여 설치하여야 한다.

4. 사외이사

사외이사란 회사에 상근하지 않고, 이사회가 개최될 때만 이사회에 출석하여 회사의 의사결정에만 관여하는 이사를 가리킨다(증권거래법 제2조). 즉 사외이사는 교수, 변호사, 회계사 등 외부전문가로서 회사의 업무에는 직접 관여하지 않고 독립적인 지위에서 이사회의 구성원으로서 활동하는 이사를 말한다. 반면 사내이사란 회사에 상시적으로 출근(상근)함으로서 회사의 업무(영업)에 참여하면서, 동시에 이사회에 출석하여 의사결정에 참가하는 이사를 말한다. 보통 대기업에서는 신입사원에서 출발하여 오랫동안 회사에 직원(피사용인)으로 근무하면서 승진을 거쳐 마지막으로 회사의 직원임에도 등기이사로 선임되는 경우가 있는데 이 경우가 말하자면 사내이사인 것이다.

국내 상장사 60%, 지배기구-외부감사인간 '대화' 미미 '연 2회 이하'

1천819개 국내 상장기업의 감사위원회 현황 등을 전수 조사한 보고서가 발간됐다.
삼정KPMG 감사위원회 지원센터(ACI)는 국내 상장사의 감사보조조직 편성 유무와 감사위원회 선출의 독립성 및 관계규정 준수, 업무권한.활동현황 등을 담은 '감사위원회 저널 2호'를 지난 1일 발간했다.
이는 그간 국내 기업공시 한계로 조사되기 어려웠던 다양한 지표를 전체 상장사 대상으로 확장시킨 유일한 조사로서 의미가 깊다.
삼정KPMG는 기업지배구조 선진화와 회계투명성 강화에 기여하기 위해 2015년 업계 최초로 공인회계사, 변호사, 경제분석전문가 등 각 분야 전문가를 주축으로 하는 '감사위원회 지원센터(ACI)'를 출범했다. 지난 1월 감사기구 관련 이론과 실무를 심도 있게 다루는 전문지 '감사위원회 저널(계간지)'을 창간했다.
이번 저널에서는 국내 상장사의 감사보조조직과 감사위원회, 사외이사후보추천위원회, 지배기구-외부감사인의 커뮤니케이션 현황 등 비재무적 요소를 토대로 국내 상장사의 감사기구.기업지배구조 실태를 조명했다. 아울러 지난 3월 열린 상장사의 주주총회 중 감사와 관련한 주요 변화를 통계.분석한 시사점을 담았다.
감사보조조직은 감사(위원)의 활동을 실무적으로 지원한다는 매우 중요한 역할을 맡고 있다. 그러나 삼정KPMG ACI의 조사 결과에 따르면, 감사보조조직의 신분을 명시적으로 보장하지 않는 기업이 전체 상장사 중 0.27%에 달했고, 별도의 보장 여부를 밝히지 않은 상장사도 11.74%에 이르렀다. 이와 같은 취약한 신분보장은 소신 있는 감사활동을 저해할 우려가 있다고 지적됐다.
감사보조조직의 감사보고서 등 보고라인이 감사(위원)인 경우는 전체 상장사 중 6.1%에 불과했다. 이사회에 보고하는 기업도 6.38%로 상당히 낮은 것으로 조사됐다. 반면, 대표이사를 포함한 경영진에게 보고하는 기업은 전체 상장사 중 26.94%에 달해 내부감사의 보고체계에 한계가 있는 것으로 나타났다.
독립성 있는 사외이사를 선임하는 것은 이사회의 독립성을 강화하는 가장 강력한 수단으로, 이사회에 대한 실효성 있는 견제를 가능케 해 지배구조를 견고하게 한다. 이에 사외이사 후보군을 상시적으로 관리하고, 공정하고 객관적인 절차를 거쳐 사외이사를 선임하는 전담기구인 사외이사후보추천위원회의 설치가 필요하다.
삼정KPMG ACI의 조사 결과에 따르면, 전체 상장사 중 약 12.4%가 사외이사후보추천위원회를 설치하고 있었다. 이중 의무설치(68.6%) 대비 자발적으로 설치한 기업의 비중도 31.4%로 높은 것으로 조사됐다.

사외이사후보추천위원회에서 사외이사 구성비중도 평균 70% 수준으로 법에서 요구하는 과반수 이상보다 높아 긍정적으로 평가 됐으나, 위원회를 설치한 기업 중 61%는 CEO가 위원으로 참여하고 있어 사외이사후보추천위원회 구성 및 운영상 개선 노력이 필요한 것으로 나타났다.
지난 1월 공표된 '회계 투명성 및 신뢰성 제고를 위한 종합대책'에는 내부감사와 외부감사인간 커뮤니케이션 내용빈도에 대한 공시의무를 강화하는 방안이 포함돼 있다.
내부감사인으로서 경영진으로부터의 독립적 위치와 정보 접근권한, 외부감사인의 회계.재무 전문성을 토대로 양자간 부족한 점을 보완하고 시너지를 극대화 할 수 있다는 측면에서 감사(위원회)와 외부감사인의 커뮤니케이션은 매우 중요하다.
삼정KPMG ACI 조사결과에 따르면, 2016년 사업연도 기준 국내 상장사의 60% 이상이 지배기구(내부감사기구 또는 이사회)와 외부감사인간 커뮤니케이션을 연 2회 이하로 개최한 것으로 나타났다.
이는 전년 대비 0.2회 증가한 것으로, 2015년말 금융감독원의 '외부감사 관련 감사 및 감사위원회 운영 모범사례' 공표로 양자간 커뮤니케이션이 활발해 진 것으로 풀이된다.
이밖에 이번 저널에서는 삼정KPMG ACI 자문위원인 한종수 이화여대 경영대학 교수와 감사(위원회)-외부감사인간 협업 및 커뮤니케이션의 의의에 대해 논의하고, 외부감사인과의 커뮤니케이션시 감사위원회가 실무적으로 활용할 수 있는 체크리스트도 제시했다.
외부감사인 선임에 감사위원회가 적극적으로 관여하고 있는 국내 기업 우수 사례 및 글로벌 기업의 외부감사인 선임 절차와 외부감사인 평가기준도 안내됐다. 바람직한 기업문화를 주제로 글로벌 KPMG ACI가 글로벌 기업의 이사회 멤버를 대상으로 수행한 설문결과도 수록하고 있다.
김유경 삼정KPMG ACI 리더는 "최근 기업의 부실경영과 불투명한 회계에 대한 해법으로 감사위원회 역할과 중요성이 더욱 강조되고 있다"며 "감사위원회 저널 등 삼정KPMG ACI의 다양한 활동이 우리나라 기업의 감사위원회 기능을 내실화하고 나아가 기업지배구조 선진화와 회계투명성 제고에 일조하기를 기대한다"고 말했다.
한편, 삼정KPMG ACI는 감사위원회의 제도적.운영적 측면에서 실무적인 역할 수행을 돕는 '감사위원회 핸드북'을 2015년 12월 국내 최초로 발간했고, 다양한 연구활동과 교육프로그램 운영, 세미나 개최 등과 함께 감사위원회 위상 제고를 위해 앞장서고 있다.
오는 19일에는 삼정KPMG 본사에서 기업 감사위원과 감사를 대상으로 기업지배구조 선진화 및 기업가치 제고를 위해 감사위원회와 감사가 기여할 수 있는 점이 무엇인지 살펴보고, 감사기구의 위상을 효과적으로 제고하기 위한 실천적 해법을 공유하는 자리가 마련된다.
삼정KPMG 감사위원회 저널은 주요기업의 감사.감사위원.언론사. 학계 등에 무료로 배포된다.

오상민 기자 osm1158@hanmail.net

3. 세법

사업을 시작하기에 앞서 개인으로 사업을 시작할 것인지 법인으로 사업을 시작할 것인지를 고려하여야 한다. 법인으로 사업을 시작할 경우에는 사업자등록시에 상법상 정관이나 주주명부, 개시대차대조표 서류 등 절차가 까다로운 것이 사실이나, 세율 면에서나 대외신인도면에서는 법인이 개인에 비하여 상대적으로 유리한 면이 많은 것이 사실이다. 하지만 사업을 행함에 있어 급격한 매출증가가 일어나지 않거나 기타 문제 발생시에는 쉽게 사업을 접든지 업종전환을 할 수 있는 개인사업이 유리한 경우가 있을 수 있으므로 상황에 따라 법인사업이나 개인사업을 잘 판단하여 선택하여야 한다.

(광의의)소득세 ┬ 법인(소득)세 - 법인이 얻은 소득에 대하여 부과하는 조세
　　　　　　　 └ (개인)소득세 - 개인이 얻은 소득에 대하여 부과하는 조세

(1) 법인사업인 경우 (법인세)

법인이 일정기간 동안에 얻은 소득에 대하여 부과하는 조세를 '법인세'라고 하는데 일반적으로는 매년 1월 1일부터 12월 31일 기간을 한 과세기간으로 보아 1년 동안에 벌어들인 소득에 대하여 세금을 부과하게 된다. 법인은 과세기간을 3월 1일부터 익년 2월 28일까지를 한 과세기간으로 하는 등 과세기간을 1년 이내에서 임의로 선택할 수가 있다. 법인의 경우에는 각 사업연도 종료일로부터 3개월 이내에 법인세를 신고·납부하여야 한다.

법인세의 과세표준

구 분	각 사업연도의 소득 (2018년)
과 세 표 준	익금총액 - 손금총액 = 각 사업연도 소득금액 - 이월결손금 - 비과세소득 - 소득공제

구 분	각 사업연도의 소득 (2018년)
세 율	2억원 이하 : 10% 2억원 초과 : 20% 200억원 초과 : 22% 3,000억원 초과 : 25%
신 고 · 납 부	각 사업연도 종료일로부터 3개월 이내에 신고·납부

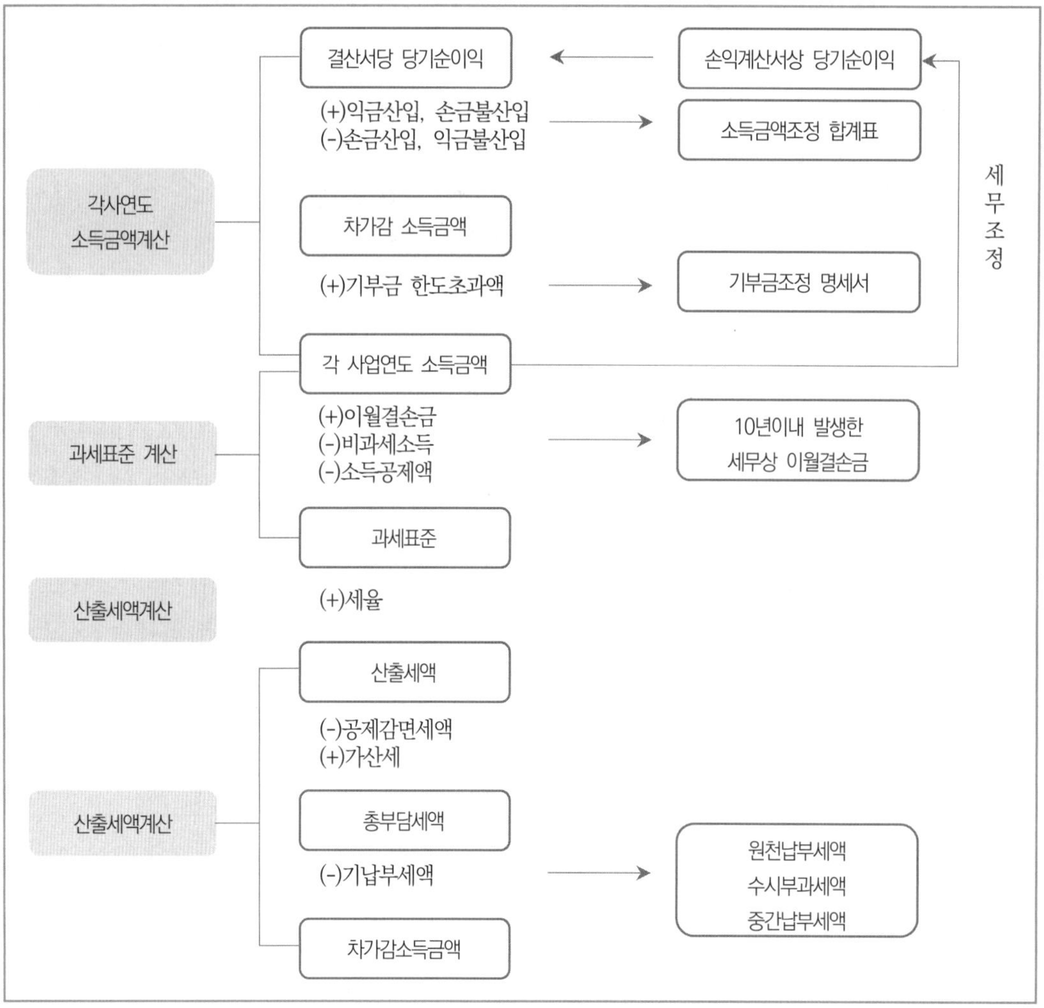

■ 법인세법 시행규칙 [별지 제1호서식] 〈개정 2012.2.28〉

홈택스(www.hometax.go.kr)에서도 신고할 수 있습니다.

법인세 과세표준 및 세액신고서

※ 뒤쪽의 신고안내 및 작성방법을 읽고 작성하여 주시기 바랍니다. (앞 쪽)

①사업자등록번호			②법 인 등 록 번 호			
③법 인 명			④전 화 번 호			
⑤대 표 자 성 명			⑥전 자 우 편 주 소			
⑦소 재 지						
⑧업 태		⑨종 목		⑩주업종코드		
⑪사 업 연 도	. . . ~ . . .		⑫수시부과기간	. . . ~ . . .		

⑬법 인 구 분		1. 내국 2.외국 3.외투(비율 %)			⑭조 정 구 분	1. 외부 2. 자기
⑮종 류 별 구 분		중소	일반	당기순이익과세	⑯외 부 감 사 대 상	1. 여 2. 부
영리법인	상 장 법 인	11	12		⑰신 고 구 분	1. 정기신고
	코스닥상장법인	21	22			2. 수정신고(가.서면분석, 나.기타)
	기 타 법 인	30	40			3. 기한후 신고
비 영 리 법 인		60	70	50		4. 중도폐업신고
						5. 경정청구
⑱법 인 유 형 별 구 분			코드		⑲결 산 확 정 일	
⑳신 고 일					㉑납 부 일	
㉒신고기한 연장승인		1. 신청일			2. 연장기한	

구 분	여	부	구 분	여	부
㉓주식변동	1	2	㉔장부전산화	1	2
㉕사업연도의제	1	2	㉖결손금소급공제 법인세환급신청	1	2
㉗감가상각방법(내용연수)신고서 제출	1	2	㉘재고자산등평가방법신고서 제출	1	2
㉙기능통화 채택 재무제표 작성	1	2	㉚과세표준 환산시 적용환율		
㉛동업기업의 출자자(동업자)	1	2	㉜국제회계기준(K-IFRS)적용	1	2
㊼내용연수승인(변경승인) 신청	1	2	㊽감가상각방법변경승인 신청	1	2
㊾기능통화 도입기업의 과세표준 계산방법(「법인세법」 제53조의2제1항)					

구 분	법인세		
	법 인 세	토지 등 양도소득에 대한 법인세	계
㉝수 입 금 액	(	)	
㉞과 세 표 준			
㉟산 출 세 액			
㊱총 부 담 세 액			
㊲기 납 부 세 액			
㊳차 감 납 부 할 세 액			
㊴분 납 할 세 액			
㊵차 감 납 부 세 액			

㊶조 정 반 번 호		㊸조정자	성 명	
㊷조 정 자 관 리 번 호			사업자등록번호	
			전 화 번 호	

국세환급금 계좌 신고 (환급세액 2천만원 미만인 경우)	㊹예 입 처	은행 (본)지점
	㊺예금종류	
	㊻계 좌 번 호	예금

신고인은 「법인세법」 제60조 및 「국세기본법」 제45조, 제45조의2, 제45조의3에 따라 위의 내용을 신고하며, 위 내용을 충분히 검토하였고 **신고인이 알고 있는 사실 그대로를 정확하게 적었음을 확인합니다.**

년 월 일

신고인(대표자) (서명 또는 인)

세무대리인은 조세전문자격자로서 위 신고서를 성실하고 공정하게 작성하였음을 확인합니다.

세무대리인 (서명 또는 인)

세무서장 귀하

첨부서류	1. 재무상태표, 2. (포괄)손익계산서, 3. 이익잉여금처분(결손금처리)계산서, 4. 현금흐름표(「주식회사의 외부감사에 관한 법률」 제2조에 따른 외부감사의 대상이 되는 법인의 경우만 해당합니다), 5. 세무조정계산서	수수료 없 음

210mm×297mm[백상지 80g/㎡ 또는 중질지 80g/㎡]

■ 법인세법 시행규칙 [별지 제3호서식] 〈개정 2012.2.28〉 (앞 쪽)

사 업 연 도	. . . ~ . . .	법인세 과세표준 및 세액조정계산서	법 인 명	
			사 업 자 등 록 번 호	

구분	항목		코드	금액
① 각 사업연도 소득계산	(101) 결 산 서 상 당 기 순 손 익		01	
	소득조정 금 액	(102) 익 금 산 입	02	
		(103) 손 금 산 입	03	
	(104) 차 가 감 소 득 금 액 ((101)+(102)−(103))		04	
	(105) 기 부 금 한 도 초 과 액		05	
	(106) 기부금한도초과이월액 손금산입		54	
	(107) 각 사업연도소득금액 ((104)+(105)−(106))		06	
② 과세표준계산	(108) 각 사 업 연 도 소 득 금 액 ((108)=(107))			
	(109) 이 월 결 손 금		07	
	(110) 비 과 세 소 득		08	
	(111) 소 득 공 제		09	
	(112) 과 세 표 준 ((108)−(109)−(110)−(111))		10	
	(159) 선 박 표 준 이 익		55	
③ 산출세액계산	(113) 과 세 표 준((112)+(159))		56	
	(114) 세 율		11	
	(115) 산 출 세 액		12	
	(116) 지 점 유 보 소 득 (「법인세법」 제96조)		13	
	(117) 세 율		14	
	(118) 산 출 세 액		15	
	(119) 합 계((115)+(118))		16	

구분	항목			코드	금액
④ 납부할 세액 계산	(120) 산 출 세 액((120) = (119))				
	(121) 최저한세 적용대상 공 제 감 면 세 액			17	
	(122) 차 감 세 액			18	
	(123) 최저한세 적용제외 공 제 감 면 세 액			19	
	(124) 가 산 세 액			20	
	(125) 가 감 계((122)−(123)+(124))			21	
	기납부세액	기한내납부세액	(126) 중 간 예 납 세 액	22	
			(127) 수 시 부 과 세 액	23	
			(128) 원 천 납 부 세 액	24	
			(129) 간접투자회사등의 외국납부세액	25	
			(130) 소 계 ((126)+(127)+(128)+(129))	26	
		(131) 신고납부전가산세액		27	
		(132) 합 계((130)+(131))		28	
	(133) 감 면 분 추 가 납 부 세 액			29	
	(134) 차 감 납 부 할 세 액 ((125)−(132)+(133))			30	

구분	항목			코드	금액
⑤ 토지등 양도소득에 대한 법인세 계산	양도차익	(135) 등 기 자 산		31	
		(136) 미 등 기 자 산		32	
	(137) 비 과 세 소 득			33	
	(138) 과 세 표 준 ((135)+(136)−(137))			34	
	(139) 세 율			35	
	(140) 산 출 세 액			36	
	(141) 감 면 세 액			37	
	(142) 차 감 세 액 ((140)−(141))			38	
	(143) 공 제 세 액			39	
	(144) 동업기업 법인세 배분액 (가산세 제외)			58	
	(145) 가 산 세 액 (동업기업 배분액 포함)			40	
	(146) 가 감 계((142)−(143)+(144)+(145))			41	
	기납부세액	(147) 수 시 부 과 세 액		42	
		(148) ( ) 세 액		43	
		(149) 계 ((147)+(148))		44	
	(150) 차감납부할세액((146)−(149))			45	
⑥ 세액계	(151) 차 감 납 부 할 세 액 계 ((134)+(150))			46	
	(152) 사실과 다른 회계처리 경정 세액 공제			57	
	(153) 분 납 세 액 계 산 범 위 액 ((151)−(124)−(133)−(145)−(152)+(131))			47	
	분납할 세 액	(154) 현 금 납 부		48	
		(155) 물 납		49	
		(156) 계 ((154) + (155))		50	
	차 감 납 부 세 액	(157) 현 금 납 부		51	
		(158) 물 납		52	
		(160) 계 ((157)+(158)) ((160)=(151)−(152)−(156))		53	

210mm×297mm[백상지 80g/㎡ 또는 중질지 80g/㎡]

[별지 제15호서식] (2008.3.31. 개정) (앞 쪽)

사 업 연 도	소득금액조정합계표		법 인 명
사업자등록번호		법인등록번호	

익금산입 및 손금불산입				손금산입 및 익금불산입			
①과 목	②금 액	③소득처분		④과 목	⑤금 액	⑥소 득 처 분	
		처분	코드			처분	코드
합 계				합 계			

190㎜×268㎜(신문용지 54g/㎡(재활용품))

■ 법인세법 시행규칙 [별지 제50호서식(갑)] 〈개정 2012.2.28〉 (앞 쪽)

사 업 연 도	. . . ~ . . .	자본금과 적립금 조정명세서(갑)	법 인 명	
			사업자등록번호	

Ⅰ. 자본금과 적립금 계산서

①과목 또는 사항		코드	②기초잔액	당 기 중 증 감		⑤기 말 잔 액	비 고
				③감 소	④증 가		
자본금 및 잉여금 등의 계산	1. 자 본 금	01					
	2. 자 본 잉 여 금	02					
	3. 자 본 조 정	15					
	4. 기타포괄손익누계액	18					
	5. 이 익 잉 여 금	14					
		17					
	6. 계	20					
7. 자본금과 적립금명세서(을) 계		21					
손익미계상 법인세 등	8. 법 인 세	22					
	9. 지 방 소 득 세	23					
	10. 계 (8+9)	30					
11. 차 가 감 계(6+7-10)		31					

Ⅱ. 이월결손금 계산서

1. 이월결손금 발생 및 증감내역

⑥사업연도	이월결손금					감 소 내 역				잔 액		
	발 생 액			⑩소급공제	⑪차감계	⑫기공제액	⑬당기공제액	⑭보전	⑮계	⑯기한 내	⑰기한경과	⑱계
	⑦계	⑧일반결손금	⑨배분한도초과결손금(⑨=㉕)									
계												

2. 법인세 신고 사업연도의 결손금에 동업기업으로부터 배분한도를 초과하여 배분받은 결손금(배분한도 초과결손금)이 포함되어 있는 경우 사업연도별 이월결손금 구분내역

⑲법인세 신 고 사업연도	⑳동업기업 과세연도 종료일	㉑손금산입한 배분한도 초과 결손금	㉒법인세 신고 사업연도 결손금	배분한도 초과결손금이 포함된 이월결손금 사업연도별 구분			
				㉓합 계(㉓=㉕+㉖)	배분한도 초과결손금 해당액		㉖ 법인세 신고 사업연도 발생 이월결손금 해당액(⑧일반결손금으로 계상)(㉑≥㉒의 경우는 "0", ㉑<㉒의 경우는 ㉒-㉑)
					㉔이월결손금 발생 사업연도	㉕이월결손금(㉕=⑨) ㉑과㉒ 중 작은 것에 상당하는 금액	

Ⅲ. 회계기준 변경에 따른 자본금과 적립금 기초잔액 수정

㉗과목 또는 사항	㉘코드	㉙전기말 잔액	기초잔액 수정		㉜수정후 기초잔액(㉙+㉚-㉛)	㉝비 고
			㉚증가	㉛감소		

210mm×297mm[일반용지 70g/㎡(재활용품)]

[별지 제50호 서식(을)] (1999. 5. 24. 개정) (앞 쪽)

사 업 연 도	. . ~ . . .	자본금과 적립금조정명세서(을)	법인명	

※ 관리번호 ☐☐ - ☐☐ 사업자등록번호 ☐☐☐ - ☐☐ - ☐☐☐☐☐

※표시란은 기입하지 마십시오.

세무조정유보소득계산

①과 목 또 는 사 항	②기초잔액	당 기 중 증 감		⑤기 말 잔 액 (익기초현재)	비 고
		③감 소	④증 가		
합 계					

22226-84011일 210㎜×297㎜
1999. 4. 1. 개정승인 (신문용지 54g/㎡(재활용품))

4. 개인사업인 경우 (소득세)

개인이 일정기간 동안에 얻은 소득에 대하여 부과하는 조세를 '소득세'라고 하는데 이러한 사업소득은 이자소득, 배당소득, 연금소득, 근로소득, 기타소득이 있는 경우 다음해 5월 1일부터 5월 31일까지 직전 1년 동안의 소득에 대하여 합산하여 종합소득세를 신고·납부하여야 한다. 성실신고대상 개인사업자의 경우에는 6월 말까지 종합소득세를 신고·납부하여야 한다. 개인사업자의 경우는 법인의 경우와는 달리 사업연도를 임의로 선택할 수가 없고 무조건 1월 1일부터 12월 31일까지의 사업소득을 타소득과 합산하여 다음해 5월 달(성실신고사업자는 6월 달)에 신고·납부를 하게 된다. 이러한 소득세는 사업자가 신고·납부하는 것이므로 각종 영수증 등의 법정 증빙서류를 잘 보관하고 장부를 작성하여야 한다.

종합소득세의 과세표준

<table>
<tr><th>구 분</th><th>종합소득금액 (2018년)</th><th>비 고</th></tr>
<tr><td>과 세 표 준</td><td>총수입금액
− 필요경비
= 종합소득금액
− 종합소득공제</td><td rowspan="3">종합소득금액에는 사업소득 외에 근로소득, 부동산 임대소득, 이자소득, 배당소득, 연금소득, 기타소득을 모두 합한 금액이다.</td></tr>
<tr><td>세 율</td><td>~ 1,200만원 : 6%
1,200만원 ~ 4,600만원 : 15%
4,600만원 ~ 8,800만원 : 24%
8,800만원 ~ 15,000만원 : 35%
15,000만원 ~ 30,000만원 : 38%
30,000만원 ~ 50,000만원 : 40%
50,000만원 초과 : 42%</td></tr>
<tr><td>신 고 · 납 부</td><td>다음년도 5월 1일부터 5월 31일까지 신고·납부</td></tr>
</table>

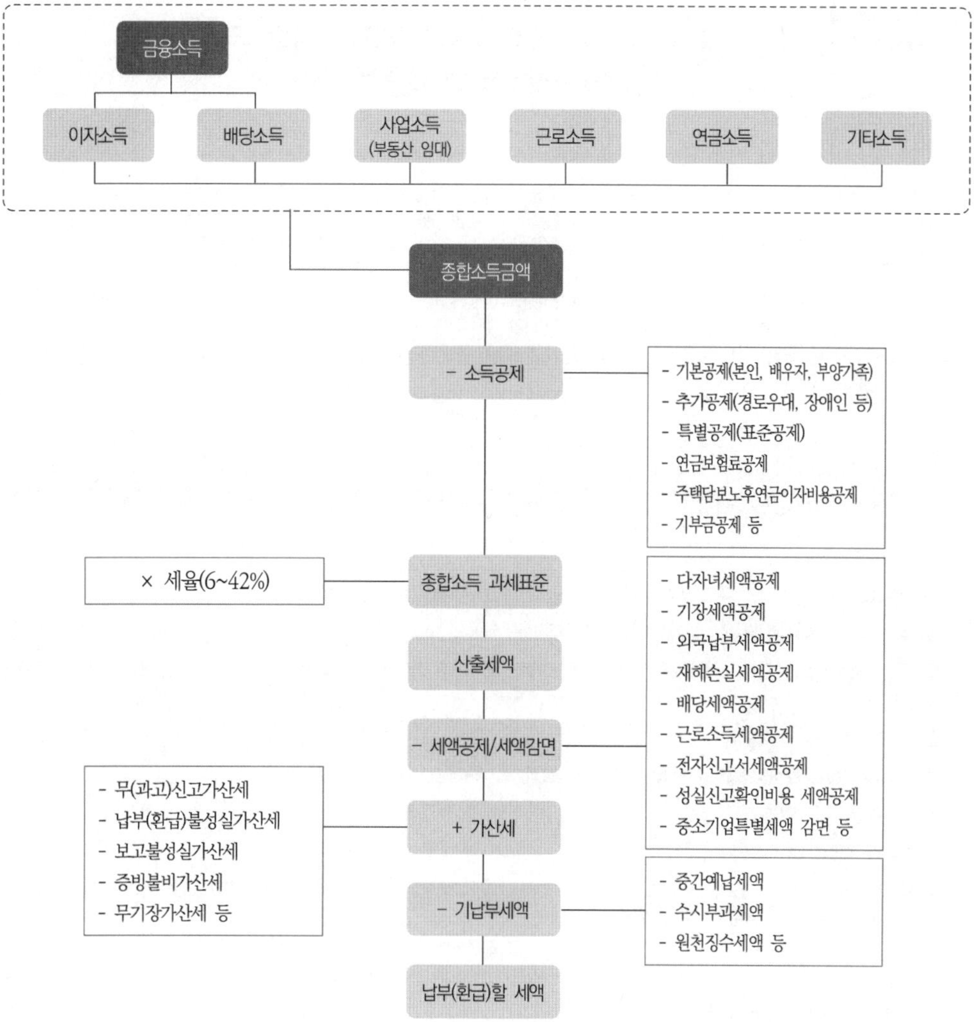
금융소득
이자소득
배당소득
사업소득
(부동산 임대)
근로소득
연금소득
기타소득
종합소득금액
- 소득공제
- 기본공제(본인, 배우자, 부양가족)
- 추가공제(경로우대, 장애인 등)
- 특별공제(표준공제)
- 연금보험료공제
- 주택담보노후연금이자비용공제
- 기부금공제 등
× 세율(6~42%)
종합소득 과세표준
산출세액
- 세액공제/세액감면
- 다자녀세액공제
- 기장세액공제
- 외국납부세액공제
- 재해손실세액공제
- 배당세액공제
- 근로소득세액공제
- 전자신고서세액공제
- 성실신고확인비용 세액공제
- 중소기업특별세액 감면 등
+ 가산세
- 무(과고)신고가산세
- 납부(환급)불성실가산세
- 보고불성실가산세
- 증빙불비가산세
- 무기장가산세 등
- 기납부세액
- 중간예납세액
- 수시부과세액
- 원천징수세액 등
납부(환급)할 세액

■ 소득세법 시행규칙 [별지 제40호서식(1)] 〈개정 2011.3.28〉 (1 쪽)

(　　년 귀속)종합소득세 · 농어촌특별세 · 지방소득세 과세표준확정신고 및 납부계산서

◇ 부동산임대업에서 발생한 사업소득(이하 이 서식에서 "부동산임대업의 사업소득" 이라 합니다) 또는 부동산임대업 외의 업종에서 발생한 사업소득(이하 이 서식에서 "부동산임대업 외의 사업소득" 이라 합니다) 중 하나의 소득이 발생하는 하나의 사업장만이 있는 단순경비율 적용사업자로서 장부를 기장하지 아니하고 단순경비율로 추계신고하는 경우에는 단일소득-단순경비율적용대상자용 신고서[별지 제40호서식(4)]를 사용하시기 바랍니다.

◇ 간편장부대상자(신규사업자와 직전 과세기간의 수입금액이 4천800만원에 미달하는 사업자는 제외)가 장부에 따른 기장신고를 하지 아니한 경우 산출세액의 20%를 무기장가산세로 추가로 납부하여야 합니다.

◇ 복식부기의무자가 복식부기에 따른 장부를 기장하여 신고하지 아니한 경우 산출세액의 20% 또는 수입금액의 7/10,000중 큰 금액을 무신고가산세로 추가로 납부하여야 합니다.

작 성 방 법

1. ❶ 기본사항란을 적습니다.
2. ❸ 세무대리인란을 적습니다(세무대리인이 기장 · 조정 또는 신고서를 작성한 경우에만 적습니다).
3. ❺~❽ 각종 소득명세서를 작성합니다(해당사항이 있는 명세서만 작성합니다).
4. ❾ 종합소득금액 및 결손금 · 이월결손금공제명세서, ❿이월결손금명세서를 작성합니다(이월결손금이 없는 경우에는 ❿이월결손금명세서는 작성하지 아니합니다).
5. ⓫ 소득공제명세서를 작성합니다.
6. ⓬ 세액감면명세서 · ⓭세액공제명세서 · ⓮준비금명세서를 작성합니다(해당 사항이 있는 명세서만 작성합니다).
7. ⓯ 가산세명세서를 작성합니다.
8. ⓰ 기납부세액명세서를 작성합니다.
9. ❹ 세액의 계산란을 적습니다[금융소득이 있는 경우에는 21쪽의 ⓱종합소득산출세액계산서(금융소득자용)를, 기준경비율에 따라 추계소득금액계산서를 작성하는 경우에는 23쪽의 ⓲추계소득금액계산서(기준경비율적용대상자용)를, 부동산매매업자로서 종합소득금액에 1세대3주택 등을 보유하여 발생하는 매매차익이 있는 경우에는 25쪽의 ⓳종합소득산출세액계산서(주택매매업자용)를, 소득에 합산되는 금융소득과 1세대3주택 등을 보유하여 발생하는 매매차익 등이 함께 있는 경우에는 27쪽의 ⓴종합소득산출세액계산서(주택등매매차익이 있는 금융소득자용)를 먼저 작성합니다.
10. ❷ 환급금 계좌신고란을 적습니다.
11. 각 서식에서 적을 난이 더 필요한 경우에는 별지에 이어서 작성합니다.
12. 신고인은 반드시 신고인의 성명을 쓰고 서명 또는 날인하여 신고하여야 합니다.
13. [　　　　] 란은 작성하지 아니합니다.

접 수 증(　　년 귀속 종합소득세 과세표준 확정신고서)				
성　명		주　소		
※ 첨부서류				접　수　자
1. 대차대조표　( )		5. 소득공제신고서　( )		
2. 손익계산서와 그 부속서류 ( )		6. 결손금소급공제세액환급신청서　( )		접수일자(인)
3. 합계잔액시산표　( )		7.「조세특례제한법」상 세액공제 · 감면신청서( )		
4. 조정계산서　( )		8. 그밖의 첨부서류 (　　　)		

210㎜×297㎜(일반용지 60g/㎡(재활용품))

(3 쪽)

관리번호	-

(년 귀속)종합소득세 · 농어촌특별세 · 지방소득세 과세표준확정신고 및 납부계산서

거주구분	거주자1 /비거주자2
내 · 외국인	내국인1 /외국인9
외국인단일세율적용	여 1 / 부 2
거주지국	거주지국코드

❶기본사항

①성 명				②주민등록번호	-			
③주 소	도·시	구·군	동·읍·면	가·리	번지	호	아파트·연립 등	동	호

④주소지 전화번호		⑤사업장 전화번호	
⑥휴 대 전 화		⑦전자우편주소	
⑧신 고 유 형	11자기조정 12외부조정 13성실납세 20간편장부 31추계-기준율 32추계-단순율 40비사업자		
⑨기 장 의 무	1복식부기의무자 2간편장부대상자 3비사업자		
⑩신 고 구 분	10정기신고 20수정신고 30경정청구 40기한후신고 50추가신고(인정상여)		

❷환급금 계좌신고	⑪금융기관/체신관서명		⑫계좌번호	
❸세 무 대리인	⑬성 명	⑭사업자등록번호 - -	⑮전화번호	
	⑯대리구분	1기장 2조정 3신고	⑰관리번호 -	⑱조정반번호 -

❹세액의 계산

구 분		종합소득세		지방소득세		농어촌특별세
종합소득금액	㉑					
소득공제	㉒					
과세표준(㉑-㉒)	㉓		㊶		51	
세율	㉔		㊷	10%	52	
산출세액	㉕		㊸		53	
세액감면	㉖					
세액공제	㉗					
결정세액(㉕-㉖-㉗)	㉘				54	
가산세	㉙				55	
추가납부세액 (농어촌특별세의 경우에는 환급세액)	㉚				56	
합계(㉘+㉙+㉚)	㉛				57	
기납부세액	㉜		㊹		58	
차감 납부(환급)할 총세액(㉛-㉜)	㉝		㊺		59	
차감 분납할 세액(2개월 내)	㉞				60	
차감 신고기한 이내 납부할 세액(㉝-㉞)	㉟		㊻		61	

신고인은「소득세법」 제70조,「농어촌특별세법」 제7조,「지방세법」 제93조 및「국세기본법」 제45조의3에 따라 위의 내용을 신고하며, **위 내용을 충분히 검토하였고 신고인이 알고 있는 사실 그대로를 정확하게 적었음을 확인합니다.**

년 월 일

신고인 (서명 또는 인)

세무대리인은 조세전문자격자로서 위 신고서를 성실하고 공정하게 작성하였음을 확인합니다. 세무대리인 (서명 또는 인) **세 무 서 장** 귀하	접수(영수)일자
※ 첨부서류(각 1부): 전산입력필	(인)

(5 쪽)

❺ 이자소득명세서					
① 소득 구분 코드	② 일련 번호	이자 지급자		⑤ 이자소득금액	⑥원천징수된 소득세
		③ 상호(성명)	④ 사업자등록번호 (주민등록번호)		

210㎜×297㎜(일반용지 60g/㎡(재활용품))

(7 쪽)

❻ 배당소득명세서

① 소득 구분 코드	② 일련 번호	배당 지급법인 ③법 인 명 ④사업자등록번호	⑤ 배당액	배당가산액(Gross-Up) ⑥ 대상금액	배당가산액(Gross-Up) ⑦가산액 (⑥×가산율)	⑧ 배당 소득금액 (⑤+⑦)	⑨원천징수된 소득세

210㎜×297㎜(일반용지 60g/㎡(재활용품))

(9 쪽)

❼ 사업소득명세서

①소득구분코드					
②일련번호					
③사업장	소재지				
	국내1/국외9 | 소재지국코드				
④상호					
⑤사업자등록번호					
⑥신고유형코드					
⑦주업종코드					
⑧총수입금액					
⑨필요경비					
⑩소득금액(⑧-⑨)					
⑪과세기간개시일					
⑫과세기간종료일					
⑬ 대표 공동사업자	성명				
	주민등록번호				
⑭ 특수관계자	성명				
	주민등록번호				
	성명				
	주민등록번호				
	성명				
	주민등록번호				

사업소득에 대한 원천징수 및 납세조합징수 세액

⑮ 일련번호	원천징수의무자 또는 납세조합		원천징수 또는 납세조합징수 세액	
	⑯상호(성명)	⑰사업자등록번호 (주민등록번호)	⑱소득세	⑲농어촌특별세

210㎜×297㎜(일반용지 60g/㎡(재활용품))

(11 쪽)

❽ 근로소득 · 연금소득 · 기타소득명세서

① 소득 구분 코드	② 일련 번호	소득의 지급자 (부여자의 국내사업장) ③상 호(성명) ④사업자등록번호 (주민등록번호)	⑤총수입금액 (총급여액 · 총 연금액)	⑥필요경비 (근로소득공제 · 연금소득공제)	⑦소득금액 (⑤-⑥)	원천징수 또는 납세조합징수세액 ⑧ 소득세	원천징수 또는 납세조합징수세액 ⑨ 농어촌 특별세

210㎜×297㎜(일반용지 60g/㎡(재활용품))

(13 쪽)

⑨ 종합소득금액 및 결손금 · 이월결손금공제명세서

구 분	① 소 득 별 소득금액	② 부동산임대업외의 사업소득 결 손 금 공제금액	이월결손금 공제금액		⑤ 결손금 · 이월결손금공제 후 소득금액
			③부동산임대업 외의 사업소득 이월결손금 공제금액	④ 부동산임대업의 사업소득 이월결손금 공제금액	
이자소득금액					
배당소득금액					
출자공동사업자의 배당소득금액					
부동산임대업의 사업소득금액					
부동산임대업 외의 사업소득금액					
근로소득금액					
연금소득금액					
기타소득금액					
합 계 (종합소득금액)					

⑩ 이월결손금명세서

구 분	이월결손금 발생명세		③ 전기까지 공제액	당기 공제액			⑦ 잔 액
	① 발생 과세기간	② 발생금액		④ 당기 공제액	⑤ 소급공제액	⑥ 그밖의 공제액	
부동산 임대업의 사업소득							
부동산 임대업 외의 사업소득							

210㎜×297㎜(일반용지 60g/㎡(재활용품))

(15 쪽)

⓫ 소득공제명세서

「소득세법」상 소득공제

구분			금액	구분			금액
인적공제	기본공제	①본인		⑭주택담보노후연금이자비용공제			
		②배우자		특별공제	⑮보험료공제		
		③부양가족(명)			⑯의료비공제		
	추가공제	④70세 이상인 자(명)			⑰교육비공제		
		⑤장애인(명)			⑱주택자금공제		
		⑥부녀자			⑲기부금공제		
		⑦6세 이하인 자(명)					
		⑧출생·입양자(명)					
	⑨다자녀추가공제						
	⑩인적공제계(①~⑨의 합계)				⑳표준공제		
연금보험료공제	⑪국민연금보험료공제				㉑특별공제합계	근로소득이 있는 자 (⑮~⑲ 또는 ⑳)	
	⑫기타연금보험료공제						
	⑬퇴직연금소득공제					근로소득이 없는 자 (⑲+⑳)	

㉒인적공제대상자 명세

관계	성명	내외국인	주민등록번호(외국인등록번호 등)	관계	성명	내외국인	주민등록번호(외국인등록번호 등)
			-				-
			-				-
			-				-
			-				-

※ 관계코드: 소득자 본인=0, 소득자의 직계존속=1, 배우자의 직계존속=2, 배우자=3, 직계비속 중 자녀·입양자=4, 직계비속 중 자녀·입양자 외(직계비속과 그 배우자가 모두 장애인인 경우 그 배우자 포함)=5, 형제자매=6, 수급자=7 위탁아동=8(관계코드 4~6은 소득자와 배우자의 각각의 관계를 포함합니다.)

「조세특례제한법」상 소득공제

㉓「조세특례제한법」조문(제목)	㉔코드	㉕금액	㉖사업자등록번호
㉗「조세특례제한법」상 소득공제 합계			

소득공제 합계 ㉘(⑩~⑭+㉑+㉗)	

210㎜×297㎜(일반용지 60g/㎡(재활용품))

(17 쪽)

⓬ 세액감면명세서

①해당 법 조문(제목)	② 코드	③세액감면	④사업자등록번호
⑤세액감면 합계			

⓭ 세액공제명세서

①해당 법 조문(제목)	②코드	③세액공제	④사업자등록번호
⑤세액공제 합계			

⓮ 준비금명세서

<table>
<tr><th rowspan="2">①
「조세특례제한법」
조문(제목)</th><th rowspan="2">②
코드</th><th colspan="2">준비금 손금산입액</th><th colspan="2">준비금 환입액</th><th rowspan="2">⑦
사 업 자
등록번호</th></tr>
<tr><th>③연도</th><th>④금액</th><th>⑤당기
환입액</th><th>⑥환입액
누 계</th></tr>
<tr><td></td><td></td><td></td><td></td><td></td><td></td><td></td></tr>
<tr><td></td><td></td><td></td><td></td><td></td><td></td><td></td></tr>
<tr><td></td><td></td><td></td><td></td><td></td><td></td><td></td></tr>
<tr><td></td><td></td><td></td><td></td><td></td><td></td><td></td></tr>
<tr><td></td><td></td><td></td><td></td><td></td><td></td><td></td></tr>
<tr><td></td><td></td><td></td><td></td><td></td><td></td><td></td></tr>
</table>

210㎜×297㎜(일반용지 60g/㎡(재활용품))

(19쪽)

⓯ 가산세명세서

구분			계산기준	기준금액	가산세율	가산세액
① 무신고	부당무신고		미달세액		40/100	
			수입금액		14/10,000	
	일반무신고		미달세액		20/100	
			수입금액		7/10,000	
② 과소신고	부당과소신고		미달세액		40/100	
			수입금액		14/10,000	
	일반과소신고		미달세액		10/100	
③ 초과환급신고	부당초과환급		초과 환급세액		40/100	
	일반초과환급		초과 환급세액		10/100	
④ 납부(환급)불성실			미납일수	( )	3/10,000	
			미납부(환급)세액			
⑤ 보고불성실	지급명세서	미제출(불명)	지급(불명)금액		2/100	
		지연제출	지연제출금액		1/100	
	계산서	미교부(위장가공)	공급가액		2/100	
		불명	불명금액		1/100	
	계산서 합계표	미제출(불명)	공급(불명)가액		1/100	
		지연제출	지연제출금액		0.5/100	
	매입처별 세금계산서 합계표	미제출(불명)	공급(불명)가액		1/100	
		지연제출	지연제출금액		0.5/100	
	소계					
⑥ 증빙불비	미수취		미수취금액		2/100	
	허위수취		허위수취금액		2/100	
⑦ 영수증수취명세서미제출	미제출		미제출금액		1/100	
	불명		불명금액		1/100	
⑧ 사업장현황신고불성실	무신고		수입금액		0.5/100	
	과소신고		수입금액		0.5/100	
⑨ 공동사업장등록 불성실	미등록·허위등록		총수입금액		0.5/100	
	손익분배비율허위신고 등		총수입금액		0.1/100	
⑩ 무기장			산출세액		20/100	
⑪ 사업용계좌미신고 등	미개설·미신고		수입금액 등		0.2/100	
	미사용		미사용금액		0.2/100	
⑫ 신용카드거부	거래거부·불성실금액				5/100	
	거래거부·불성실건수				5,000원	
⑬ 현금영수증미발급	미가맹		수입금액		1/100	
	미발급·불성실금액				5/100	
	미발급·불성실건수				5,000원	
⑭ 기부금영수증불성실	영수증불성실발급		불성실기재금액		2/100	
	발급명세서 미작성·미보관		미작성 등 금액		0.2/100	
⑮ 동업기업 배분 가산세						
⑯ 합계						

⑯ 기납부세액명세서

구 분			소 득 세		농어촌특별세
중간예납세액		①			
토지등매매차익예정신고납부세액		②			
토지등매매차익예정고지세액		③			
수시부과세액		④		㉑	
원천징수세액 및 납세조합징수세액	이자소득	⑤		㉒	
	배당소득	⑥		㉓	
	사업소득	⑦		㉔	
	근로소득	⑧		㉕	
	연금소득	⑨			
	기타소득	⑩			
기납부세액 합계		⑪		㉖	

210㎜×297㎜(일반용지 60g/㎡(재활용품))

(21 쪽)

⑰ 종합소득산출세액계산서(금융소득자용)

1 금융소득 명세

구 분	금 액	구 분	금 액
① 비영업대금이익		⑤ 배당가산(Gross-Up)대상배당소득	
② 원천징수되지 아니하는 이자소득		⑥ 원천징수되지 아니하는 배당소득	
③ 위 ①·② 외의 이자소득		⑦ 위 ⑤·⑥ 외의 배당소득	
④ 이자소득 합계(①+②+③)		⑧ 배당소득 합계(⑤+⑥+⑦)	

2 금융소득금액(④+⑧)이 종합과세기준금액(4,000만원)을 초과하는 경우		**3** 금융소득금액(④+⑧)이 종합과세기준금액(4,000만원) 이하인 경우	
구 분	금 액	구 분	금 액
⑨금융소득금액(④+⑧)		㉛원천징수되지 아니하는 금융소득(②+⑥)	
⑩종합과세기준금액	40,000,000	㉜[㉛×(14/100, 15/100)]	
⑪기준초과금액(⑨−⑩)		㉝금융소득 외의 다른 종합소득	
⑫배당가산액		㉞소득공제	
⑬금융소득 외의 다른 종합소득		㉟과세표준(㉝−㉞)	
⑭종합소득금액(⑪+⑫+⑬)		㊱기본세율	
⑮소득공제		㊲산출세액	
⑯과세표준(⑭−⑮)		㊳종합소득산출세액(㉜+㊲)	
⑰기본세율			
⑱산출세액			
⑲[⑩×(14/100, 15/100)]			
⑳비교산출세액계(⑱+⑲)			
㉑비영업대금이익(①×25/100)			
㉒비영업대금이익 외의 금융소득(⑨−①)			
㉓[㉒×(14/100, 15/100)]			
㉔금융소득 외의 다른 종합소득			
㉕소득공제			
㉖과세표준(㉔−㉕)			
㉗기본세율			
㉘산출세액			
㉙비교산출세액 계(㉑+㉓+㉘)			
㉚종합소득산출세액(⑳와㉙ 중 큰 금액)			
4 배당세액공제			
㊴[⑫와 (㉚−㉙) 중 작은 금액]			

210㎜×297㎜(일반용지 60g/㎡(재활용품))

(23 쪽)

⓲추계소득금액계산서(기준경비율적용대상자용)

가. 소득금액 계산

구분				
① 소 득 구 분 코 드	( )	( )	계( )
② 일 련 번 호			
③ 사 업 장 소 재 지			
④ 과 세 기 간			. . .부터 . . .까지
⑤ 상 호			
⑥ 사 업 자 등 록 번 호			
⑦ 업 태 / 종 목	/	/	/
⑧ 업 종 코 드			
⑨ 총 수 입 금 액			
기준소득금액 / 필요경비 / 주요경비: ⑩ 기초재고자산에 포함된 주요경비			
기준소득금액 / 필요경비 / 주요경비: ⑪ 당기에 지출한 주요경비(=㉞)			
기준소득금액 / 필요경비 / 주요경비: ⑫ 기말 재고자산에 포함된 주요경비			
기준소득금액 / 필요경비 / 주요경비: ⑬ 계 (⑩+⑪−⑫)			
기준소득금액 / 필요경비 / 기준경비율에 의하여 계산한 경비: ⑭ 기준경비율(%)			
기준소득금액 / 필요경비 / 기준경비율에 의하여 계산한 경비: ⑮ 금액(⑨× ⑭)			
기준소득금액 / 필요경비: ⑯ 필요경비 계 (⑬+ ⑮)			
기준소득금액: ⑰ 기준소득금액 (⑨-⑯)("0" 보다 작은 경우 "0" 으로 적음)			
비교소득금액 / 단순경비율에 의하여 계산한 소득금액: ⑱ 단순경비율(%)			
비교소득금액 / 단순경비율에 의하여 계산한 소득금액: ⑲ 금액[⑨×(1−⑱)]			
비교소득금액: ⑳ 비교소득금액 (⑲×기획재정부령으로 정한 배율)			
㉑ 소득금액 (⑰ 또는 ⑳ 중 작은 금액)			

나. 당기 주요경비 계산명세(소득구분별 · 사업장별)

구 분	계(A) (=B+C+D)	정규증빙서류 수취금액 (B)	주요경비지출명세서 작성금액(C)	주요경비지출명세서 작성제외금액(D)
매입비용	㉒	㉓	㉔	㉕
임 차 료	㉖	㉗	㉘	㉙
인 건 비	㉚	㉛	㉜	㉝
계(㉞=⑪)	㉞	㉟	㊱	㊲

※ 첨부자료: 주요경비지출명세서 1부

210㎜×297㎜(일반용지 60g/㎡(재활용품))

(25 쪽)

⑲ 종합소득산출세액계산서(주택등매매업자용)

1. 종합소득산출세액 비교

구 분	①종합소득 금액 합계	비교산출세액의 계산		
		②합계	③주택 등 매매차익외 종합소득	④주택등매매차익 합계(⑤+ ~ +⑪)
㉮총 수 입 금 액 (주택등매매가액)				
㉯필 요 경 비				
㉰소 득 금 액				
㉱소 득 공 제 (양도소득기본공제)				
㉲과 세 표 준				
㉳세 율				
㉴산 출 세 액				

2. 주택 등 매매차익에 대한 산출세액의 계산

구 분	⑤ 누진세율 적용자산	⑥ 누진+10%세율 적용자산	⑦ 40%세율 적용자산	⑧ 45%세율 적용자산	⑨ 50%세율 적용자산	⑩ 60%세율 적용자산	⑪ 70%세율 적용자산
㉮총 수 입 금 액 (주택등매매가액)							
㉯필 요 경 비							
㉰소 득 금 액							
㉱소 득 공 제 (양도소득기본공제)							
㉲과 세 표 준							
㉳세 율							
㉴산 출 세 액							

210㎜×297㎜(일반용지 60g/㎡(재활용품))

(27 쪽)

<table>
<tr><th colspan="4">⑳ 종합소득산출세액계산서(주택등매매차익이 있는 금융소득자용)</th></tr>
<tr><td colspan="4">1 금융소득 명세</td></tr>
<tr><td>구 분</td><td>금 액</td><td>구 분</td><td>금 액</td></tr>
<tr><td>①비영업대금이익</td><td></td><td>⑤배당가산(Gross-Up) 대상 배당소득</td><td></td></tr>
<tr><td>②원천징수되지 아니하는 이자소득</td><td></td><td>⑥원천징수되지 아니하는 배당소득</td><td></td></tr>
<tr><td>③위 ①·② 외의 이자소득</td><td></td><td>⑦위 ⑤·⑥ 외의 배당소득</td><td></td></tr>
<tr><td>④이자소득 합계(①+②+③)</td><td></td><td>⑧배당소득 합계(⑤+⑥+⑦)</td><td></td></tr>
<tr><td colspan="2">2 금융소득금액(④+⑧)이 종합과세기준금액(4,000만원)을 초과하는 경우</td><td colspan="2">3 금융소득금액(④+⑧)이 종합과세기준금액(4,000만원) 이하인 경우</td></tr>
<tr><td>구 분</td><td>금 액</td><td>구 분</td><td>금 액</td></tr>
<tr><td>⑨금융소득금액(④+⑧)</td><td></td><td>㊶원천징수되지 아니하는 금융소득(②+⑥)</td><td></td></tr>
<tr><td>⑩종합과세기준금액</td><td>40,000,000</td><td>㊷[㊶×(14/100, 15/100)]</td><td></td></tr>
<tr><td>⑪기준초과금액(⑨-⑩)</td><td></td><td>㊸금융소득 외의 다른 종합소득</td><td></td></tr>
<tr><td>⑫배 당 가 산 액</td><td></td><td>㊹종합소득금액(㊸)</td><td></td></tr>
<tr><td>⑬금융소득 외의 다른 종합소득</td><td></td><td>㊺소 득 공 제</td><td></td></tr>
<tr><td>⑭종 합 소 득 금 액(⑪+⑫+⑬)</td><td></td><td>㊻과 세 표 준(㊹-㊺)</td><td></td></tr>
<tr><td>⑮소 득 공 제</td><td></td><td>㊼기 본 세 율</td><td></td></tr>
<tr><td>⑯과 세 표 준(⑭-⑮)</td><td></td><td>㊽산 출 세 액</td><td></td></tr>
<tr><td>⑰기 본 세 율</td><td></td><td>㊾비교산출세액 계(㊷+㊽)</td><td></td></tr>
<tr><td>⑱산 출 세 액</td><td></td><td>㊿양도소득공제 전 주택등매매차익</td><td></td></tr>
<tr><td>⑲[⑩×(14/100, 15/100)]</td><td></td><td>(51)주택등매매차익 외의 과세표준(㊻-㊿)</td><td></td></tr>
<tr><td>⑳비교산출세액 계(⑱+⑲)</td><td></td><td>(52)기 본 세 율</td><td></td></tr>
<tr><td>㉑양도소득공제 전 주택등매매차익</td><td></td><td>(53)산 출 세 액</td><td></td></tr>
<tr><td>㉒주택등매매차익 외의 과세표준(⑯-㉑)</td><td></td><td>(54)주택등매매차익세액</td><td></td></tr>
<tr><td>㉓기 본 세 율</td><td></td><td>(55)비 교 산 출 세 액(㊷+(53)+(54))</td><td></td></tr>
<tr><td>㉔산 출 세 액</td><td></td><td>(56)종합소득산출세액(㊾와 (55) 중 큰 금액)</td><td></td></tr>
<tr><td>㉕주택등매매차익세액</td><td></td><td colspan="2">4 배당세액공제액</td></tr>
<tr><td>㉖비교산출세액(⑲+㉔+㉕)</td><td></td><td rowspan="2">(57)⑫와 [(㊵-(㉟와 ㊴ 중 큰 금액)] 중 작은 금액</td><td rowspan="2"></td></tr>
<tr><td>㉗비영업대금이익(①)×25/100</td><td></td></tr>
<tr><td>㉘비영업대금이익 제외한 금융소득(⑨-①)</td><td></td><td colspan="2" rowspan="14"></td></tr>
<tr><td>㉙[㉘× (14/100, 15/100)]</td><td></td></tr>
<tr><td>㉚금융소득 외의 다른 종합소득(⑬)</td><td></td></tr>
<tr><td>㉛소 득 공 제</td><td></td></tr>
<tr><td>㉜과 세 표 준(㉚-㉛)</td><td></td></tr>
<tr><td>㉝기 본 세 율</td><td></td></tr>
<tr><td>㉞산 출 세 액</td><td></td></tr>
<tr><td>㉟비교산출세액 계(㉗+㉙+㉞)</td><td></td></tr>
<tr><td>㊱주택등매매차익 이외의 과세표준(㉜-㉑)</td><td></td></tr>
<tr><td>㊲기 본 세 율</td><td></td></tr>
<tr><td>㊳산 출 세 액</td><td></td></tr>
<tr><td>㊴비교산출세액 계(㉕+㉗+㉙+㊳)</td><td></td></tr>
<tr><td>㊵종합소득산출세액
(⑳·㉖·㉟·㊴ 중 큰 금액)</td><td></td></tr>
</table>

210㎜×297㎜(일반용지 60g/㎡(재활용품))

■ 소득세법 시행규칙 [별지 제40호서식(4)] 〈개정 2011.3.28〉 (1 쪽)

보내는 사람

주의	이 우편물은 중요한 문서이므로 반드시 본인이나 그 대리인에게 신속하게 전달하여 주시기 바랍니다.

세무서장

□ □ □ — □ □ □

* 세무서 상담전화:

받는 사람 님 귀하

□ □ □ — □ □ □

〈단일소득 – 단순경비율적용대상자용〉

종합소득세 확정신고 안내말씀

1. 신고서를 제출하지 아니하면 무신고가산세가 부과되오니 세금을 납부한 경우에도 반드시 이 신고서를 작성하여 세무서에 제출(우송)하거나 전자신고를 하여야 합니다.
2. 국세청에서는 사업자의 신고편의를 위하여 보유정보를 기초로 신고안내자료와 신고서 기재사항의 전부 또는 일부를 사전 기재하여 안내하고 있습니다. 신고서의 기재사항에 잘못이 있는 경우 수정한 후 제출하시기 바랍니다.
3. 전산으로 적혀있는 소득 외에 근로소득 등 다른 종합소득이 있으면 이를 더하여 신고하여야 합니다. 이 경우 종합소득세 · 농어촌특별세 · 지방소득세 및 과세표준확정신고 및 납부계산서[별지 제40호서식(1)]를 사용하여야 합니다.
4. 신고서는 각 항목에 적혀있는 설명과 4쪽의 작성방법을 반드시 읽으신 후 작성하시기 바랍니다. 국세청 홈페이지의 [신고납부]에서는 종합소득세 신고서 작성방법에 대한 상세한 정보를 제공하고 있습니다.

신고안내자료

210mm×297mm[일반용지 60g/㎡(재활용품)]

(2 쪽)

관리번호	-

(년 귀속) **종합소득세 · 지방소득세 과세표준확정신고 및 납부계산서**
(단일소득-단순경비율적용대상자용)

거주구분	거주자1 /비거주자2
내 • 외국인	내국인1 /외국인9
거주지국	거주지국코드

❶기본사항	①성 명			②주민등록번호	
	③상 호			④사업자등록번호	
	⑤주 소			⑥전자우편주소	
⑦주소지 전화번호		⑧사업장 전화번호		⑨휴대전화번호	
⑩신고유형	32 **추계-단순율**	⑪기장의무	**2.간편장부대상자**	⑫소득구분	30 부동산임대업의 사업소득 40 부동산임대업외의 사업사업
⑬업종코드		⑭단순경비율(%)	일반율 / 자가율	⑮신고구분	10.정기신고, 20.수정신고, 40.기한후신고
❷ **환급금 계좌신고**	⑯금융기관/체신관서명			⑰계좌번호	

❸ 종합소득세액의 계산

구 분	금 액
㉛총수입금액 : 매출액을 적습니다.	
㉜단순경비율에 의한 필요경비 : ㉛총수입금액×⑭단순경비율(%)	
㉝종합소득금액 : ㉛-㉜	
㉞소득공제 : 소득공제명세(㉟~㊽)의 공제금액 합계를 적습니다.	

소득공제명세

관계코드	성 명	내외국인코드	주 민 등 록 번 호	구 분		인원	금 액
				기본공제	㉟본 인		
					㊱배 우 자		
					㊲부 양 가 족		
				추가공제	㊳7 0 세 이 상 인 자		
					㊴장 애 인		
					㊵부 녀 자		
					㊶6 세 이 하 인 자		
					㊷출 생 · 입 양 자		
				㊸다 자 녀 추 가 공 제			

구 분	금 액
㊹기부금공제 4쪽의 작성방법을 참고하여 기부금지출액 중 공제액을 적습니다	
㊺표준공제: 60만원	
㊻개인연금저축공제: 「개인연금저축」불입액에 40%를 곱한 금액과 72만원 중 적은 금액을 적습니다.	
㊼연금저축공제: 「연금저축」불입금액과 400만원 중 적은 금액을 적습니다.	
㊽연금보험료공제: 국민연금보험료를 납부한 금액을 적습니다.	
㊾과세표준 : ㉝-㉞ ("0" 보다 적은 경우에는 "0" 으로 합니다)	
㊿세율: 4쪽의 작성방법을 참고하여 세율을 적습니다.	
51산출세액 : ㊾×㊿-누진공제액(4쪽 작성방법 참고)	
52세액공제 : 세액공제명세(53~57)의 합계금액을 적습니다.	
세액공제명세: 53납세조합공제: 납세조합영수증상의 (33)납세조합공제액을 적습니다.	
54전자신고세액공제: 납세자가 전자신고 방법에 의하여 직접 신고하는 경우 2만원을 공제합니다.	
55정치자금기부금 세액공제:「정치자금법」에 따라 정당(후원회 및 선거관리위원회 포함)에 기부한 기부금 중 10만원까지는 기부금액의 100/110을 세액공제합니다.	
56이월 세액공제(전년도에 공제받지 못한 전자신고세액공제 등을 말합니다)	
57	
58중소기업에 대한 특별세액감면 금액을 적습니다.	
59결정세액: 51-52-58("0" 보다 적은 경우에는 "0" 으로 합니다)	

210㎜×297㎜(일반용지 60g/㎡(재활용품))

(3 쪽)

구 분	금 액
(60)가산세액: 가산세액명세((61)~(69))의 합계금액을 적습니다	

가산세액 계산명세서	구 분		계산기준	기준금액	가산세율	가산세액
	(61)무 신 고	부 당 무 신 고	미 달 세 액		40/100	
			수 입 금 액		14/10,000	
		일 반 무 신 고	미 달 세 액		20/100	
			수 입 금 액		7/10,000	
	(62)과 소 신 고	부 당 과 소 신 고	미 달 세 액		40/100	
			수 입 금 액		14/10,000	
		일 반 과 소 신 고	미 달 세 액		10/100	
	(63)초과환급신고	부 당 초 과 환 급	초과환급세액		40/100	
		일 반 초 과 환 급	초과환급세액		10/100	
	(64)납부(환급)불성실	미 납 일 수		( )	3/10,000	
		미 납 부 (환 급) 세 액				
	(65)보 고 불 성 실	지급명세서	미제출(불명) 지급(불명)금액		2/100	
			지 연 제 출 지연제출금액		1/100	
	(66)공동사업장 등록불성실	미 등 록 · 허 위 등 록	총 수 입 금 액		0.5/100	
		손익분배비율 허위신고 등	총 수 입 금 액		0.1/100	
	(67)무 기 장		산 출 세 액		20/100	
	(68)신용카드거부	거 래 거 부 · 불 성 실 금 액			5/100	
		거 래 거 부 · 불 성 실 건 수			5,000원	
	(69)현금영수증 미 발 급	미 가 맹	총 수 입 금 액		1/100	
		미 발 급 · 불 성 실 금 액			5/100	
		미 발 급 · 불 성 실 건 수			5,000원	

구 분		금 액
(70)총결정세액: (59)+(60)		
기납부 세 액	(71)중간예납세액	
	(72)원천징수세액 및 지급처사업자등록번호 (사업자등록번호)	
(73)납부할 세액 또는 환급받을 세액: (70)−(71)−(72)		
❹ 지방소득세액의 계산		
(74)과세표준 : 종합소득세의 (69)총결정세액을 옮겨 적습니다.		
(75)세율		10%
(76)산출세액: (74)(=(69))×10%		
(77)원천납부한 세액: (71)×10%		
(78)납부할 세액 또는 환급받을 세액: (76) − (77)		

신고인은「소득세법」 제70조 및「지방세법」 제93조와「국세기본법」 제45조의3에 따라 위의 내용을 신고하며, **위 내용을 충분히 검토하였고 신고인이 알고 있는 사실 그대로를 정확하게 적었음을 확인합니다.**

년 월 일

신고인 (서명 또는 인)

세 무 서 장 귀하

첨부서류	1.장애인증명서 1부(해당자에 한정하며, 종전에 제출한 경우에는 제외합니다) 2.기부금명세서(별지 제45호서식) 및 기부금납입영수증 각 1부(기부금공제가 있는 경우에 한정합니다) 3.가족관계등록부 1부(주민등록표등본에 의하여 공제대상 배우자, 부양가족의 가족관계가 확인되지 않는 경우에만 제출하며, 종전에 제출한 후 변동이 없는 경우에는 제출하지 않습니다) ※ 이 신고서는 5월 31일까지 세무서로 우송하여야 합니다.

210㎜×297㎜(일반용지 60g/㎡(재활용품))

5. 부가가치세

부가가치세(VAT: Value Added Tax)란 생산이나 유통 단계의 각 단계에서 생산된 부가가치에 대하여 부과하는 조세이다. 즉 부가가치란 각 거래단계에서 사업자가 독자적으로 새로이 창출한 가치의 증분이라고 볼 수 있다.

예를 들어 **'오로라완구'**의 인형공장에서 천, 솜, 단추 등의 원재료를 500원에 사서 인형을 만들어 소비자에게 1,000원에 판매한다면 인형공장에서 창출한 부가가치는 500원(1,000원-500원)이다. 이렇게 창출한 부가가치 500원에 대하여 10%인 부가가치세를 부과하게 되는 것이다. 오로라완구 사장은 창출한 부가가치인 500원의 10%인 50원을 부가가치세로 납부할 의무를 가지게 되는데, 중요한 사실은 인형공장 사장이 이 50원의 세금을 부담하는 것이 아니라 최종 소비자가 부가가치세인 50원을 부담함으로 담세력이 전가되는 세금이 바로 부가가치세이다. 사장들은 본인이 이 세금을 부담한다고 착각하고 있지만, 실제로 부담하는 사람들은 최종 소비자가 되는 것이다.

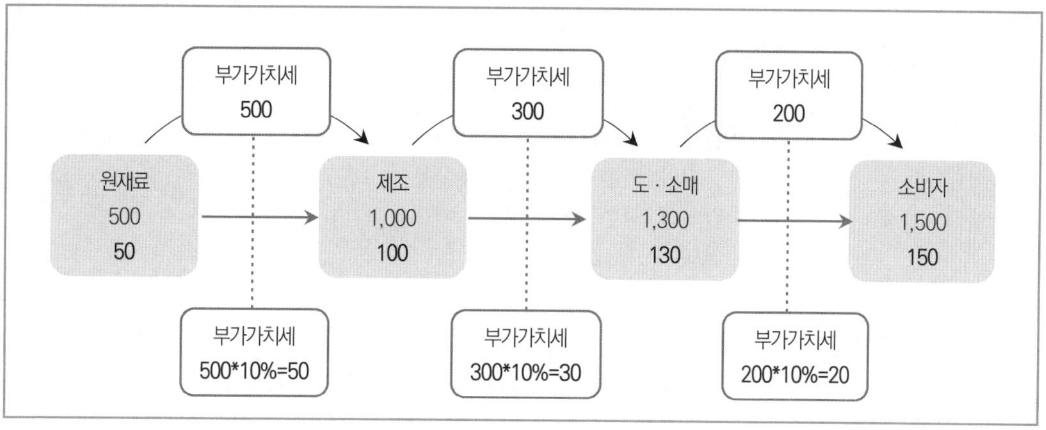

이처럼 부가가치세는 사업자가 부담하는 세금이 아니라, 소비자에게 전가시켜서 소비자가 부담하여 납부하게 되는 세금이다. 사업자는 대신에 그 부가가치세를 소비자에게서 받아서 신고·납부할 의무가 있는 것이다.

사업을 시작하면서 제일 먼저 접하게 되는 세금인 부가가치세의 전체적인 체계에 대하여 알아보기로 하자. 부가가치세는 매출액을 결정짓는 중요한 잣대일 뿐만 아니라 다른 세금에 많은 영향을 미치기 때문에 정확히 알아둘 필요가 있다. 부가가치세의 전체적인 과세구조의 체계는 다음과 같이 구성되어 있다.

일반적인 부가가치세의 체계

	매 출 세 액
(−)	매 입 세 액
	납 부 세 액(환급세액)
(−)	경감공제세액
(−)	예정고지세액
(+)	가 산 세
	차가감납부할세액

6. 매출세액

매출세액은 일정기간 동안 사업을 통하여 벌어들인 소득금액인 매출액의 10%를 말한다. 매출액에는 주로 세금계산서(Tax Invoice)를 통해서 받는 것이 대부분이나, 최종소비자들을 주 대상으로 할 경우에는 카드 단말기를 통해서 매출로 잡히는 부분과 현금 등을 통하여 인식하게 된다.

매 출 세 액 (매출액×10%)	- **세금계산서(Tax Invoice)**에 의한 매출액 × 10% - 카드단말기에 의한 **신용카드 매출분** × 10% - 카드단말기에 의한 현금영수증 **매출분** × 10% - 그 외 **현금** × 10%

일반적으로 제조업 등을 하는 경우에는 매출로 인하여 세금계산서(Tax Invoice)를 받는 경우가 대**부분이고, 주로 최종소비자를 상대로 하는 장사인 음식점, 소매점일 경우에는 주로 카드 단말기를 통한 신용카드사용이나, 현금영수증 등의 매출이 많이 발생할 것이다. 또한 주로 학원업 등의 경우에는 일반 현금으로 받는 경우가 대부분이나, 최근에는 지로 등을 통하여 받을** 수도 있을 것이다. 이렇게 장사를 통해 벌어들인 매출액의 10%가 매출세액인 부가가치세가 된다.

업종별 분류

- 제조, 도매업 → Tax Invoice
- 최종소비자를 주대상으로 하는 업종 → 신용카드단말기에 의한 신용카드 또는 현금영수증

전자세금계산서

- 법인의 경우
- 개인의 경우 직전 매출액이 3억 이상인 경우

7. 매입세액

매입세액은 매출세액과는 달리 세금계산서에 의하여 확인이 되는 매입분에 한하여 10%인 매입세액을 공제해 준다. 즉, 매출세액과는 달리 매입세액은 적격 증빙이 되지 않는 자료를 받은 경우에는 매입세액공제를 해주지 않고, 세금계산서에 의하여 확인이 되는 매입분에 한하여 매입분의 10%인 부가가치세를 공제해 주는 것이다. 일반적으로 사업을 위하여 사용하는 재화나 서비스를 매입한 경우에는 매입세액공제를 당연히 공제 받을 수 있다. 하지만 음식점 등의 경우에는 농산물 등을 구매하면서 세금계산서를 받을 수 없기 때문에 예외로 '의제매입세액공제'를 해 주며, 최종 소비자를 주대상으로 하여 신용카드 단말기를 사용하는 경우에는 '신용카드매출전표 등의 발행에 대한 세액공제' 등을 공제 받을 수 있다.

매 입 세 액 (입증가능한 매입액×10%)	- **세금계산서(Tax Invoice)**에 의한 매입액 × 10% (적격증빙요건에 의해 확인되는 매입분) - **의제매입세액공제** × 3/103(음식점 6/106, 4/104, 8/108) - **신용카드매출전표 등의 발행에 대한 세액공제** × 1% (연간 700만원 한도) - 재고매입세액

8. 납부세액

매출세액(매출액×10%)에서 적격증빙이 되는 매입세액(매입액×10%)을 차감한 금액이 납부세액이다. 사업을 통해서 원재료 등을 매입한 금액과 사업을 통하여 발생한 매출액의 차이가 사업에서 발생한 부가가치로 그 금액의 10%를 부가가치세로 납부하는 것이 납부세액이 되는 것이다.

9. 차감납부할세액

납부세액에서 각종 경감공제세액과 예정고지세액, 그리고 가산세 등을 통하여 차감납부할세액을 부과하게 된다. 경감공제세액은 전자신고세액공제, 택시운송사업자의 경감세액, 현금영수증 사업자의 세액공제 등이 있으며, 개인의 경우 일반적으로 예정신고를 하지 않고 직전 연도의 1/2만큼의 부가가치세를 예정고지 받았을 것이므로 예정고지세액을 차감하여 준다. 마지막으로 각종 신고의무를 이행하지 않은 경우에는 각종 가산세를 부담하게 되는데 가산세를 합한 최종 납부하여야 할 금액이 차감납부할세액이 되는 것이다.

개인의 경우 부가가치세는 1년에 두 번 신고하는 것으로 총매출액에서 총매입액을 차감한 금액을 창출한 부가가치로 보아 10%인 부가가치세를 부과하는 것이나, 중요한 사실은 이 부가가치세를 사장이 부담하는 것이 아니라 최종 소비자나 이후 매입자에게 세부담을 전가시키는 것으로 최종소비자나 이후 매입자가 부가가치세를 받아 납부하는 것에 불과하다는 것이다.

계속사업자인 에어사업자는 몰빵사업자로부터 2016년 5월 20일에 원재료 ₩800,000을 구입한 후 이를 제조·가공하여 완제품을 2016년 8월 10일에 ₩1,000,000에 소비자에게 판매하였다. 원재료 구입시에 부담한 매입세액은 ₩80,000(= ₩800,000×10%)으로 이는 원재료 구입시 몰빵사업자로부터 교부받은 세금계산서(Tax Invoice)에 의하여 확인이 된다.

에어사업자는 이 거래뿐이라고 가정할 경우 각 과세기간별 납부세액은 다음과 같을 것이다.

구 분	2016년 1기	2016년 2기
매출세액	–	100,000
매입세액	△80,000	–
납부세액(△환급세액)	△80,000	100,000
신고기한	2016.07.25	2017.01.25

만약 이 에어사업자가 매출이나 매입이 없는 경우에는 부가가치세 신고를 하지 않아도 되는 것일까?

신고과세기간에 매출이나 매입이 없는 경우라 하더라도 반드시 부가가치세 신고는 하여야 한다. 부가가치세 신고서에 '**실적없음**'이라고 반드시 신고는 하여야 한다.

■ 부가가치세법 시행규칙 [별지 제12호서식] 〈개정 2013.2.23〉 홈택스(www.hometax.go.kr)에서도 신청할 수 있습니다.

일반과세자 부가가치세 [ ]예정 [ ]확정 [ ]기한후과세표준 [ ]영세율등조기환급 신고서

(제1장 앞쪽)

관리번호				처리기간	즉시
□ 신고기간	년 제 기 (월 일 ~ 월 일)				
사업자	상 호 (법인명)		성 명 (대표자명)	사업자등록번호	- -
	주민(법인) 등록번호	-	전화번호	사업장 / 주소지 / 휴대전화	
	사업장 주소			전자우편 주소	

❶ 신 고 내 용

구 분				금 액	세율	세 액
과세표준 및 매출세액	과 세	세금계산서 발급분	(1)		10/100	
		매입자발행세금계산서	(2)		10/100	
		신용카드 · 현금영수증 발행분	(3)		10/100	
		기타(정규영수증 외 매출분)	(4)			
	영 세 율	세금계산서 발급분	(5)		0/100	
		기 타	(6)		0/100	
	예 정 신 고 누 락 분		(7)			
	대 손 세 액 가 감		(8)			
	합 계		(9)		㉮	
매입세액	세금계산서 수취분	일반매입	(10)			
		고정자산 매입	(11)			
	예 정 신 고 누 락 분		(12)			
	매입자발행세금계산서		(13)			
	기 타 공 제 매 입 세 액		(14)			
	합 계 (10)+(11)+(12)+(13)+(14)		(15)			
	공제받지 못할 매입세액		(16)			
	차 감 계 (15)-(16)		(17)		㉯	
납부(환급)세액 (매출세액㉮-매입세액㉯)					㉰	
경감 · 공제세액	기 타 경 감 · 공 제 세 액		(18)			
	신용카드매출전표 등 발행공제 등		(19)			
	합 계		(20)		㉱	
예정신고 미환급 세액			(21)		㉲	
예정고지세액			(22)		㉳	
금지금 매입자 납부특례 기납부세액			(23)		㉴	
가산세액계			(24)		㉵	
차가감하여 납부할 세액(환급받을 세액)(㉰-㉱-㉲-㉳-㉴+㉵)					(25)	
총괄납부사업자가 납부할 세액(환급받을 세액)						

❷ 국세환급금계좌신고 (환급세액이 2천만원 미만인 경우)	거래은행	은행 지점	계좌번호	

❸ 폐 업 신 고	폐업일		폐업사유	

❹ 과세표준 명세			
업 태	종 목	업종 코드	금 액
(26)			
(27)			
(28)			
(29)수입금액제외			
(30)합 계			

「부가가치세법」 제18조 · 제19조 또는 제24조와 「국세기본법」 제45조의3에 따라 위의 내용을 신고하며, **위 내용을 충분히 검토하였고 신고인이 알고 있는 사실 그대로를 정확하게 적었음을 확인합니다.**

년 월 일

신고인: (서명 또는 인)

세무대리인은 조세전문자격자로서 위 신고서를 성실하고 공정하게 작성하였음을 확인합니다.

세무대리인: (서명 또는 인)

세무서장 귀하

첨부서류	뒤쪽 참조

세무대리인	성 명		사업자등록번호		전화번호	

210mm×297mm[백상지 80g/㎡ 또는 중질지 80g/㎡]

(제2장 앞쪽)

※ 이 쪽은 해당 사항이 있는 사업자만 사용합니다.

사업자등록번호 □□□-□□-□□□□□ *사업자등록번호는 반드시 적으시기 바랍니다.

		구 분			금 액	세율	세 액
예정신고 누락분 명세	(7)매출	과세	세 금 계 산 서	(31)		10/100	
			기 타	(32)		10/100	
		영세율	세 금 계 산 서	(33)		0/100	
			기 타	(34)		0/100	
		합 계		(35)			
	(12)매입	세 금 계 산 서		(36)			
		기 타 공 제 매 입 세 액		(37)			
		합 계		(38)			

	구 분			금 액	세율	세 액
(14) 기 타 공 제 매 입 세 액 명 세	신용카드매출전표등수령 명세서 제출분	일 반 매 입	(39)			
		고정자산매입	(40)			
	의 제 매 입 세 액		(41)		뒤쪽 참조	
	재 활 용 폐 자 원 등 매 입 세 액		(42)		뒤쪽 참조	
	고 금 의 제 매 입 세 액		(43)			
	과 세 사 업 전 환 매 입 세 액		(44)			
	재 고 매 입 세 액		(45)			
	변 제 대 손 세 액		(46)			
	합 계		(47)			

	구 분		금 액	세율	세 액
(16) 공제받지 못할 매입세액 명세	공제받지 못할 매입세액	(48)			
	공통매입세액 면세사업분	(49)			
	대 손 처 분 받 은 세 액	(50)			
	합 계	(51)			

	구 분		금 액	세율	세 액
(18) 기타 경감 · 공제 세액 명세	전 자 신 고 세 액 공 제	(52)			
	전자세금계산서 발급세액 공제	(53)			
	택 시 운 송 사 업 자 경 감 세 액	(54)			
	원산지확인서 발급세액 공제	(55)			
	현금영수증사업자세액공제	(56)			
	기 타	(57)			
	합 계	(58)			

	구 분			금 액	세 율	세 액
(24) 가산세 명세	사 업 자 미 등 록 등		(59)		1 / 100	
	세 금 계 산 서	지연발급 등	(60)		1 / 100	
		지연수취	(61)		1 / 100	
		미발급 등	(62)		2 / 100	
	전자세금계산서 발급명세 전송	지연전송	(63)		1 / 1,000	
		미전송	(64)		3 / 1,000	
	세금계산서 합계표	제출 불성실	(65)		1 / 100	
		지연제출	(66)		5 / 1,000	
	신 고 불 성 실	무신고(일반)	(67)		뒤쪽참조	
		무신고(부당)	(68)		뒤쪽참조	
		과소 · 초과환급신고(일반)	(69)		뒤쪽참조	
		과소 · 초과환급신고(부당)	(70)		뒤쪽참조	
	납 부 불 성 실		(71)		뒤쪽참조	
	영세율 과세표준신고 불성실		(72)		5 / 1,000	
	현금매출명세서 불성실		(73)		1 / 100	
	부동산임대공급가액명세서 불성실		(74)		1 / 100	
	합 계		(75)			

	업 태	종 목	코드번호	금 액
면세사업 수입금액	(76)			
	(77)			
	(78) 수입금액 제외			
			(79)합 계	

계산서 발급 및 수취 명세	(80) 계산서 발급금액	
	(81) 계산서 수취금액	

[별지 제20호의 2 서식(1)] (2002.4.12. 개정) (앞 쪽)

매출처별 세금계산서 합계표(갑)

(년 기)

1. 제출자 인적사항

①사업자등록번호		②상호(법인명)	
③성명(대표자)		④사업장소재지	
⑤거래기간	년 월 일~ 년 월 일	⑥작성일자	년 월 일

2. 매출세금계산서 총합계

구 분	⑦매출처수	⑧매수	⑨공급가액 조 십억 백만 천 일	⑩세 액 조 십억 백만 천 일
합 계				
사업자등록 번호발행분				
주민등록 번호발행분				

3. 매출처별 명세(합계금액으로 기재)

⑪ 일련 번호	⑫ 사업자등록번호	⑬ 상호(법인명)	⑭ 매수	⑮ 공급가액 조 십억 백만 천 일	⑯ 세 액 조 십억 백만 천 일	비고
1						
2						
3						
4						
5						
6						
7						
8						
9						
10						

( )쪽

⑰관리번호(매출)	-

210㎜×297㎜[보존용지(1종)70g/㎡]

[별지 제20호의 3 서식(1)] (2002.4.12. 개정) (앞 쪽)

매입처별 세금계산서 합계표(갑)

(년 기)

1. 제출자 인적사항

①사업자등록번호		②상호(법인명)	
③성명(대표자)		④사업장소재지	
⑤거래기간	년 월 일~ 년 월 일	⑥작성일자	년 월 일

2. 매입세금계산서 총합계

구 분	⑦매입처수	⑧매수	⑨공급가액 조 십억 백만 천 일	⑩세 액 조 십억 백만 천 일
합 계				

3. 매입처별 명세(합계금액으로 기재)

⑪ 일련번호	⑫ 사업자등록번호	⑬ 상호(법인명)	⑭ 매수	⑮ 공급가액 조 십억 백만 천 일	⑯ 세 액 조 십억 백만 천 일	비고
1						
2						
3						
4						
5						
6						
7						
8						
9						
10						

( )쪽

10. 법인사업을 하는 경우와 개인사업을 하는 경우의 비교

법인사업을 하는 경우의 법인세와 개인사업을 하는 경우의 종합소득세는 모두 1년 동안 벌어들인 소득에 대하여 내는 세금이라는 점에서는 동일하지만 많은 차이점이 있다.

첫째로는 법인기업과 개인사업의 세율면에서의 차이점이 있다. 법인의 경우 2018년 현재 4단계 초과누진세율로 2억 원 까지는 10%의 법인세를 부과하며, 2억 원을 초과하는 소득에 대해서는 20%의 세율, 200억원을 초과하는 경우에는 22%의 세율, 3,000억원을 초과하는 경우에는 25%의 세율을 부과한다. 하지만, 개인의 경우에는 6단계 초과누진세율 2018년 현재 소득금액이 1,200만 원 이하인 경우에는 6%의 세율로, 4,600만원까지는 15%의 세율, 8,800만원 까지는 24%, 15,000만원까지는 35%, 30,000만원까지는 38%, 50,000만원까지는 40%, 그리고 50,000만원을 초과하는 금액에 대해서는 42%의 높은 세율로 종합소득세를 부과하게 된다. 그러므로 과세표준금액이 큰 경우에는 법인기업이 개인기업에 비하여 세제혜택이 크다.

둘째로는 법인의 경우와는 달리 개인사업을 하는 경우에는 사업소득이외의 타 소득이 있는 경우 즉, 이자소득과 배당소득이 있는 금융소득금액이 있는 경우라든지, 근로소득, 기타소득, 연금소득 등이 있는 경우에는 이를 모두 합한 금액에서 6단계 초과누진세율로 계산하기 때문에 타 소득금액이 많은 경우에는 법인기업이 비하여 더 많은 세금이 부과될 수가 있다.

셋째로는 개인사업은 개인이 사업을 함으로서 사업자금을 조달하는 경우에 한계가 있으며 사업의 규모가 작고 대외신인도면에서 떨어질 수 있다. 하지만 법인기업의 경우에는 1인 이상의 주주로 구성되므로 혼자 하는 개인사업보다는 자금조달 능력이라든지 회사의 규모, 대외신인도면에서 더 유리하다고 할 수 있다.

넷째로는 개인사업의 경우 사업에서 발생한 소득은 모두 개인의 것이 되어 임의로 사용하거나 인출할 수 있는 반면, 법인기업의 경우에는 주주와 법인은 서로 다른 인격체이므로 함부로 회사의 자금이나 자산을 이용할 수가 없다.

마지막으로 법인회사는 반드시 복식부기로 장부를 하여야 하며 그렇지 않은 경우에는 가산세를 부과 받게 된다. 하지만 개인의 경우 규모가 작은 회사는 간편장부로 기장을 대신할 수 있는 등 많이 이점을 부여하고 있기도 하다. 따라서 초기 사업인 경우 매출액이 많이 발생하지 않을 것으로 예측될 경우에는 개인사업으로 시작함으로서 간편하게 사업을 수행 할 수가 있으며, 이후 회사의 규모가 커지고 매출액도 증가할 경우에는 법인기업이 훨씬 유리함으로 법인기업으로 법인 전환함으로서 세금도 줄일 수 있고 다양한 혜택을 받을 수 있는 것이다.

문 제

01 회사(Corporations)의 단점이 아닌 것은 무엇인가?

① 회사가 설립되면 회사를 청산하는 것이 상대적으로 어렵다.
② 회사의 주인인 주주와 회사를 경영하는 이사회와의 잠재적인 갈등이 존재한다.
③ 소유주와 구별되기 때문에 소유주 중 한명의 사망으로 회사가 문 닫지 않는 영속성이 있다.
④ 회사 설립단계부터 방대한 서류작업 및 많은 초기 비용이 발생한다.

해답 ③

---

02 기업의 주요 활동(영업활동, 투자활동, 재무활동)과 관련된 현금의 유입과 현금의 유출을 기록한 보고서를 무엇인가?

① 포괄손익계산서 ② 재무상태표
③ 제조원가명세서 ④ 현금흐름표

해답 ④

---

03 기업의 재무제표(재무상태표, 포관손익계산서, 자본변동표, 현금흐름표)를 작성하는 자 즉, 작성책임을 지는 자는 누구인가?

① 기업의 재무부 직원(부장, 과장 등 담당직원)
② 경영자
③ 공인회계사(KICPA)
④ 세무사(CTA)

해답 ②

---

04 다음 중 재무회계의 특징으로 볼 수 없는 것은?

① 정형화된 일정한 양식에 의하여 작성한다.
② 정기적으로 회계보고서를 작성하여 제공한다.
③ 측정 가능한 미래지향적 정보를 제공한다.
④ 일반적으로 인정된 회계원칙을 준수한다.

해답 ③

---

05 다음 소득세법상 납세의무자에 대한 설명 중 옳지 않은 것은?

① 소득세법상 거주자가 되려면 국내에 주소를 두거나 1년 이상 거소를 두어야 한다.
② 거주자는 국내외원천소득에 대한 납세의무가 있다.
③ 비거주자는 국내원천소득에 대한 납세의무가 있다.
④ 비거주자는 국외원천소득에 대한 납세의무가 없다.

해답 ①

[소득세법 제1조2 1항]
"거주자"란 국내에 주소를 두거나 183일 이상의 거소를 둔 개인을 말한다.

---

06 다음 중 소득세법상 비과세 근로소득에 해당하지 않는 것은?

① 고용보험법에 의한 육아휴직수당
② 근로기준법에 의한 연차수당
③ 국민연금법에 따라 받는 사망일시금
④ 국민건강보험법에 따라 사용자가 부담하는 건강보험료

해답 ②

[소득세법 제20조 제1항]
연차수당은 소득세가 과세되는 근로소득에 해당한다.

---

07 다음 중 부가가치세법상 용역의 공급에 해당하지 않는 것은?

① 상표권의 양도 ② 부동산임대업의 임대
③ 특허권의 대여 ④ 건설업의 건설용역

해답 ①

상표권의 양도는 재화의 공급이다.

---

08 다음 중 부가가치세법상 면세 대상 재화나 용역에 해당하지 않는 것은?

① 가공되지 아니한 식료품
② 시내버스에 의한 여객운송용역
③ 성형수술을 위한 의료보건용역
④ 정부의 인허가를 받은 학원 등에서 제공하는 교육용역

해답 ③

쌍커풀 수술등 미용목적의 진료용역은 면세대상 의료보건 용역에서 제외한다.(부가가치세법 시행령 제35조 1항)

---

09 다음 중 부가가치세법상 영세율과 면세에 대한 설명 중 옳지 않은 것은?

① 영세율 취지는 소비지국과세원칙의 구현이다.
② 면세 적용대상에는 기초생활 필수품 등이 있다.
③ 면세사업만 영위하는 사업자는 부가가치세법상 사업자이다.
④ 면세의 취지는 부가가치세의 역진성을 완화하기 위함이다.

해답 ③

면세사업만 영위하는 사업자는 소득세법이나 법인세법에 의한 사업자이다.

제 3 장

회계기초

1. 회 계

회계란 다양한 정보이용자들이 합리적인 판단이나 경제적 의사결정을 할 수 있도록 회사의 거래나 사건인 경제적 정보를 **식별**하고 **측정**하여 이해관계자에게 제공하는 것이다. 이러한 회계의 주요 목적은 회계정보이용자의 경제적 의사결정에 유용한 정보를 제공하는 것으로 **외부이해관계자**인 주주, 채권자, 정부, 미래의 투자자 등과 **내부이해관계자**인 경영자, 종업원 등이 있다.

구 분	내 용
회계의 목적	회계정보이용자의 합리적 의사결정에 유용한 정보를 제공
회계정보이용자	경영자, 주주, 채권자, 정부, 종업원, 미래의 투자자 등

회계의 분류

구 분	재무회계	관리회계	세무회계
이 용 자	외부정보이용자 (투자자,채권자)	내부정보이용자(경영자)	과세당국(국세청)
목 표	· 거래의 기록, 분류, 요약, 해석 · 재무제표의 작성, 보고	· 경영의사결정을 위한 정보제공 · 경영계획의 수립과 통제	· 과세소득의 계산
정 보 의 성 격	· 객관적 · 과거지향적 · 화폐중심적	· 주관적 · 미래지향적 · 화폐 + 비화폐	· 객관적 · 과거지향적 · 화폐중심적
회계처리 원 칙	일반적으로 인정된 회계원칙(GAAP)	경제적 의사결정(특별한 원칙은 없음)	세법
보고양식	재무제표	일정한 양식 없음	세법의 규정된 양식
보고시기	정기적보고(1년,반기,분기)	수시보고(월별,1년,장기간)	세법에 정한 시기

(1) 회계연도

기업의 **재무상태(재무상태표)**와 **경영성과(손익계산서)** 등을 파악하고 보고하기 위하여 인위적으로 구분한 기간을 회계연도 또는 회계기간이라 한다. 회계연도는 1년 단위로 하나의 회계기간을 나누어서 경영성과와 재무상태를 제공하며 주로 **1월 1일부터 12월 31일**으로 하나의 1회계기간으로 한다. 다만, 1회계 연도는 1년을 초과할 수 없다.

일반적으로 기업의 회계연도는 1월 1일부터 12월 31일을 하나의 회계연도로 한다. 즉 결산일(재무상태표일, 보고기간말)은 12월 31일이 된다.

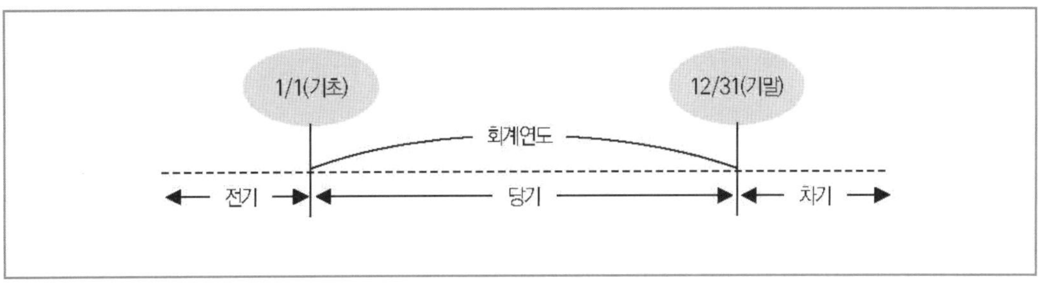

(2) 재무제표

재무제표(Financial Statement)란 기업의 회계정보를 다양한 정보이용자의 합리적인 의사결정을 위한 회계보고서이다. 재무제표는 기업의 재무상태와 재무성과를 기업의 이해관계자에게 정보를 제공해줌으로서 그들의 경제적인 판단이나 의사결정에 도움을 제공한다. 이러한 재무제표는 **재무상태표, 손익계산서, 현금흐름표, 자본변동표**로 구성되며 그 외 주석을 포함한다. 재무제표에 포함되지 않은 이익잉여금처분계산서(또는 결손금처리계산서)는 재무제표 주석으로 작성한다.

2. 재무상태표(대차대조표)

(1) 재무상태표 정의

재무상태표(Statement of Financial Position)는 **일정 시점**의 기업의 **재무상태**인 자산과 부채 그리고 자본(순자산 : 자산 − 부채)에 대한 정보를 제공하는 재무보고서이다. 중소기업에서는 대차대조표(Balance Sheet)라고도 한다.

재무상태표 등식

자산 = 부채 + 자본

또는 자산 − 부채 = 자본

계정식 재무상태표

재무상태표

제×(당)기 20××년 ××월 ××일 현재
제×(전)기 20××년 ××월 ××일 현재

㈜××　　　　(단위: 억 원)

	당 기	전 기		당 기	전 기
자 산	**×××**	**×××**	**부 채**	**×××**	**×××**
유 동 자 산	×××	×××	유 동 부 채	×××	×××
당 좌 자 산	×××	×××	비 유 동 부 채	×××	×××
재 고 자 산	×××	×××	**자 본**	**×××**	**×××**
비 유 동 자 산	×××	×××	자 본 금	×××	×××
투 자 자 산	×××	×××	자 본 잉 여 금	×××	×××
유 형 자 산	×××	×××	자 본 조 정	×××	×××
무 형 자 산	×××	×××	기타포괄손익누계액	×××	×××
기 타 비 유 동 자 산	×××	×××	이 익 잉 여 금	×××	×××
자 산 총 계	**×××**	**×××**	**부채와 자본총계**	**×××**	**×××**

보고식 재무상태표

재무상태표

제×(당)기 20××년 ××월 ××일 현재
제×(전)기 20××년 ××월 ××일 현재

㈜××　　　　　(단위: 억 원)

	당 기	전 기
자 산	×××	×××
유 동 자 산	×××	×××
당 좌 자 산	×××	×××
재 고 자 산	×××	×××
비 유 동 자 산	×××	×××
투 자 자 산	×××	×××
유 형 자 산	×××	×××
무 형 자 산	×××	×××
기 타 비 유 동 자 산	×××	×××
자산총계	×××	×××
부 채	×××	×××
유 동 부 채	×××	×××
비 유 동 부 채	×××	×××
부채총계	×××	×××
자 본	×××	×××
자 본 금	×××	×××
자 본 잉 여 금	×××	×××
자 본 조 정	×××	×××
기 타 포 괄 손 익 누 계 액	×××	×××
이 익 잉 여 금	×××	×××
자본총계	×××	×××
부채와 자본총계	×××	×××

재무상태표 작성의 원칙

- 구분표시 : 기업의 재무상태를 표시하기 위하여 자산, 부채, 자본으로 구분 표시한다.
- 1년기준 : 1년을 기준으로 단기와 장기로 구분하여 자산과 부채를 작성한다.
- 유동성배열법 : 현금화(환금성)가 빠른 순서로 작성한다.
- 총액주의 : 자산, 부채, 자본은 순액으로 표시하지 않고 총액으로 작성한다.
  예를들어, 당좌예금과 당좌차월, 외상매출금과 외상매입금 등

이 해 하 기

자산의 구분		각 계정항목들
유 동 자 산	당 좌 자 산	현금및현금성자산, 단기투자자산, 매출채권(외상매출금, 받을어음), 선급비용, 이연법인세자산
	재 고 자 산	상품, 제품, 반제품, 재공품, 원재료, 저장품
비유동자산	투 자 자 산	투자부동산, 장기투자증권, 지분법적용투자주식, 장기대여금
	유 형 자 산	토지, 설비자산(건물, 구축물, 기계장치, 비품, 선박, 항공기, 차량운반구), 건설중인자산
	무 형 자 산	영업권, 산업재산권, 개발비, 기타(라이선스와 프랜차이즈, 저작권, 컴퓨터소프트웨어, 임차권리금, 광업권, 어업권 등)
	기타비유동자산	이연법인세자산, 기타(임차보증금, 장기선급비용, 장기선급금, 장기미수금 등)

Check 자산, 부채, 자본계정들은 차기 이월로 마감하지만, 손익계정(수익과 비용)은 차기 이월하지 않는다.

부채의 구분	각 계정항목들
유 동 부 채	단기차입금, 매입채무(외상매입금, 지급어음), 이연법인세부채, 미지급비용, 이연법인세부채
비유동부채	사채, 신주인수권부사채, 전환사채, 장기차입금, 퇴직급여충당부채, 장기제품보증충당부채, 이연법인세부채

자본의 구분	각 계정항목들
자 본 금	보통주자본금, 우선주자본금
자 본 잉 여 금	주식발행초과금, 자기주식처분이익, 감자차익
자 본 조 정	자기주식(차감하는 형식), 주식할인발행차금, 주식선택권, 출자전환채무, 감자차손, 자기주식처분손실
기 타 포괄손익누계액	재평가잉여금, 매도가능증권평가손익, 해외사업환산손익 및 현금흐름 위험회피 파생상품평가손익
이 익 잉 여 금	법정적립금(이익준비금, 기타법정적립금), 임의적립금, 미처분이익잉여금

Check **회계에서는 일반적으로 상계를 하지 않는다. 즉, 총액으로 기재를 원칙으로 한다.** 예를들어, 당좌예금과 당좌차월, 외상매출금과 외상매입금은 상계하지 않고 각각 총액으로 작성을 원칙으로 한다.

예외로 자본의 경우 우선상계하는 항목이 있는데 자기주식처분이익↔자기주식처분손실, 감자차익↔감자차손, 주식발행초과금↔주식할인발행차금은 예외적으로 우선상계를 원칙으로 한다.

3. 손익계산서

(1) 손익계산서 정의

손익계산서(Income Statement)는 **일정기간**동안 기업의 **경영성과(수익, 비용)**를 나타내주는 재무보고서로 기업의 경영활동으로부터 발생한 수익과 비용을 항목별로 나타내는 표이다.

손익계산서 등식

비용 + 순이익 = 수익 또는 비용 = 순손실 + 수익

(2) 손익계산서 기본구조

손익계산서는 다음과 같이 구분하여 표시한다. 다만, 제조업, 판매업 및 건설업 외의 업종에 속하는 기업은 매출총손익의 구분표시를 생략할 수 있다.

손익계산서

손익계산서

제×(당)기 20××년 ××월 ××일 부터 ××월 ××일 까지
제×(전)기 20××년 ××월 ××일 부터 ××월 ××일 까지

㈜×× (단위: 원)

		당기	전기
	매 출 액	×××	×××
(−)	매 출 원 가	(×××)	(×××)
	+ 기초상품(제품)재고액		
	+ 당기매입액(당기제품제조원가)		
	(−) 기말상품(제품)재고액		
=	매출총이익	×××	×××
(−)	판매비와 관리비	(×××)	(×××)
=	영 업 이 익	×××	×××
+	영업외수익	×××	×××
(−)	영업외비용	(×××)	(×××)
=	법인세비용차감전순이익	×××	×××
(−)	법인세비용	(×××)	(×××)
=	당기순이익	×××	×××
±	기타포괄이익	×××	×××
=	총이익	×××	×××

Check 손익계산서 작성의 원칙

- **구분계산의 원칙**: 기업의 손익은 매출총손익, 영업손익, 법인세비용차감전순손익, 당기순손익으로 구분 표시한다.(위 표 참조)
- **발생주의(수익, 비용)**: 현금의 유입과 유출에 관계없이 당해 회계상의 거래나 사건이 발생한 기간에 수익과 비용으로 인식한다.
- **실현주의**: 수익은 실현시기(원칙: 판매시점)을 기준으로 작성한다.
- **수익비용대응의 원칙**: 비용은 관련수익이 인식된 기간에 인식한다.(아래표 참조)
- **총액주의**: 수익과 비용은 상계하지 않고 총액으로 작성한다.
  예를들어, 이자수익과 이자비용, 영업외수익과 영업외비용 등

수익 · 비용 대응의 관계

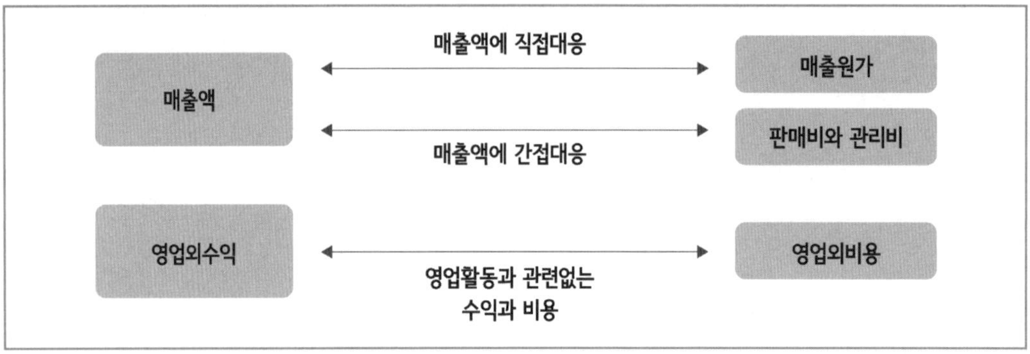

재무제표 작성과 표시의 일반원칙

구 분	내 용
계속기업	경영진이 기업을 청산하거나 경영활동을 중단할 의도를 가지고 있지 아니하거나 청산 또는 경영활동의 중단 외에 다른 현실적 대안이 없는 경우가 아니면 계속기업을 전제로 재무제표를 작성한다.
재무제표의 작성 책임과 공정한 표시 및 주석	재무제표의 작성과 표시에 대한 책임은 경영진에 있으며 경제적 사실과 거래의 실질을 반영하여 공정하게 표시하여야 하며, 일반기업회계기준에 의하여 적정하게 작성된 재무제표는 공정하게 표시된 재무제표로 본다.
재무제표 항목의 구분과 통합표시	중요한 항목은 재무제표의 본문이나 주석에 그 내용을 가장 잘 나타낼 수 있도록 구분하여 표시하며, 중요하지 않은 항목은 유사한 항목과 통합하여 표시할 수 있다.
비교재무제표의 작성	기간별 비교가능성을 제고하기 위하여 전기 재무제표의 계략정보와 비계량정보를 당기와 비교하는 형식으로 표시한다.
재무제표 항목의 표시와 분류의 계속성	재무제표의 기간별 비교가능성을 제고하기 위하여 재무제표 항목의 표시와 분류는 원칙적으로 매기 동일하여야 한다.
재무제표의 보고양식	재무제표는 이해하기 쉽도록 간단하고 명료하게 표시하여야 하며, 일반기업회계기준에 예시된 재무제표의 양식을 참조하여 작성한다. 각 재무제표의 명칭과 함께 ㉠기업명, ㉡보고기간종료일 또는 회계기간, ㉢보고통화 및 금액단위를 기재한다.

4. 회계의 순환과정

회계의 순환과정(Accounting Cycle)이란 회계기록의 대상인 거래를 인식·식별하여 정리하고 회계정보 이용자들에게 제공할 정보의 구체적 수단인 재무제표 작성에 이르기까지의 모든 일련의 과정으로 다음과 같다.

거래의 인식과 식별→분개→전기→수정전 시산표→기말 수정분개→수정후 시산표→재무제표

구 분	순 서	내 용
제1단계	거래 인식과 식별	회계상 거래의 식별
제2단계	분개(분개장)	분개 또는 전표의 작성
제3단계	전기(총계정원장)	원장과 보조부 등 장부에 기입(전기)
제4단계	수정전 시산표	수정전 시산표 작성
제5단계	결산일(기말 수정분개)	결산정리사항 분개
제6단계	수정후 시산표	재무제표 작성과 모든 장부마감

(1) 거래의 식별

회계처리의 대상이 되는 거래와 대상이 아닌 거래를 식별하여야 한다. 회계상 거래는 자산·부채·자본의 증가 혹은 감소를 가져와야 하는 것으로 일상생활에서 흔히 사용되는 거래와 반드시 일치하지는 않는다.

예를 들어 상품의 주문, 차입을 위한 부동산에 대한 담보설정 등은 일상생활에서는 거래라 하지만 주문이나 담보설정으로 자산, 부채, 자본의 증감 변화가 일어나지 않기 때문에 이는 회계상 거래가 아니다.

다음은 회계상의 거래와 일반적인 거래의 구분

<table>
<tr><th colspan="2">회계상거래</th><th></th></tr>
<tr><td>화재, 분실, 도난, 훼손, 파손, 상품가격의 하락, 채권의 대손, 고정자산의 감가 등</td><td>상품의 매입과 매출, 자산의 취득과 매각, 자금의 차입과 상환, 금전의 수입과 지출, 비용의 지출, 수익의 수입 등</td><td>상품주문, 보관, 약속, 고용계약, 각종계약체결, 담보제공 등</td></tr>
<tr><td></td><th colspan="2">일반적인 거래</th></tr>
</table>

Check 회계상 거래가 아닌 것들: 상품주문, 보관, 약속, 고용계약, 각종계약체결, 담보제공 등

(2) 분개 또는 전표의 작성

분개란 거래를 차변요소와 대변요소로 구분하고 어느 계정에 얼마의 금액을 적을 것인지 결정하는 절차를 말한다. 전표의 작성이란 분개장에 분개를 하는 대신 전표를 사용하여 거래를 분개하는 것이다. 전표는 입금전표, 출금전표, 대체전표로 구분할 수 있다.

> **예**
>
> 7월 1일에 토지 10,000을 현금으로 구입하였을 경우 다음과 같이 분개를 할 수 있다.
> 차변) 토지 10,000　　대변) 현금 10,000

(3) 거래의 이중성(결합관계)

부기란 기업의 경영활동에 따른 재산의 증감변화를 일정한 원리에 따라 기록, 계산, 정리하는 것을 말한다, 회계상의 거래는 반드시 그 원인과 결과를 동시에 가지고 있는데, 이를 거래의 이중성이라고 하고 거래의 이중성을 모두 기록하는 방법이 바로 복식부기 방식이다. 복식부기란 회계상 거래를 차변요소와 대변요소로 나누어 이를 각각 기록하므로 차변 금액의 합계와 대변 금액의 합계가 반드시 일치하게 되는데 이것을 '대차평균의 원리'라고 하며 이를 통하여 자기검증이 가능하게 된다. 반면 단식부기는 특별한 원칙 없이 단순히 현금의 수입과 지출을 기록하는 것으로 비영리회계에 많이 사용한다.

(4) 거래의 8요소

모든 회계상 거래는 차변요소(자산의 증가, 부채의 감소, 자본의 감소, 비용의 발생)와 대변요소(자산의 감소, 부채의 증가, 자본의 증가, 수익의 발생)의 결합에 의하여 구성된다.

이러한 결합관계를 거래의 8요소라 한다, <그림 1>에서 보는바와 같이 거래의 8요소의 차변요소는 자금의 운용을 나타내고 대변요소는 자금의 원천을 나타낸다.

그림 1 거래의 8요소와 그들의 결합관계

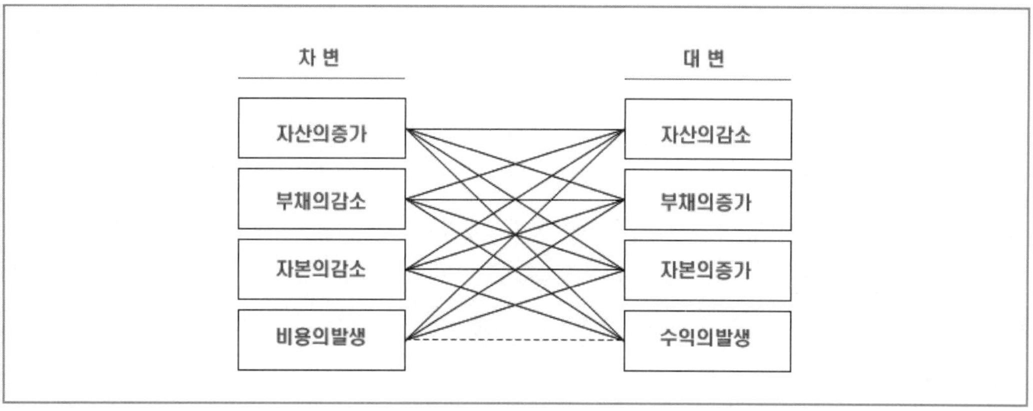

1) 전기

분개장에 기입된 분개 또는 전표의 내용을 총계정원장으로 옮기는 것을 전기라 한다. 만일 전기를 잘못하면 총계정원장의 모든 계정의 차변 합계금액과 대변 합계금액이 일치하지 않게 된다. 이를 확인하기 위하여 시산표를 작성하여 그 전기가 제대로 되었는지를 검증한다.

예

7월 1일에 토지 10,000을 현금으로 구입하였을 경우 다음과 같이 전기를 할 수 있다.

토지 Account

7/1 현금 10,000	

현금 Account

	7/1 토지 10,000

2) 수정전시산표 작성

수정전시산표란 결산예비절차로 회계처리를 검증하기 위하여 결산 수정사항을 반영하지 아니한 상태에서 총계정원장의 모든 계정을 차변금액과 대변금액을 한곳에 모아 작성한 표를 말한다. 수정전시산표의 작성 종류는 합계시산표, 잔액시산표, 합계잔액시산표가 있으며 실무상 합계잔액시산표를 주로 작성한다.

3) 시산표의 필요성

분개를 통하여 차변의 합계액과 대변의 합계액이 다를경우에 시산표를 통하여 오류를 확인할 수 있다. 모든 분개는 대차평균의 원칙을 통하여 차변과 대변의 합은 같아야 한다.

4) 결산정리사항 분개

총계정원장의 각 계정의 기말잔액은 여러 가지 원인에 의하여 자산, 부채, 자본의 현재액과 수익, 비용의 당기 발생액을 정확하지 않을 수 있다. 따라서 기업의 재무상태와 경영성과를 정확하게 파악하지 위하여 계정잔액의 수정이 필요하다.

이러한 수정사항을 결산정리사항이라 하며, 그 분개를 결산정리분개 또는 결산수정분개라 한다. 결산정리사항을 모아서 만든 표를 재고조사표라 한다.(이 노란색 부분은 삭제)

5) 재무제표 작성과 모든 장부 마감

- 수익계정과 비용계정은 각 계정의 잔액을 손익계정에 대체하여 마감한다.
- 손익계정을 마감하여 자본금계정에 대체하고 마감한다.
- 자산, 부채, 자본계정의 마감은 차기이월로 마감한 후 그 차기이월액을 모아 이월시산표를 작성한다.
- 이월시산표를 바탕으로 재무상태표를 작성하고, 손익계정을 바탕으로 손익계산서를 작성한다,

각종 장부들

- 주요부 : 분개장, 총계정원장
- 보조원장 : 매출처원장, 매입처원장, 재고수불부(상품재고장), 그 외
- 보조기입장 : 현금출납장, 은행거래장, 매입장, 매출장, 그 외

- 장부
  - 주요부
    - 거래 → 분개장 : 모든 거래를 발생순서나 일련번호에 따라 분개한 내용을 기록한 장부(일일분개장, 전표철 등)
    - (전기 ↓) 총계정원장 : 모든 계정을 한꺼번에 볼 수 있도록 모아 놓은 장부 ➡ **합계잔액시산표** ➡ **결산서** : 재무제표
  - 보조부
    - 보조원장 (보조기록 ↑ 총계정원장) : 특정주요계정에 대한 거래내용을 거래처별 · 종류별로 분류 · 기록하여 업무활용 : 총계정원장의 보완 · 내부활용
      - 매출처원장 : 판매거래처별 매출금현황과 외상매출금 증가 · 감소변동 내역기록
      - 매입처원장 : 구입거래처별 매입액 현황과 외상매입금 증가 · 감소변동 내역기록
      - 재고수불부 : 원재료와 제품 및 상품종류별 입 · 출고와 재고내역 및 변동상황기록
      - 기타 : 수출장, 수입장, 대여금원장, 차입금원장, 고정자산대장
    - 보조기입장 : 특정빈발계정에 대한 거래를 발생순서흐름별로 자세히 기록
      - 현금출납장 : 현금의 수입 · 지출 · 잔액 기록
      - 은행거래장 : 당좌예금 · 은행예금 등의 거래내용을 상세히 기록유지 (여러 은행별 구분기재)
      - 매입장 : 원재료나 상품의 매입거래 내역기록
      - 매출장 : 상품 · 제품의 매출거래 내역기록
      - 당좌예금출납장, 받을어음기입장, 지급어음기입장, 고정자산대장

재무상태표(기초, 기말)와 손익계산서의 연관관계

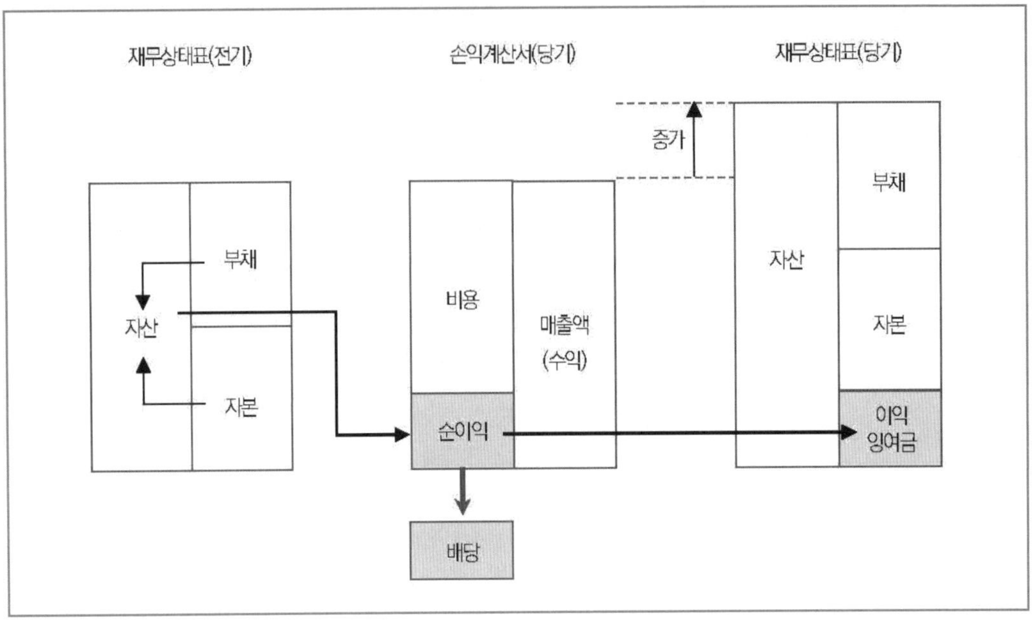

Check 손익계산서의 순이익 중 배당을 한 후 나머지는 기말시점의 재무상태표의 자본항목의 이익잉여금으로 흘러들어간다.

(5) 기본가정과 개념체계

1) 기본가정

기본가정이란 회계이론을 논리적으로 전개하고 재무제표 작성에 필요한 공리적 명제로서 회계원칙의 기초가 되는 것을 말한다, 재무제표는 일정한 가정 하에서 작성되며, 그러한 기본가정으로는 기업실체, 계속기업 및 기간별 보고를 들 수 있다.

2) 기업실체의 가정

기업실체의 가정이란 기업을 소유주와는 독립적으로 존재하는 회계단위로 간주하고 이 회계단위의 관점에서 그 경제활동에 대한 재무정보를 측정, 보고하는 것을 말한다. 일반적으로 개별 기업은 하나의 독립된 회계단위로서 재무제표를 작성하는 기업실체에 해당한다. 그러나 기업실체 개념은 법적 실체와는 구별되는 개념이다.

3) 계속기업의 가정

계속기업의 가정이란 기업실체는 그 목적과 의무를 이행하기에 충분할 정도로 장기간 존속한다고 가정하는 것을 말한다. 즉, 기업실체는 그 경영활동을 청산하거나 중대하게 축소시킬 의도가 없을 뿐 아니라 청산이 요구되는 상황도 없다고 가정된다.

4) 기간별보고의 가정

기간별 보고의 가정이란 기업실체의 존속기간을 일정한 기간 다누이로 분할하여 각 기간별로 재무제표를 작성하는 것을 말한다. 기업실체의 이해관계자는 지속적으로 의사결정을 해야 하므로 적시성이 있는 정보가 필요하고 이러한 정보수요를 충족시키기 위하여 기간별 보고가 도입될 필요가 있다.

5) 발생주의 회계

재무제표는 발생기준에 따라 작성된다. 발생주의 회계는 재무회계의 기본적 특징으로서 재무제표의 기본요소의 정의 및 인식, 측정과 관련이 있다. 다만, 현금흐름표는 발생기준에 따라 작성되지 않는다.

발생주의 회계의 기본적인 논리는 발생기준에 따라 수익과 비용을 인식하는 것으로 발생과 이연의 개념을 포함한다. 발생기준은 기업실체의 경제적 거래나 사건에 대해 관련된 수익과 비용을 그 현금유출입이 있는 기간이 아니라 당해 거래나 사건이 발생한 기간에 인식하는 것을 말한다.

6) 재무회계 개념체계

재무회계 개념체계란 기업실체의 재무보고 목적을 명확히 하고, 이를 달성하는데 유용한 재무회계의 기초개념을 제공하는 것을 목적으로 한다. 개념체계에서 재무보고라 함은 다양한 외부정보이용자의 공통된 정보요구를 충족시키기 위한 일반목적 재무보고를 의미한다. 개념체계는 회계기준원의 기업회계기준 제정 근거, 재무제표 이용자와 작성자 및 외부감사인 등에게 회계기준이 미비 된 경우 일관된 지침을 제공한다. 개념체계는 회계기준이 아니므로 구체적 회계처리방법이나 공시에 관한 기준을 정하는 것을 목적으로 하지 않는다. 따라서 개념체계의 내용이 특정 회계기준과 상충되는 경우에는 그 회계기준이 개념체계에 우선한다.

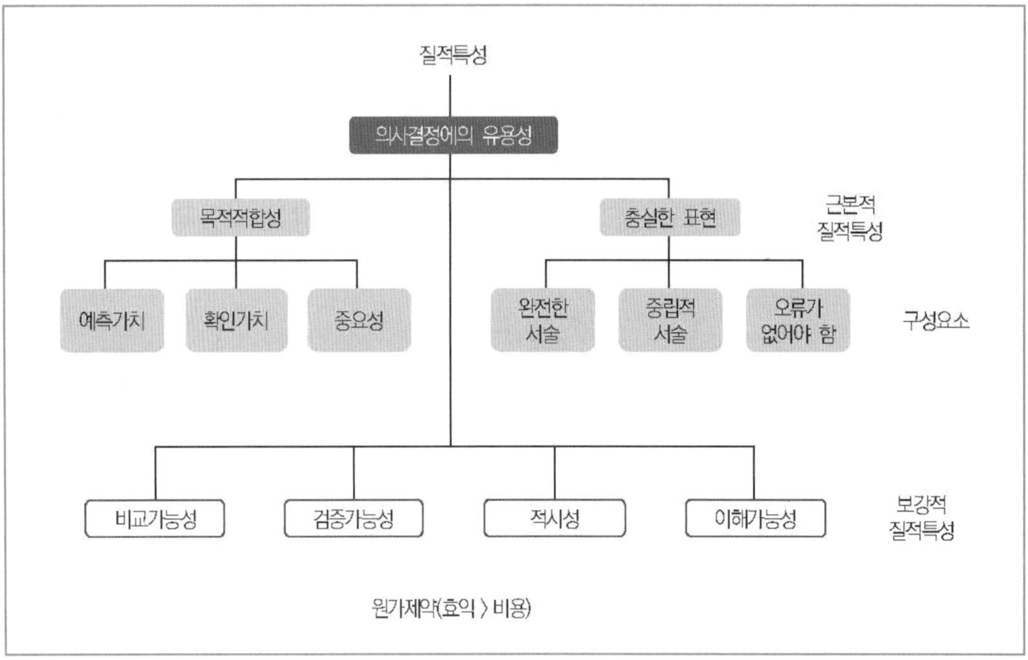

7) 질적 특성

질적 특성이란 재무제표를 통해 제공되는 정보가 이용자에게 유용하기 위해 갖추어야 할 주요 속성을 말하며, 회계정보의 유용성의 판단기준이 된다. 회계정보가 갖추어야 할 가장 중요한 질적 특성은 목적적합성(또는 관련성)과 신뢰성이다. 목적적합성과 신뢰성 중 어느 하나가 완전히 상실된 경우 그 정보는 유용한 정보가 될 수 없다.

K-IFRS의 질적 특성

구 분	구성요소	포괄적 제약요인
근본적 질적 특성	목적적합성, 충실한 표현(신뢰성)	원가
보강적 질적 특성	비교가능성, 검증가능성, 적시성, 이해가능성	

8) 목적적합성

목적적합한 재무정보는 정보이용자의 의사결정에 차이가 나도록 할 수 있다. 회계정보가 정보이용자의 의사결정에 유용하기 위해서는 그 정보가 의사결정 목적과 관련되어야 한다.

9) 예측가치

정보이용자가 기업실체의 미래 재무상태, 경영성과, 순현금흐름 등을 예측하는 데에 그 정보가 활용될 수 있는 능력을 의미한다. 예를 들어, 반기 재무제표에 의해 발표되는 반기 이익은 올해의 연간 이익을 예측하는 데 활용될 수 있다.

10) 피드백가치(확인가치)

제공되는 회계정보가 기업실체의 재무상태, 경영성과, 순현금흐름, 자본변동 등에 대한 정보이용자의 당초 기대치(예측치)를 확인 또는 수정되게 함으로써 의사결정에 영향을 미칠 수 있는 능력을 말한다.

11) 중요성

회계정보가 정보이용자에게 유용하기 위해서는 그 정보가 의사결정에 반영될 수 있도록 적시에 제공되어야 한다. 적시성 있는 정보라 하여 반드시 목저적합성을 갖는 것은 아니나, 적시에 제공되지 않은 정보는 주어진 의사결정에 이용할 수 없으므로 목적적합성을 성실하게 된다.

12) 신뢰성

회계정보가 정보이용자의 의사결정에 유용하기 위해서는 신뢰할 수 있는 정보이어야 한다.

13) 완전한 서술

회계정보가 신뢰성을 갖기 위해서는 기업실체의 경제적 자원과 의무, 그리고 이들의 변동을 초래하는 거래나 사건을 충실하게 표현하여야 한다. 표현의 충실성을 확보하기 위해서는 회계처리대상이 되는 거래나 사건의 형식보다는 그 경제적 실질에 따라 회계처리하고 보고하여야 한다.

14) 오류가 없어야 함

회계정보가 신뢰성을 갖기 위해서는 객관적으로 검증가능하여야 한다. 검증가능성이란 동일한 경제적 사건이나 거래에 대하여 동일한 측정방법을 적용할 경우 다수의 독립적인 측정자가 유사한 결론에 도달할 수 있어야 함을 의미한다.

15) 중립적 서술

회계정보가 신뢰성을 갖기 위해서는 편의 없이 중립적이어야 한다. 의도된 결과를 유도할 목적으로 회계기준을 제정하거나 재무제표에 특정 정보를 표시함으로써 정보이용자의 의사결정이나 판단에 영향을 미친다면 그러한 회계정보는 중립적이라 할 수 없다.

16) 질적 특성간의 상충관계

회계정보의 질적 특성은 서로 상충될 수 있다. 예를 들어, 유형자산을 역사적원가로 평가하면 일반적으로 검증가능성이 높으므로 측정의 신뢰성은 제고되나 목적적합성은 저하될 수 있으며, 시장성 없는 유가증권에 대해 역사적원가를 적용하면 자산가액 측정치의 검증가능성은 높으나 유가증권의 실제 가치를 나타내지 못하여 표현의 충실성과 목적적합성이 저하될 수 있다. 또한, 정보를 적시에 제공하기 위해 거래나 사건의 모든 내용이 확정되기 전에 보고하는 경우, 목적적합성은 향상되나 신뢰성은 저하될 수 있다.

17) 비교가능성

기업실체의 재무상태, 경영성과, 현금흐름 및 자본변동의 추세 분석과 기업실체간의 상대적 평가를 위하여 회계정보는 기간별 비교가 가능해야 하고 기업실체간의 비교가능성도 있어야 한다.

비교가능성은 단순한 통일성을 의미하는 것은 아니며, 발전된 회계기준의 도입에 장애가 되지 않아야 한다. 회계정보의 비교가능성은 목적적합성과 신뢰성만큼 중요한 질적특성은 아니나, 목적적합성과 신뢰성을 갖춘 정보가 기업실체간에 비교가능하거나 또는 기간별 비교가 가능할 경우 회계정보의 유용성이 제고될 수 있다.

(6)회계정보의 제약요인

1) 비용과 효익

비용과 효익은 재무보고로 제공될 수 있는 정보에 대한 포괄적 제약요인이다. 회계정보가 정보이용자에게 유용하기 위해서는 목적적합성과 신뢰성을 가져야 한다. 그러나 정보 제공 및 이용에 소요될 사회적 비용이 정보 제공 및 이용에 따른 사회적 효익을 초과한다면 그러한 정보 제공은 정당화 될 수 없다.

2)중요성

목적적합성과 신뢰성이 있는 정보는 재무제표를 통해 정보이용자에게 제공되어야 한다. 그러나 재무제표에 표시되는 항목에는 또한 중요성이 고려되어야 하므로, 목적적합성과 신뢰성을 갖춘 모든 항목이 반드시 재무제표에 표시되는 것은 아니다. 특정 정보가 생략되거나 잘못 표시된 재무제표가 정보이용자의 판단이나 의사결정에 영향을 미칠 수 있다면 개념적으로 볼 때 그러한 정보는 중요한 정보이다. 중요성은 일반적으로 당해 항목의 성격과 금액의 크기에 의해 결정된다. 그러나 어떤 경우에는 금액의 크기와는 관계없이 정보의 성격 자체만으로도 중요한 정보가 될 수 있다.

3)목적적합성과 신뢰성의 상충관계

목적적합성과 신뢰성을 모두 갖추어야 회계정보의 유용성을 갖는다. 그러나 두 가지 특성은 서로 상충될 때가 많다. 하나의 특성이 강조되면 다른 특성이 희생되는 것을 의미한다. 이러한 상충이 일어나면 현대 회계는 목적적합성을 강조하는 추세에 있다. 목적적합성과 신뢰성의 상충관계를 예시하면 다음과 같다.

구 분	목적적합성	신뢰성
자산의 측정기준	현행가치(공정가치)	역사적원가
인식기준	발생주의	현금주의
공사수익의 인식	진행기준	완성기준
투자주식	지분법	원가법
재무보고	중간보고(반기재무제표)	연차보고(결산재무제표)

문 제

01 다음 중 회계상 거래에 해당하지 않는 것은?

① 사업주가 자본금을 현금으로 추가 출자하다.
② 장기차입금에 대하여 유형자산인 토지를 담보로 제공하다.
③ 급여 중 예수금을 차감한 잔액을 보통예금에서 지급하다.
④ 화재로 인하여 창고에 보관 중이던 재고자산이 모두 소실되다.

해답 ②

② 담보의 제공(설정)은 회계상 거래에 해당하지 아니한다. 회계상 거래가 아닌 것들은 상품주문, 보관, 약속, 고용계약, 각종계약체결, 담보제공 등이다.
① 유상증자의 개념으로 사업을 위해 추가 현금출자를 한 것으로 회계상 거래이다.
③ 급여 중 4대 보험과 갑종근로소득세를 예수금 계정으로 하여 차감한 부분을 현금으로 지급하므로 회계상 거래이다.
④ 회재로 인한 실제 창고에 보관된 재고자산이 소실되었으므로 회계상 거래로 인식한다.

---

02 회계담당자의 착오로 인해 다음의 내용에 대한 회계처리를 누락하여, 당기순이익이 1,000,000원으로 보고되었다. 수정후 당기순이익을 구하시오.

• 수입임대료 선수액 : 500,000원 • 보험료 선급액 : 120,000원

① 620,000원 ② 550,000원
③ 430,000원 ④ 310,000원

해답 ①

1,000,000 − 500,000 + 120,000 = 620,000원
선수금은 미리 받은 수입임대료이므로 부채가 됨으로 차감하여야 하고, 선급금은 미리 지급한 보험료로 자산이 됨으로 가산하여야 한다.
기말시점의 회계처리로 선수수익, 미수수익, 선급비용, 미지급비용을 잘 인식하여야 한다.

Check 결산시의 수정분개

선수수익: 미리 수익을 인식한 것으로 부채계정
미수수익: 수익은 발생하였으나 아직 돈을 받지 못하였으므로 자산계정
선급비용: 미리 비용을 지급한 것으로 자산계정
미지급비용: 비용은 발생하였으나 아직 돈을 지급하지 못하였으므로 부채계정

---

03 다음 중 재무상태표 작성의 기준이 아닌 것은? (2015, 65회)

① 1년 기준　　② 총액주의
③ 유동성배열법　　④ 발생주의

해답 ④

발생주의는 손익계산서 작성 기준

Check 재무상태표 작성기준은 1년 기준, 총액주의, 유동성배열법이나 발생주의는 손익계산서의 작성 기준이다.

---

04 다음 계정기입에서 당기 소모품 미사용분의 금액은?

소모품비

차변		대변	
4/1 현　금	700,000원	12/31 소 모 품	500,000원
		12/31 손　익	200,000원
	700,000원		700,000원

① 200,000원　　② 300,000원
③ 500,000원　　④ 700,000원

해답 ③

- 소모품 구입시 4.1. : (차) 소모품비 700,000원 (대) 현　금 700,000원
- 기말 결산시 12.31. : (차) 소 모 품 500,000원 (대) 소모품비 500,000원

소모품은 자산계정이고 소모품비는 비용계정이다.

05 다음 중 빈 칸에 들어갈 금액으로 옳은 것은?

기 초	기 말			당기순손실
자본	자산	부채	자본	
8,000,000원	㉮	9,000,000원	㉯	1,000,000원

	㉮	㉯		㉮	㉯
①	16,000,000원	7,000,000원	②	16,000,000원	9,000,000원
③	18,000,000원	7,000,000원	④	18,000,000원	9,000,000원

해답 ①

- 당기순이익(손실) = 기말자본 – 기초자본
  △ 1,000,000원 = 기말자본 – 8,000,000원
- 기말자본 = 7,000,000원
- 기말자산 = 기말부채 + 기말자본
  = 9,000,000원 + 7,000,000원
  = 16,000,000원

재무상태표(1/1)

	기초자본 8,000,000

재무상태표(12/31)

기말자산 x	기말부채 9,000,000
	기말자본 7,000,000

- 기말자본 = 기초자본 + 당기순이익 – 배당금
- 기말자본 = 기초자본 – 당기순손실 – 배당금 이므로
  x = 8,000,000 –1,000,000
  x = 7,000,000

- 기말자산 = 기말부채 + 기말자본이므로
  x = 9,000,000 + 7,000,000
  x = 16,000,000

06 다음의 등식 중 잘못된 것은?

① 기말자본 = 기초자본 + 총수익 – 총비용
② 기말자산 = 기말부채 + **기초자본** + 당기순이익
③ 기말자본 = 기말자산 – 기말부채
④ 기말자산 + 총비용 = 기말부채 + **기말자본** + 총수익

해답 ④

시산표 등식 : 기말자산 + 총비용 = 기말부채 + **기초자본** + 총수익

---

07 **다음 중 회계순환과정을 바르게 나타낸 것은?**

① 거래의 인식 → 분개장 → 시산표 → 총계정원장 → 재무제표
② 거래의 인식 → 시산표 → 분개장 → 총계정원장 → 재무제표
③ 거래의 인식 → 총계정원장 → 분개장 → 시산표 → 재무제표
④ 거래의 인식 → 분개장 → 총계정원장 → 시산표 → 재무제표

해답 ④

거래의 인식 – 분개장 – 총계정원장 전기 – 수정전시산표 – 결산수정분개 – 수정후시산표 – 재무제표

---

08 (A), (B), (C) 및 (D)에 들어갈 용어를 올바르게 짝지어진 것은?

> 재무상태표는 (A)의 (B)를 나타내는 재무제표이고, 손익계산서는 (C)의 (D)를 나타내는 재무제표이다.

① A:일정기간, B:재산상태, C:일정시점, D:경영성과
② A:일정기간, B:경영성과, C:일정시점, D:재산상태
③ A:일정시점, B:재산상태, C:일정기간, D:경영성과
④ A:일정시점, B:경영성과, C:일정기간, D:재산상태

해답 ③

재무상태표는 일정시점의 재산상태를 나타내는 표이고 손익계산서는 일정기간의 경영성과를 나타내는 표이다.

---

09 2015년 12월 31일 현재 각 계정의 잔액은 다음과 같다. 2015년 12월 31일 단기차입금은 얼마인가?

• 현 금	500,000원	• 외상매출금	250,000원	•미수금	120,000원
• 선수금	150,000원	• 선급금	130,000원	•미지급금	70,000원
• 자본금	400,000원	• 단기차입금	?	•장기차입금	160,000원

① 210,000원　　② 220,000원

③ 310,000원　　④ 320,000원

해답 ②

- 자산총계(1,000,000원)
  = 현금(500,000원) + 외상매출금(250,000원) + 미수금(120,000원) + 선급금(130,000원)
- 부채총계(600,000원)
  = 자산총계(1,000,000원) − 자본금(400,000원)
- 단기차입금(220,000원)
  = 부채총계(600,000원) − 선수금(150,000원) − 미지급금(70,000원)
  − 장기차입금(160,000원)

재무상태표(12/31)

현 금	500,000	선수금	150,000
외상매출금	250,000	미지급금	70,000
미수금	120,000	단기차입금	x
선급금	130,000	장기차입금	160,000
		자본금	400,000
합 계	1,000,000	합 계	1,000,000

x + 150,000 + 70,000 + 160,000 + 400,000 = 1,000,000
x = 220,000

10 다음 합계잔액시산표에서 틀리게 작성된 계정과목은?

차 변		계정과목	대 변	
잔 액(원)	합 계(원)		합 계(원)	잔 액(원)
10,000	250,000	현 금	240,000	
20,000	330,000	외 상 매 출 금	310,000	
10,000	120,000	외 상 매 입 금	110,000	
		자 본 금	180,000	180,000
250,000	250,000	광 고 선 전 비		
		이 자 수 익	110,000	110,000

① 현금　② 외상매출금
③ 외상매입금　④ 이자수익

해답 ③

외상매입금은 부채계정이므로 대변의 합계액이 많아야 하고, 잔액은 대변에 발생하여야 한다. 즉, 차변에 잔액이 나타나는 것은 자산계정이어야 한다.

11 당기에 발생한 원가를 차기 이후로 이연하는 이론적인 근거는 무엇인가?

① 비교가능성　② 표현의 충실성
③ 수익비용의 대응　④ 보수주의

해답 ③

일정기간동안 인식된 수익과 이를 얻기 위해 발생한 비용을 서로 대응하여 당기순이익을 산출하는 것이 수익 · 비용 대응의 원칙이다.

12 다음 중 재무상태표 작성에 대한 설명으로 가장 잘못된 것은?

① 자산과 부채는 유동성이 큰 항목부터 배열하는 것을 원칙으로 한다.
② 자산과 부채는 원칙적으로 상계하여 표시한다.
③ 매출채권에 대한 대손충당금 등은 해당 자산이나 부채에서 직접 가감하여 표시할 수 있다.
④ 자산과 부채는 1년을 기준으로 유동항목과 비유동항목을 구분한다.

해답 ②

자산과 부채는 원칙적으로 상계하여 표시하지 않는다.(일반기업회계기준 2.41)

---

13 다음 중 재무제표에 대한 설명으로 올바른 것은?

① 재무상태표는 자산, 부채, 자본, 수익 및 비용으로 구성되어 있다.
② 재무상태표는 일정기간 동안의 기업의 경영성과에 관한 정보를 제공한다.
③ 기타포괄손익누계액은 부채에 해당한다.
④ 재무제표는 재무상태표, 손익계산서, 현금흐름표, 자본변동표 및 주석으로 구분하여 작성한다.

해답 ④ (일반기업회계기준 2.4)

① 재무상태표는 자산, 부채, 자본으로 구성되어 있다.
② 재무상태표는 일정시점의 기업의 재무상태에 대한 정보를 제공한다.
③ 기타포괄손익누계액은 자본에 표시된다.

---

14 다음 중 재무제표의 작성과 표시에 대한 설명으로 잘못된 것은?

① 재무제표 항목의 표시나 분류방법이 변경되는 경우에도 전기의 항목은 재분류하지 아니한다.
② 재무제표가 일반기업회계기준에 따라 작성된 경우에는 그러한 사실을 주석으로 기재하여야 한다.
③ 재무제표는 재무상태표, 손익계산서, 현금흐름표, 자본변동표 및 주석으로 구분하여 작성한다.
④ 재무제표의 작성과 표시에 대한 책임은 경영진에게 있다.

해답 ①

재무제표 항목의 표시나 분류방법이 변경되는 경우에는 당기와 비교하기 위하여 전기의 항목을 재분류하고, 재분류 항목의 내용, 금액 및 재분류가 필요한 이유를 주석으로 기재한다. 다만, 재분류가 실무적으로 불가능한 경우에는 그 이유와 재분류되어야 할 항목의 내용을 주석으로 기재한다.(일반기업회계기준 2.14)

제 4 장

재무상태표 — 자산

1. 당좌자산

(1) 당좌자산

당좌자산은 판매과정을 거치치 아니하고 현금화가 가능한 자산을 말한다. 즉, 유동자산 중 회사의 주된 영업활동과 관련하여 보유하고 있는 상품, 제품 등의 재고자산을 제외한 나머지를 당좌자산이라고 한다. 판매과정을 거치지 않고 1년 이내에 현금화되는 자산을 말한다.

당좌자산과 재고자산의 계정과목들

유동자산	당좌자산	**현금및현금성자산, 매출채권(외상매출금, 받을어음), 단기금융상품(단기예금), 단기매매금융증권, 단기대여금, 미수금, 선급금, 미수수익, 선급비용 등**
	재고자산	상품, 제품, 저장품, 원재료, 반제품, 재공품 등

(2) 현금 및 현금성자산

현금은 기업이 소유하고 있는 자산 중 가장 유동성이 높고 경영활동에 있어 기본적인 지급수단으로 현금과 현금성자산으로 구분할 수 있다.

현 금	통화(지폐와 동전) 및 통화대용증권(타인발행수표, 자기앞수표, 송금수표, 우편환증서, 배당금지급통지표, 만기가 도래한 사채표이자 등)
	요구불예금 : 당좌예금, 보통예금 등으로 만기가 없이 수시로 입출금이 자유로운 예금
현금성 자산	㉠ 큰 거래비용이 없으면서 ㉡ 현금으로 전환이 용이하고 ㉢ 이자율 변동에 따른 가치의 변동의 위험이 중요하지 않은 금융상품으로 ㉣ 취득당시 만기(또는 상환일)가 3개월 이내인 단기금융상품

Check 통화대용증권에는 타인발행수표, 자기앞수표, 가계수표, 송금수표, 우편환증서, 국고송금통지서, 만기가 도래한 어음, 만기가 도래한 공사채이자표, 배당금통지서, 일람출급어음 등이 있다.

(3) 당좌예금과 당좌차월

구 분	내 용
당좌예금	은행과 당좌거래약정을 맺고 당좌수표를 발행할 수 있는 예금
당좌차월	당좌예금의 잔액을 초과하여 수표를 발행한 금액으로 단기차입금으로 분류
당좌개설보증금	당좌예금을 개설하기 위해 내는 보증금은 전액 장기금융상품

Check 기업은 주거래은행을 지정하여 당좌예금 한도를 초과하여 수표를 발행 할 수 있도록 계약을 하며, 결산일 당시 당좌예금 잔액을 초과하여 수표발생시 이를 당좌차월로 하여 유동부채인 단기차입금으로 분류한다.

- **당좌예금(유동자산)**
- **당좌차월-단기차입금 계정(유동부채)**

(4) 단기투자자산

단기투자자산이란 회사가 단기적인 투자 목적으로 보유하고 있는 단기예금, 단기매매증권, 단기대여금과 유동자산으로 분류되는 1년 이내에 만기가 도래하거나 처분될 예정인 매도가능증권, 만기보유증권 등도 포함한다.

Check 재무상태표에 공시할 때에 이들을 각각 단기매매증권, 매도가능증권, 만기보유증권으로 개별표시하거나, 단기투자자산으로 통합하여 표시할 수 있다.

1) 단기금융상품(단기예금)

금융회사에서 취급하는 저축성예금 및 양도성예금증서, 환매채, 기업어음 등을 말한다. 이러한 금융상품은 결산일로부터 만기가 1년 이내에 도래하는지 여부에 따라 유동자산인 단기금융상품(단기예금)과 투자자산인 장기금융상품으로 구분한다.

2) 단기매매증권

단기매매증권이란 단기간(1년 이내) 내에 매매차익을 목적으로 취득한 유가증권(주식과 채권)으로 매수와 매도가 적극적이고 빈번하게 이루어지는 것을 말한다. 시장성 있는 주식이나 채권으로 1년 이내의 단기간에 차익을 실현할 목적으로 보유하는 것으로 그렇지 않은 경우에는 매도가능증권이나 만기보유증권으로 분류한다.

Case 1 단기매매증권 취득시 회계처리

단기매매증권을 취득하면 제공하거나 수취한 대가의 공정가치로 측정하여 단기매매증권계정 차변에 기입한다. 이때 제공하거나 수취한 대가의 공정가치란 일반적으로 거래가격을 말하는 것으로 취득 부대비용을 포함하지 않는다.

예제) 취득금액₩1,500, 수수료₩100에 취득한 경우 분개

(차)	단기매매증권	1,500	(대) 현금	1,600
	지급수수료	100		

* 매도가능증권, 만기보유증권, 재고자산, 유형자산 등은 취득과 직접적으로 발생하는 부대비용은 취득원가에 가산하나 단기매매증권은 예외적으로 취득과 관련된 부대비용은 비용으로 회계처리한다.

Case 2 단기매매증권 처분시 회계처리

단기매매증권을 처분할 때에는 장부금액과 처분금액의 차이를 단기투자자산처분손익으로 하여 영업외손익으로 처리한다.

예제) 장부금액 ₩1,500의 단기매매증권을 ₩1,100에 처분

(차)	현금	1,100	(대) 현금	1,500
	단기투자자산처분손실	400		

Case 3 단기매매증권 기말 평가의 회계처리

단기매매증권은 보고기간 말에 공정가치로 평가하여 공정가치가 장부금액보다 크다면 단기투자자산평가이익으로 처리하고, 반대로 공정가치가 장부금액보다 작다면 단기투자자산평가손실로 처리한다.

예제) 단기매매증권(장부금액 ₩1,500)의 공정가치가 ₩900인 경우

(차)	단기투자자산평가손실	600	(대) 단기매매증권	600

Case 4 이자와 배당금 회계처리

단기매매증권은 주식이나 채권을 소유하는 있는 것으로, 채권의 이자를 받았을 때에는 이자수익으로 처리하고, 주식에 대하여 현금배당을 받았을 때에는 배당금수익으로 회계처리한다.

〈배당 결의〉
(차) 미 수 배 당 금 500 (대) 배 당 금 수 익 500

〈배당금 수령〉
(차) 현 금 500 (대) 미 수 배 당 금 500

* 주식배당이나 무상증자를 받은 경우에 별도의 회계처리를 하지 않는다. 그 이유는 회사에 유입된 현금이 없이 단지 자본항목 중 자본잉여금 또는 이익잉여금이 줄어들면서 자본금이 증가하기 때문이다. 다만, 주식배당이나 무상증자로 인하여 변경된 주식수에 따라 단가를 변경한다.

(5) 유가증권의 분류

유가증권은 취득한 후에 만기보유증권, 단기매매증권, 그리고 매도가능증권 중의 하나로 분류한다. 그리고 투자자산에 해당하는 지분법적용투자주식이 있다.

계정과목	보유목적	지분증권	채무증권	재무상태표 표시
만기보유증권	만기보유 목적	×	○	투자자산 중 장기투자증권
단기매매증권	단기간의 매매차익	○	○	당좌자산 중 단기투자자산
매도가능증권	단기매매증권이나 만기보유증권 이외	○	○	당좌자산 중 단기투자자산 또는 투자자산 중 장기투자증권
지분법적용투자주식	피투자회사에 중대한 영향력 행사	○	×	투자자산 중 지분법적용투자주식

1) 만기보유증권

만기가 확정된 채무증권으로서 상환금액이 확정되었거나 확정이 가능한 채무증권을 만기까지 보유할 적극적인 의도와 능력이 있는 경우에는 만기보유증권으로 분류한다.

2) 단기매매증권과 매도가능증권

지분증권 및 만기보유증권으로 분류되지 아니하는 채무증권은 단기매매증권과 매도가능증권 중의 하나로 분류한다.

구 분	내 용
단기매매증권	주로 단기간 내의 매매차익을 목적으로 취득한 유가증권으로서 매수와 매도가 적극적이고 빈번하게 이루어지는 것
매도가능증권	단기매매증권이나 만기보유증권으로 분류되지 아니하는 유가증권

3) 지분법적용투자주식(관계기업투자주식)

투자자산에 해당하는 지분법적용투자주식이란 투자회사가 피투자회사의 경영에 중대한 영향력을 행사하거나 지배력을 행사할 목적으로 보유하는 투자주식을 말한다.

투자기업이 피투자기업의 발행주식을 20% 이상 취득하면 특별한 사유가 없는 한 중대한 영향력이 있는 것으로 본다. 한국채택국제회계기준에서는 관계기업투자주식이라하고, 개별기업의 재무제표 작성에서는 지분법을 적용하지 않고 연결재무제표를 작성할 때 지분법을 적용한다.

(6) 매출채권과 매입채무

매출채권이란 회사의 주된 영업활동인 상품, 제품의 판매 또는 서비스의 제공으로 발생한 외상채권인 외상매출금과 어음상 채권인 받을어음을 매출채권으로 표시하게 된다. 반대로 매입채무는 상품, 재료의 매입 또는 서비스의 구입으로 발생한 외상채무인 외상매입금과 어음상 채무인 지급어음을 말한다.

1) 외상매출금

상품, 제품 등을 외상으로 매출하고 발생한 채권을 외상매출금이라 한다. 채권이 발생하면 외상매출금계정 차변에 기입하고 거래 상대방인 매출처로부터 외상매출금을 회수하면 채권금액이 감소하므로 외상매출금계정 대변에 기입한다.

외상매출금(자산계정)

전기이월(기초)	1,000,000	회수액	2,000,000
외상매출금	3,000,000	차기이월(기말)	2,000,000
합 계	4,000,000	합 계	4,000,000

- **전기이월(기초)** : 직전년도로부터 이월된 외상매출금으로 현금으로 받지 못한 외상매출액이 올해로 넘어온 1,000,000을 의미한다.
- **외상매출금** : 당해연도에 상품 등을 판매하였으나 아직 현금으로 받지 못한 외상매출금 3,000,000이다.
- **회수액** : 직전년도에 이월된 1,000,000과 올해 외상판매한 3,000,000 중 현금으로 회수한 금액으로 2,000,000이다.
- **차기이월(기말)** : 총 4,000,000 중 현금으로 회수한 2,000,000을 제외한 차기년도로 이월되는 기말시점의 외상매출금 2,000,000이다.

이와 반대의 경우가 **외상매입금(부채)**이다.

2) 외상매입금

상품, 재료 등을 외상으로 매입하고 발생한 채무를 외상매입금이라 한다. 채무가 발생하면 외상매입금계정 대변에 기입하고 외상매입금을 상환(지급)하면 부채의 감소로 외상매입금계정 차변에 기입한다.

외상매입금(부채계정)

지급액	2,000,000	전기이월(기초)	1,000,000
차기이월(기말)	2,000,000	외상매입금	3,000,000
합 계	4,000,000	합 계	4,000,000

- **전기이월(기초)** : 직전년도로부터 이월된 외상매입금으로 현금으로 지급하지 못한 외상매입액이 올해로 넘어온 1,000,000을 의미한다.
- **외상매입금** : 당해연도에 상품 등을 매입하였으나 아직 현금으로 지급하지 못한 외상매입금 3,000,000이다.
- **지급액** : 직전년도에 이월된 1,000,000과 올해 외상매입한 3,000,000 중 현금으로 지급한 금액으로 2,000,000이다.
- **차기이월(기말)** : 총 4,000,000 중 현금으로 지급한 2,000,000을 제외한 차기년도로 이월되는 기말시점의 외상매입금 2,000,000이다.

3) 어음의 회계처리

어음은 상품 대금이나 외상매입금을 지급하기 위한 목적으로 사용되는 것으로 받을 어음과 지급어음이 있다.

받을어음계정

받을어음(자산계정)

전기이월(기초)	1,000,000	어음대금 추심	2,000,000
어음의 수취	3,000,000	차기이월(기말)	2,000,000
합 계	4,000,000	합 계	4,000,000

상품을 매출하고 어음을 수취하거나 외상매출금의 회수를 어음으로 수취하면 받을 어음계정 차변에 기입하고 어음대금을 추심하면 받을어음계정 대변에 기입한다.

어음의 수취란 상품의 매출대금이나 외상매출금을 회수하는 과정에 금전이 아닌 어음 용지(지급액과 지급일이 명시된)를 받는 것을 의미한다.

어음대금의 추심은 어음 용지와 교환으로 금전을 받게 되는 것을 의미한다.

따라서 어음을 수취하면 어음상 채권이 증가한 것이고 어음대금을 추심하면 어음상 채권이 감소하는 것이다. 받을어음은 재무상태표에 유동자산 중 당좌자산으로 분류하고 외상매출금과 함께 매출채권으로 표시한다.

지급어음계정

지급어음(부채계정)

어음대금지급	2,000,000	전기이월(기초)	1,000,000
차기이월(기말)	2,000,000	약속어음 발행 (환어음 인수)	3,000,000
합 계	4,000,000	합 계	4,000,000

상품의 매입 대금 또는 외상매입금의 지급을 위하여 약속어음을 발행하거나, 매입처가 발행한 환어음을 인수하면 어음의 지급인이 되므로 지급어음계정 대변에 기입한다.

어음대금지급은 어음대금을 기일에 지급하면 지급어음계정차변에 기입한다.

약속어음의 발행이나 **환어음의 인수**는 어음상의 금액에 대하여 지급을 약정한 것이므로 어음상 부채가 증가하고, 발행 또는 인수한 어음과 교환으로 어음대금을 지급하면 어음상 부채가 감소한다.

지급어음을 재무상태표에 표시할 때에는 외상매입금과 함께 매입채무로 표시하고 유동부채로 분류한다.

(7) 대손회계

1) 대손상각비

회사가 보유한 채권을 모두 회수하기란 거의 불가능하다. 채무자의 부도, 파산, 사망 등으로 **회수불가능**하게 된 채무에 대하여 당해 비용인 **대손상각비(비용)**로 회계처리하는 것을 **대손**이라고 한다. 즉, 외상매출금, 받을어음 등의 채권이 채무자의 부도, 파산 등의 사유로 회수가 불가능하게 된 경우를 대손으로 처리 한다.

예

외상매출금 ₩50,000이 회수 불가능하게 된 경우는 다음과 같이 회계처리 한다.

(차) 대손상각비(비용) 50,000 (대) 외상매출금 50,000

2) 대손충당금의 설정

대손충당금은 대손상각비와 달리 결산일시점(기말시점)에 외상매출금 중 일정비율만큼을 대손충당금(부채)로 설정하는 것을 말한다. 즉, 미래 현금흐름 중 회수하지 못할 위험에 대하여 일정비율만큼을 부채인 충당금으로 설정하는 것이다. 대손충당금을 설정하는 경우에 기말 결산 전에 대손충당금의 잔액이 있으면 그 대손충당금 잔액과 대손예상액을 비교하여 차액만 추가하여 회계처리 하여야 한다.

대손충당금은 매출채권의 평가성 항목이므로 재무상태표상 매출채권에서 차감하는 형식으로 표시하는 것이 원칙이나 매출채권에 대한 대손충당금은 해당 매출채권에서 직접 차감하여 표시할 수 있다.

대손예상액(추산액) : 기말 매출채권잔액 × 대손추정률

예

결산시에 기말에 외상매출금에 대하여 ₩20,000의 대손이 예상되었다.

<Case 1> 대손충당금 잔액 : ₩12,000인 경우

(차) 대손상각비(비용) 8,000 (대) 대손충당금(부채) 8,000

기존에 대손충당금이 12,000 있으므로 추가로 8,000을 설정하면 된다.

<Case 2> 대손충당금 잔액 : ₩25,000

(차) 대손충당금(부채) 5,000 (대) 대손충당금환입(자산) 5,000

기존의 대손충당금은 25,000 이었으나 기말시점의 대손충당금은 20,000이므로 초과설정된 대손충당금은 다시 환입하여야 한다. 따라서 초과금 5,000(25,000-20,000)은 대손충당금을 줄여주어 환입한다.

Tip대손예상액 또는 대손충당금 설정액에 대한 회계처리는 보충법으로 보고기간종료일 현재 있는 대손충당금을 상계하고 잔액만 회계처리하면 되지만 재무상태표에 표시되는 대손충당금은 대손추산액인 대손충당금설정액이 표시된다. 예를 들어 위의 예의 첫 번째의 경우나 두 번째의 경우는 각각 회계처리가 다르지만 결산시의 재무상태표는 다음과 같이 같게 나타난다.

재무상태표

매출채권	xxx	
대손충당금	(20,000)	

3) 대손충당금이 있는 경우의 대손발생

채권에 대하여 대손이 발생하는 경우에 대손충당금 잔액이 있으면 먼저 대손충당금의 감소로 처리하고 잔액을 추가하여 대손상각비로 처리한다.

예

외상매출금 ₩100,000의 대손이 일어난 경우에 각각 다음과 같이 회계처리한다.

<Case 1>대손충당금 잔액이 없는 경우

(차) 대손상각비(비용) 100,000 (대) 외상매출금 100,000

대손충당금이 없으므로 비용항목인 대손상각비로 처리한다.

<Case 2> 대손충당금 잔액이 ₩150,000인 경우

(차) 대손충당금(부채) 100,000 (대) 외상매출금 100,000

대손충당금 설정금액이 대손이 발생한 금액보다 크므로 대손충당금 ₩100,000을 줄이고 이후 대손충당금은 ₩50,000남아 있게 된다.

<Case 3> 대손충당금 잔액이 ₩20,000인 경우

(차) 대손충당금(부채) 20,000 (대) 외상매출금 100,000
대손상각비(비용) 80,000

대손충당금 설정금액이 실제 대손이 발생한 금액보다 더 작으므로 먼저 대손충당금 20,000을 줄이고 그 다음 당기비용항목인 대손상각비 ₩80,000으로 회계처리한다. 이후 대손충당금은 없는 상태가 된다.

4) 대손상각비와 대손충당금환입

대손상각비는 매출채권에서 발생한 것은 판매비와 관리비로, 미수금 등의 기타채권에서 발생한 기타의 대손상각비는 영업외비용으로 처리한다. 그리고 대손충당금환입은 매출채권에서 발생한 것은 판매관리비의 차감으로 표시하고, 기타채권은 영업외수익으로 표시한다.

Check 상품 등 주영업활동에서 발생한 매출채권은 **판매비와 관리비**로 인식하고 주영업활동이 아닌 매출채권인 경우 **영업외비용**으로 인식한 것이다.

(8) 기타의 당좌자산

기타의 당좌자산에는 미수금, 선급금, 미수수익, 선급비용, 이연법인세자산 등이 있다.

이연법인세자산은 발생 원인별로 단기일 경우에는 유동자산에 해당되는 이연법인세자산과 장기일 경우에는 비유동자산에 해당되는 이연법인세자산으로 구분한다.

예를 들어 회사에서 사용하는 차량운반구를 처분하고 어음을 받으면 받을어음이 아니라 **미수금**으로 처리한다.

영업활동에서 판매할 목적의 상품, 제품 등의 처분으로 인한 어음을 외상으로 받는 경우 **받을어음**이나, 주영업활동의 판매 목적이 아닌 사용할 목적인 경우에는 **미수금**으로 처분한다.

1) 미수금

상품이외의 자산을 처분하고 대금을 외상으로 하면 자산계정인 미수금계정 차변에 기입하고 상품이외의 자산의 매각으로 인한 외상대금을 회수하면 미수금계정 대변에 기입한다.

2) 미수수익

미수수익은 기간손익을 발생주의에 의하는 경우 기간이 경과함에 따라 발생한 수익 중 미회수로 계산 된 채권계정이다.

3) 선급금

상품을 주문하고 매입하기 전에 착수금이나 계약금 등으로 상품대금을 미리 지급하면 자산인 선급금계정 차변에 기입하고 주문한 상품이 도착하여 상품매입대금에 충당하면 선급금계정 대변에 기입한다.

4) 선급비용

선급비용은 계속적인 용역공급계약을 체결하고 선지급한 비용 중 기간이 미경과되어 차기이후에 해당하는 부분으로 자산으로 대체, 이연처리하는 경과계정이다. 이는 주로 이자비용, 보험료, 임차료 등 관습상 기간 전에 선지급하는 비용에서 나타난다.

5) 가지급금

가지급금이란 금전의 지급이 있으나 그 내용이나 금액이 확정되지 않았을 때 일시적으로 처리하는 자산계정으로 금전을 지급하면 가지급금계정 차변에 기입하고 그 내용이나 금액이 확정되면 해당 계정으로 처리하면서 가지급금계정 대변에 기입한다. 예를 들어 출장 등의 경우 회사의 금전을 지급받았을 경우 일시적으로 임시계정으로 사용한다.

2. 재고자산

(1) 재고자산

기업의 정상적인 영업활동과정에서 판매를 목적으로 보유하거나, 판매할 제품의 생산을 위하여 사용 또는 소비될 자산을 재고자산이라 한다. 재고자산의 종류로는 상품,

제품, 반제품, 재공품, 원재료, 저장품 등이 있다.

· 판매를 목적으로 보유하는 자산-재고자산
· 사용을 목적으로 보유하는 자산으로 물리적 실체가 있고 장기적인 자산-유형자산
· 사용을 목적으로 보유하는 자산으로 물지적 실체가 없고 장기적인 자산-무형자산

(2) 재고자산의 매입과 매출

재고자산은 외부로부터 매입하는 재고자산인 상품, 원재료 등과 자가제조하는 제품, 재공품등으로 구분할 수 있다. 재고자산의 취득원가는 다음과 같이 계산한다.

구 분	취득원가
외부매입	매입금액+매입부대비용
자가제조	직접재료비+직접노무비+제조간접비

재고자산의 매입금액이란 총매입가액에서 매입할인액, 매입에누리액 및 매입환출액을 차감한 순매입액을 말한다. 매입부대비용이란 매입운임, 매입수수료, 하역비, 보험료 등으로 이러한 매입부대비용은 취득과 관련하여 발생하는 비용으로 취득원가에 가산한다.

다만, 매입부대비용을 판매자가 부담하는 경우라면 취득원가에 가산할 수 없고 판매자의 판매비와 관리비(비용)로 처리한다.

Check 재고자산의 취득원가
취득원가 = 매입가액 + 매입부대비용 - 매입환출 - 매입에누리 - 매입할인

(3) 순매입액의 계산

총매입액에서 매입환출, 매입에누리 및 매입할인을 차감하여 순매입액을 구한다.

구 분	내 용
매입환출	매입한 재고자산을 반품한 것
매입에누리	매입한 재고자산의 파손이나 하자를 이유로 값을 깍은 것
매입할인	재고자산의 구입 대금을 조기에 지급할 때에 상대방이 깍아 준 것

매입에누리와 매입환출액 및 매입할인은 모두 매입액에서 차감하여야 하며 차감한

잔액을 순매입액이라 한다.

Check 재고자산의 취득원가

취득원가(순매입액) = 매입가액 - 매입환출 - 매입에누리 - 매입할인

매출원가의 계산

구 분	매출원가
상품매출원가	기초상품재고액 + 당기매입액 - 기말상품재고액-타계정대체액
제품매출원가	기초제품재고액 + 당기제품제조원가 - 기말제품재고액-타계정대체액

상품은 도·소매업으로 완성된 상품을 구입하여 마진을 붙여 판매하는 것을 말하고, 제품은 회사가 직접 원재료와 노무비 각종 제조간접비를 통하여 제품을 완성하여 판매하는 것을 의미한다.

Check 매출총이익의 계산

매출총이익은 순매출액에서 매출원가를 차감하여 구한다. 순매출액은 일정기간동안 판매한 모든 상품의 판매가격인 총매출액에서 매출에누리와 환입액 및 매출할인액을 차감하여 계산한다.

매출액(순매출액) = 매출액 - 매출에누리 - 매출환입 - 매출할인

3. 기말재고자산의 평가

기말재고자산의 평가는 재고자산 수량(실제 수량)에 단위당 원가(단가)를 곱해서 구한다. 재고자산의 단가는 취득원가가 원칙이지만, 재고자산의 시가가 취득원가보다 하락하였을 경우 그 시가를 적용하여야 한다(저가법).

(1) 기말재고자산의 수량(Q) 파악

기말재고자산의 수량을 결정하는 방법으로는 계속기록법과 실지재고조사법이 있다.

(2) 계속기록법

계속기록법은 기중에 재고자산의 입·출고에 의한 변동을 빠짐없이 기록하여 장부에 의하여 재고자산의 수량을 파악하는 방법이다.

(3) 실지재고조사법

실지재고조사법이란 입고만 기록하고 기말시점에 재고자산의 수량을 직접 조사해서 재고수량을 파악한 후 판매가능수량에서 차감하여 당기판매수량을 파악하는 방법이다.

재고자산

기 초	매출원가
당 기	
	기 말
합 계	합 계

계속기록법 ↓

↑ 실지재고조사법

계속기록법은 제품을 판매시에 매출원가를 확인하여 분개를 함으로서 기말시점에 기말재고자산을 알 수 있으나, 실지재고조사법은 기중에는 제품을 판매시에 매출원가를 확인하지 않고 결산시인 기말시점에 창고에 남아있는 기말재고를 확인하여 나머지가 매출원가로 판단하는 방법이다.

Check 계속기록법: 기초상품 + 당기매입 − 매출원가 = 기말상품
실지재고조사법: 기초상품 + 당기매입 − 기말상품 = 매출원가

(4) 기말재고자산의 단가(P) 산정

1) 원가흐름의 가정

원가흐름의 가정이란 매입단가가 계속하여 변동하는 경우에 판매되는 재고자산의 원가를 어떻게 결정할 것인가를 가정한 것을 말한다.

매입이나 제조원가의 단가가 모두 동일하다면 어떠한 방법으로 하든 같은 금액이나, 실무에서는 매입시마다 매입단가가 달라지며, 일반적으로 인플레이션이 발생하기 때문에 각 매입단가가 달라짐에 따라 매출원가와 기말재고가 달라지기 때문에 기말재고자산의 단가의 산정이 중요하다.

2) 단가 산정 방법

판매가능상품원가(기초재고액 + 매입액)를 매출원가와 기말재고액으로 배분하는 원가흐름의 가정에 의하여 산출한 결과 기말재고액이 커지면 매출원가가 작아지므로 이익이 커지고, 반대의 경우 기말재고액이 작아지면 매출원가가 커지므로 이익이 작아진다. 따라서 어느 원가흐름가정을 적용하는냐에 따라 재고자산가액과 이익이 달라진다.

재고자산

기 초	매출원가	→ 매출원가는 **손익계산서(I/S)**에 영향
당 기		
	기 말	→ 기말재고로 **재무상태표(B/S)**에 영향
합 계	합 계	

원가흐름의 가정에 따른 구분

구 분	내 용
선입선출법	먼저 매입한 상품이 먼저 판매된 것으로 가정하여 원가를 배분하는 방법이다.
후입선출법	나중에 매입한 상품이 먼저 판매된 것으로 가정하여 원가를 배분하는 방법이다.
가중평균법	먼저 사온 상품과 나중에 사온 상품이 평균적으로 판매된다고 가정하는 방법
소매재고법	매출가격환원법이라고도 하는 것으로 판매가격으로 평가한 기말재고금액에 원가율을 적용하는 방법으로 백화점 등의 유통업종에서만 사용할 수 있다.

실지재고조사법에 따른 평균법은 총평균이고, 계속기록법에 따른 평균법은 이동평균법이다.

3) 이동평균법

상품의 잔액란 단가와 매입단가가 다를 때마다 이동평균단가를 구하여 기말재고자산의 단가를 결정하는 방법

$$\text{이동평균단가} = \frac{\text{매입 전의 잔액란 금액} + \text{당일매입액}}{\text{매입 전의 잔액란수량} + \text{당일매입수량}}$$

4) 총평균법

상품의 매입은 수량·단가·금액을 기입하고, 인도와 잔액란은 수량만 기입한 후 월말에 총평균단가를 구하여 총평균단가로 재고자산의 단가를 결정하는 방법

$$총평균단가 = \frac{기초상품금액 + 당기순매입액}{기초상품수량 + 당기순매입수량}$$

5) 각 방법의 비교

재고자산의 가격이 지속적으로 상승하는 인플레이션시에 이익과 기말재고자산 금액의 크기는 선입선출법, 이동평균법, 총평균법, 후입선출법의 순서로 되고, 매출원가는 반대로 후입선출법이 가장 크게 나타난다.

4. 재고자산감모손실과 평가손실

(1) 재고자산감모손실

기말 재고자산의 실제 수량과 장부상 수량의 차이가 나는 경우 이를 재고자산 감모손실이라고 한다. 재고자산의 장부상 수량과 실제 수량과의 차이에서 발생하는 감모손실의 경우 정상적으로 발생한 감모손실은 매출원가에 가산하고 비정상적으로 발생한 감모손실은 영업외비용으로 분류한다.

기말재고수량과 실재재고수량의 차이가 발생할 때 감모라는 명칭을 쓴다. 이러한 감모손실 중 정상적인 경우의 감모손실은 매출원가로, 비정상적인 경우의 감모손실은 영업외비용으로 인식한다. 예를 들어 천연가스의 경우 아무리 보관을 잘 하더라도 자연적으로 소실되는 부분이 발생할 수 있다. 이런 경우는 정상적인 감모손실로 볼 수 있으나, 도난이나 보관, 관리의 부주의로 인한 경우에는 비정산적인 감모손실을 판단한다.

(2) 재고자산평가손실

재고자산의 시가가 장부금액 이하로 하락하여 발생한 평사손실은 재고자산의 차감계정으로 표시하고 매출원가에 가산한다. 저가법의 적용에 따른 평가손실을 초래했던

상황이 해소되어 새로운 시가가 장부금액보다 상승한 경우에는 최초의 장부금액을 초과하지 않는 범위내에서 평가손실을 환입한다. 재고자산평가손실의 환입은 매출원가에서 차감한다.

팔리지 않고 기말재고로 있는 제품은 진부화로 유행이 지나갈 수 있는 위험이 있기 때문에 기말시점에 저가법에 따른 재고자산의 가치를 판단한다.

〈재고자산평가손실〉

(차) 재고자산평가손실 (매출원가)	×××	(대) 재고자산평가충당금	×××

〈재고자산평가손실 환입〉

(차) 재고자산평가충당금	500	(대) 재고자산평가충당금환입 (매출원가)	×××

(3) 기말 재고자산 포함 여부

재고자산은 보고기간종료일 현재 기업이 보유하고 있는 재고자산을 재무상태표에 표시하여야 한다. 즉, 결산일시점에 보유하고 있지 하더라도 기업의 재고자산인 것이 있고, 반대로 가지고 있더라도 기업의 재고자산에 포함되지 않는 것이 있다.

<table>
<tr><th colspan="2">구 분</th><th>내 용</th></tr>
<tr><td rowspan="2">운송중인 재고자산 (미착품)</td><td>선적지인도기준 (FOB Shipping Point)</td><td>선적이 되면 매입자의 재고자산이 됨, 매출자는 판매로 매출인식함.</td></tr>
<tr><td>도착지인도기준 (FOB Destination Point)</td><td>매입자가 도착지에서 인도 받는 때에 매입자의 재고자산이 됨, 매출자의 재고자산이 됨.</td></tr>
<tr><td colspan="2">저당상품</td><td>담보를 제공한 자의 재고자산</td></tr>
<tr><td colspan="2" rowspan="2">할부판매상품</td><td>인도기준 : 판매시점에 매입자의 재고자산</td></tr>
<tr><td>회수기일도래기준 : 회수기일 미도래분은 판매자의 재고자산에 포함</td></tr>
<tr><td colspan="2">위탁상품(적송품)</td><td>수탁자가 가지고 있는 적송품은 위탁자의 재고자산</td></tr>
<tr><td colspan="2">시송품</td><td>매입자가 구매의사를 밝히는 때에 판매가 이루어지므로 구매의사를 밝히지 않은 것은 판매자의 재고자산</td></tr>
</table>

고급회계 재고자산

LG(주)의 20×1회계연도의 재고자산 관련 자료는 다음과 같다. 4월 10일에 판매된 250개는 기초재고 100개 중 80개와 2월 20일에 구입한 300개 중 170개가 판매되었고 10월 10일에 판매된 300개는 2월 20일에 구입한 300개 중 130개와 9월 10일에 구입한 200개 중 170개가 판매되었다. 이 자료를 토대로 개별법에 따른 매출원가와 기말재고액을 구하시오.

		수량(개)	단위원가	매입원가
기 초 재 고 :	1월 1일	100	₩120	₩12,000
매 입 :	2월 20일	300	140	42,000
	9월 10일	200	150	30,000
	11월 15일	200	160	32,000
		800		116,000
판 매 :	4월 10일	250		
	10월 10일	300		
기 말 재 고 :	12월 31일	250		
		800		

풀이

• 개별법

매출원가 : 4월 10일에 판매된 250개는 80 × ₩120 + 170 × ₩140 = ₩33,400
10월 10일에 판매된 300개는 130 × ₩140 + 170 × ₩150 = ₩43,700
합계 = ₩77,100

기말재고 : 20 × ₩120 + 30 × ₩150 + 200 × ₩160 = ₩38,900
또는 ₩116,000 − ₩77,100 = ₩38,900

• 평균법(총평균원가법)

편균단가의 계산 : ₩116,000 ÷ 800 = ₩145
매출원가 : (250 + 300) × ₩145 = ₩79,750
기말재고 : 250 × ₩145 = ₩36,250
또는 ₩116,000 − ₩79,750 = ₩36,250

- 평균법(이동평균원가법)
  - 4월 10일 판매시점의 평균단가의 계산

$$\frac{₩12,000 + ₩42,000}{(100 + 300)} = ₩135$$

매출원가 : 250 × ₩135 = ₩33,750
4월 10일 시점의 재고 : 150 × ₩135 = ₩20,250
또는 : (₩12,000 + ₩42,000) − ₩33,750 = ₩20,250

  - 10월 10일 판매시점의 평균단가의 계산

$$\frac{₩20,250 + ₩30,000}{(150 + 200)} = ₩143.57$$

매출원가 : 300 × ₩143.57 = ₩43,071
4월 10일 시점의 재고 : 50 × ₩143.57 = ₩7,179
또는 : (₩20,250 + ₩30,000) − ₩43,071 = ₩7,179

- FiFo(선입선출법)

매출원가 : 100 × ₩120 + 300 × ₩140 + 150 × ₩150 = ₩76,500
기말재고 : 50 × ₩150 + 200 × ₩160 = ₩39,500
또는 : ₩116,000 − ₩76,500 = ₩39,500

- LiFo(후입선출법)
  - 실지재고조사법하의 후입선출법

매출원가 : 200 × ₩160 + 200 × ₩150 + 150 × ₩140 = ₩83,000
기말재고 : 150 × ₩140 + 100 × ₩120 = ₩33,000
또는 : ₩116,000 − ₩83,000 = ₩33,000

- 계속기록법하의 후입선출법

4월 10일 판매시점

매출원가 : 250 × ₩140(2월 20일 매입분) = ₩35,000
재고자산 : 100 × ₩120(1월 1일 매입분) + 50 × ₩140(2월 20일 매입분) = ₩19,000

10월 10일 판매시점

매출원가 : 200 × ₩150(9월 10일 매입분) + 50 × ₩140(2월 20일 매입분)
+ 50 × ₩120(1월 1일 매입분) = ₩43,000
재고자산 : 50 × ₩120(1월 1일 매입분) = ₩6,000

12월 31일 결산시점

매출원가 : ₩35,000 + ₩43,000 = ₩78,000

재고자산 : 50 × ₩120(1월 1일 매입분) + 200 × ₩160(11월 15일 매입분) = ₩38,000

문 제

01 다음 중 계정과목에 대한 설명으로 틀린 것은?

① 유형자산을 취득하고 어음을 발행한 경우 지급어음으로 처리한다.
② 타인으로부터 우편환을 받은 경우 현금으로 처리한다.
③ 상품을 외상으로 매출한 경우 외상매출금으로 처리한다.
④ 상품을 매출하고 발행일자가 미도래한 선일자수표를 받은 경우 받을어음으로 처리한다.

해답 ①

① 유형자산을 취득하고 어음을 발행한 경우, 지급어음이 아닌 미지급금으로 처리한다. 기업의 주영업활동으로 외상으로 상품을 구입한 경우 어음을 받은 경우에는 지급어음이나, 주영업활동에서 판매 목적이 아닌 사용을 할 경우에는 주 영업활동 외의 구입으로 미지급금으로 처리한다.
② 우편환은 통화대용증권으로 현금성자산으로 인식한다. 통화대용증권에는 타인발행수표, 자기앞수표, 가계수표, 송금수표, 우편환증서, 국고송금통지서, 만기가 도래한 어음, 만기가 도래한 공사채이자표, 배당금통지서, 일람출급어음 등이 있다.
③ 상품을 외상으로 매출한 경우 어음 발행은 받을어음, 신용으로 인한 판매는 외상매출금으로 처리한다.
④ 미도래한 선일자수표는 현금으로 인식할 기간이 남아 있으므로 받을어음으로 처리한다.

---

02 다음 내용에 나타날 수 없는 계정과목은 무엇인가?

(?) (단위:원)

기 초	대 손
발 생	기 말

① 단기매매증권　　② 받을어음
③ 외상매출금　　④ 미수금

해답 ①

대손처리는 매출채권 및 매출채권 이외의 채권에 대하여 할 수 있다. 단기매매증권은 대손처리 대상이 아니다.

Check 대손상각비의 구분

매출채권(외상매출금, 받을어음)에 대한 '대손상각비'로 판매비와 관리비로 분류되고, 매출채권 이외의 채권(미수금)에 대한 대손상각비는 '기타의 대손상각비'로 영업외비용으로 분류된다.

- 대손상각비 – 판매비와 관리비
- 기타의 대손상각비 – 영업외비용

---

03 다음 자료에서 당기 손익계산서에 보고되는 외상매출금의 대손상각비는 얼마인가?

> · 전기말 외상매출금의 대손충당금은 30,000원이다.
> · 당기중 외상매출금 20,000원을 회수 불능으로 대손 처리하다.
> · 당기말 외상매출금 잔액 5,000,000원에 대해 1%의 대손을 설정하다.

① 20,000원 ② 30,000원
③ 40,000원 ④ 50,000원

해답 ③

- 기중 : (차) 대손충당금 20,000 (대) 외상매출금 20,000
- 기말 : (차) 대손상각비 40,000 (대) 대손충당금 40,000

5,000,000원(외상매출금 잔액) × 0.01 = 50,000원
50,000원 – 10,000원(대손충당금 잔액) = 40,000원

즉, 올해 대손상각비는 40,000 이고, 기말시점의 대손충당금은 50,000이다.

---

04 대한상사의 2015년 1월 1일 현재 재무상태가 다음과 같을 때, 단기대여금을 구하시오.

• 현 금 3,700,000원	• 선수금 1,400,000원	• 받을어음 2,900,000원
• 단기대여금 ( )원	• 자본금 5,000,000원	• 미지급금 1,800,000원

① 1,200,000원 ② 1,600,000원
③ 2,000,000원 ④ 2,400,000원

해답 ②

자산(현금 3,700,000원+받을어음 2,900,000원+단기대여금 ( )원)=부채3,200,000원(선수금1,400,000원+미지급금1,800,000원)+자본금5,000,000원이므로 단기대여금은 1,600,000원이다.

재무상태표(1/1)

현 금	3,700,000	선수금	1,400,000
받을어음	2,900,000	미지급금	1,800,000
당기대여금	x	자본금	5,000,000
합 계	6,600,000+x	합 계	8,200,000

x = 1,600,000

---

05 다음 중 재고자산으로 분류될 수 없는 것은 무엇인가?

① 오리를 사육하여 판매하는 회사가 사육 중인 오리
② 컴퓨터게임방을 운영하는 회사가 고객게임용으로 사용하는 컴퓨터
③ 항공기 제조회사가 주문을 받아 생산 중인 항공기
④ 건설회사에서 분양목적으로 건설 중인 아파트

해답 ②

판매목적인 아닌 영업용으로 사용하는 컴퓨터는 재고자산이 아니라 유형자산이다. 즉, 판매 목적이 아닌 사용할 목적인 자산은 유형자산으로 인식한다.

Check 주의할 것

부동산투자회사가 보유한 토지와 건물은 재고자산이지 유형자산이 아니다.
증권회사가 소유한 주식과 채권은 투자자산이 아니라 재고자산이다.
우리가 현재 배우는 전산회계2급은 도소매회사를 가정하므로 사용을 목적으로 하는 것인지 판매를 주 목적으로 하는 것인지에 따라 자산을 분류하여야 한다.

06 기말재고자산을 과소평가하였을 때 나타나는 현상으로 옳은 것은?

① 매출원가 : 과대, 당기순이익 : 과대
② 매출원가 : 과대, 당기순이익 : 과소
③ 매출원가 : 과소, 당기순이익 : 과대
④ 매출원가 : 과소, 당기순이익 : 과소

해답 ②

기말재고자산 과소평가시 매출원가 과대계상, 당기순이익 과소계상

재고자산

차변	대변	
기 초	매출원가	과대
당 기		
	기 말	과소
합 계	합 계	

	매 출 액	
(−)	매 출 원 가	과대
	기초상품(제품)재고액	
	(+) 당기매입액(당기제품제조원가)	
	(−) 기말상품(제품)재고액	과소
=	매 출 총 이 익	과소
(−)	판매비와 관리비	
=	**영 업 이 익**	
+	영 업 외 수 익	
(−)	영 업 외 비 용	
=	법인세비용차감전순이익	
(−)	법 인 세 비 용	
=	당 기 순 이 익	과소
±	기타포괄이익	
=	총이익	과소

07 다음 중 기말상품재고액은 얼마인가?

• 당기매출액	1,000,000원	• 기초상품재고액	200,000원
• 당기상품매입액	800,000원	• 매출총이익률	매출액의 30%

① 240,000원 ② 300,000원
③ 700,000원 ④ 1,300,000원

해답 ②

- 매출원가 : 매출액 × (1 − 매출총이익률) = 700,000원
- 기말상품재고액 : 기초상품재고액 + 당기상품매입액 − 매출원가 = 300,000원

재고자산

기초재고	200,000	매출원가	700,000
당기매입	800,000		
		기말재고	x
합 계	1,000,000	합계	1,000,000

x = 1,000,000 − 700,000
= 300,000

08 재고자산은 그 평가방법에 따라 금액이 달라질 수 있는데, 평가방법의 변경에 따른 기말재고자산 금액의 변동이 매출원가와 매출총이익에 미치는 영향으로 올바른 것은?

① 기말재고자산 금액이 증가하면 매출원가가 증가한다.
② 기말재고자산 금액이 증가하면 매출총이익이 증가한다.
③ 기말재고자산 금액이 감소하면 매출총이익이 증가한다.
④ 기말재고자산 금액이 감소하면 매출원가가 감소한다.

해답 ②

기말재고자산금액의 증가 → 매출원가의 감소 → 매출총이익 증가
기말재고자산과 매출총이익은 같은 방향으로 움직이지만 매출원가는 반대방향으로 움직인다.

09 재고자산의 평가방법 중 다음과 같은 특징이 있는 평가방법은?

> · 실제물량의 흐름과 원가흐름이 대체적으로 일치한다.
> · 기말재고자산이 가장 최근에 매입한 단가가 적용되므로 시가에 가깝게 표시된다.
> · 현행수익에 대하여 오래된 원가가 대응되므로 수익비용대응이 부적절하게 표시될 가능성이 있다.

① 선입선출법　　② 후입선출법
③ 이동평균법　　④ 총평균법

해답 ①

선입선출법

---

10 다음 중 일반기업회계기준상 단기매매증권에 대한 설명으로 맞는 것은?

① 단기매매증권은 시장성이 있으며, 단기간 내 매매차익 목적으로 거래가 소극적이고 드물게 이루어져야 한다.
② 단기매매증권에 대한 통제를 상실한 때에는 단기매매증권을 양도한 대가로 받았거나 받을 금액과 장부금액의 차이금액을 당기손익으로 처리한다.
③ 단기매매증권은 다른 범주로 재분류할 수 있으며, 다른 범주의 유가증권의 경우에도 단기매매증권으로 재분류할 수 있다.
④ 제3자로부터 증여에 의하여 단기매매증권을 취득한 때에는 장부가액을 취득가액으로 한다.

해답 ② (일반기업회계기준 6장 문단 6.A7의 3)

① 단기매매증권은 시장성이 있으며, 단기간 내 매매차익 목적이며 거래가 적극적이고 빈번하게 이루어져야 한다.
③ 단기매매증권은 다른 범주로 재분류할 수 없으며, 다른 범주의 유가증권의 경우에도 단기매매증권으로 재분류할 수 없다. 다만, 드문 상황에서 더 이상 단기간 내의 매매차익을 목적으로 보유하지 않는 단기매매증권은 매도가능증권이나 만기보유증권으로 분류할 수 있으며, 단기매매증권이 시장성을 상실한 경우에는 매도가능증권으로 분류하여야 한다.
④ 제3자로부터 증여에 의하여 단기매매증권을 취득한 때에는 공정가치를 취득가액으로 한다.

---

11 유가증권에 대한 설명이다. 옳은 것은?

① 유가증권 중 채권은 취득한 후에 단기매매증권이나 매도가능증권 중의 하나로만 분류한다.

② 단기매매증권이 시장성을 상실한 경우에는 매도가능증권으로 분류하여야 한다.

③ 단기매매증권과 만기보유증권은 원칙적으로 공정가치로 평가한다.

④ 매도가능증권은 주로 단기간 내의 매매차익을 목적으로 취득한 유가증권이다.

해답 ② (일반기업회계기준 6장 문단 6.A7의 3)

① 유가증권 중 채권은 취득한 후에 단기매매증권, 매도가능증권, 만기보유증권으로 구분할 수 있다.

③ 단기매매증권은 공정가치평가, 만기보유증권은 상각 후 원가로 평가한다.

④ 매도가능증권은 주로 장기투자 목적으로 취득한 유가증권이다.

---

12 (주)세무는 홍수로 인해 재고자산이 유실되었다. 다음 중 유실된 재고자산은 얼마인가?

• 기초재고자산	80,000원	• 당기중 매입액	1,020,000원
• 당기중 매출액	800,000원	• 매출총이익률	20%
• 기말재고 실사 금액	100,000원		

① 360,000원　　② 460,000원

③ 560,000원　　④ 640,000원

해답 ①

· 매출원가 : 800,000원 × 0.8 = 640,000원

· 장부상 기말재고 : (80,000원 + 1,020,000원) − 640,000원 = 460,000원

· 유실된 기말재고 : 460,000원 − 100,000원 = 360,000원

13 재고자산의 원가흐름에 대한 가정에 대한 내용 중 틀린 것은?

① 후입선출법은 기말재고자산의 현행가치를 잘 나타내는 장점을 가지고 있다.
② 선입선출법은 실제물량흐름에 관계없이 먼저 구입한 상품이 먼저 판매나 사용된 것으로 보는 가정이다.
③ 선입선출법을 적용하면 실지재고조사법과 계속기록법 중 어느 방법을 적용하더라도, 한 회계기간에 계상되는 기말재고자산과 매출원가의 금액은 동일하다.
④ 개별법은 원가의 흐름과 실물의 흐름이 일치하는 이상적인 방법이나, 적용하기 번거롭고 관리비용이 많이 소요되는 단점을 가지고 있다.

해답 ①

후입선출법은 오래된 재고가 남아있으므로, 기말재고의 현행가치를 잘 나타내지 못한다.

---

14 다음은 유가증권의 재분류에 관한 설명이다. 잘못된 것은?

① 매도가능증권은 만기보유증권으로 재분류할 수 있다.
② 유가증권과목의 분류를 변경할 때에는 재분류일 현재의 공정가치로 평가한 후 변경한다.
③ 단기매매증권이 시장성을 상실한 경우에는 매도가능증권으로 분류하여야 한다.
④ 만기보유증권으로부터 매도가능증권으로 재분류하는 경우에, 유가증권 재분류에 따른 평가에서 발생하는 공정가치와 장부금액의 차이금액은 당기손익으로 처리한다.

해답 ④

만기보유증권으로부터 매도가능증권으로 재분류하는 경우에, 유가증권 재분류에 따른 평가에서 발생하는 공정가치와 장부금액의 차이금액은 기타포괄손익누계액으로 처리한다.(일반기업회계기준 6.A19)

---

15 다음 중 유가증권에 대한 설명으로 옳지 않은 것은?

① 유가증권은 증권의 종류에 따라 지분증권과 채무증권으로 분류할 수 있다.

② 단기매매증권과 매도가능증권은 지분증권으로 분류할 수 있으나 만기보유증권은 지분증권으로 분류할 수 없다.

③ 보고기간종료일로부터 1년 이내에 만기가 도래하는 만기보유증권의 경우, 유동자산으로 재분류하여야 하므로 단기매매증권으로 변경하여야 한다.

④ 단기매매증권은 주로 단기간 내에 매매차익을 목적으로 취득한 유가증권을 말한다.

해답 ③

계정과목명을 단기매매증권으로 분류 변경하는 것이 아니라, 만기보유증권(유동자산)으로 분류변경 한다.

제 5 장

재무상태표 – 자산2

1. 유형자산

(1) 유형자산

유형자산은 재화의 생산이나 용역의 제공, 타인에 대한 임대 또는 자체적으로 사용할 목적으로 보유하고 있으며 물리적형태가 있는 자산으로 1년을 초과하여 사용할 것이 예상되는 자산을 말한다.

판매를 목적으로 보유하는 자산은 **재고자산**이고, 사용할 목적으로 보유하는 것으로 물리적 형태가 없는 자산은 **무형자산**으로 분류한다. 반면에 사용할 목적으로 보유하는 것으로 물리적 형태가 있는 자산은 **유형자산**이다.

(2) 유형자산의 종류

구 분	내 용
토 지	대지, 임야, 전·답 등
건 물	회사의 사옥이나 창고, 공장 등으로 냉난방, 조명 및 기타 건물 부속설비를 포함
구 축 물	토지 위에 건설한 건축물 외의 설비로서 교량, 저수지, 갱도, 상하수도, 터널, 전주, 지하도관, 신호장치, 정원 등
기 계 장 치	사업을 위하여 사용하는 기계장치, 생산설비 등과 기타의 부속설비
차 량 운 반 구	영업활동을 위해 사용되는 승용차, 트럭 등
비 품	사업을 위하여 사용하는 일반적인 집기, 비품 등
선 박	해운업을 하는 회사에서 영업활동에 사용하는 선박 등
건설중인 자산	유형자산의 건설을 위해 지출한 금액으로서 아직 건설이 완료되지 않아 건물, 구축물, 기계장치 등으로 회계처리 할 수 없는 경우 임시로 처리하는 계정

유형자산의 사용으로 인하여 체계적이고 합리적인 방법에 따라 감가상각비로 비용화하나, 유형자산 중 토지와 건설중인자산은 감가상각대상이 아니다.

1) 토지

대지, 임야, 전답, 잡종지, 등으로 이는 감가상각 대상 자산이 아니다.

2) 건물

건물이나, 공장, 창고, 및 냉난방, 조명, 통품 및 기타의 건물부속설비 등을 말한다.

건물과 관련된 취득원가로는 설계관련수수료, 취득세, 자본화대상 이자비용, 설치비, 운반비 등이 있으나 재산세는 비용항목이다.

3) 구축물

구축물은 토지 위에 건설한 건축물 이외의 설비로서 교량, 궤도, 저수지, 갱도, 정원설비, 침전지, 상하수도, 터널, 전주, 지하도관, 신호장치, 정원 등을 말한다.

4) 기계장치

기계장치와 운송설비(콘베어, 호이스트, 기중기 등) 및 기타의 부속설비를 포함한다.

일반적인 상거래에서 나타난 어음상의 채무 즉, 매입처에 대하여 상품 또는 원재료 매입대금이나 **외상매입금**에 대하여 약속어음을 발행 지급한 경우에는 **지급어음** 계정을 사용하고 일반적인 상거래 이외의 거래는 **미지급금**계정을 사용하여야 한다.

영업활동 즉, 판매를 주 목적으로 외상으로 취득한 경우에는 **외상매입금 또는 지급어음**으로 인식하나, 그렇지 않은 경우에는 **미지급금**으로 인식한다.

5) 차량운반구

영업활동에 사용되는 승용차, 트럭 등 육상운반구를 말한다.

6) 비품

비품이란 사업을 위하여 사용하는 일반적인 집기, 비품 등을 구입한 경우에 처리하는 계정과목으로서, 내용연수가 1년 이상인 것이다.

7) 건설중인 자산

유형자산을 건설하지 위하여 지출한 금액으로 아직 건설이 완료가 되지 않은 경우 완공시까지 임시로 처리하는 계정이다. 이는 건설이 완료되는 때에 해당 계정인 건물,

구축물 등으로 대체된다.

(3) 유형자산의 인식과 취득금액

유형자산의 인식조건

유형자산으로 인식되기 위하여 다음의 인식조건을 모두 충족하여야 한다.

- 자산으로부터 발생하는 미래 경제적 효익이 기업에 유입될 가능성이 매우 높다.
- 자산의 원가를 신뢰성 있게 측정할 수 있다.

유형자산의 취득금액의 결정

구 분	취득금액
외부구입	매입금액 + 부대비용
자가건설	제작원가 + 부대비용
무상취득	그 자산의 공정가치
교화취득	동종자산 : 제공한 자산의 장부금액, 이종자산 : 제공한 자산의 공정가치

(4) 유형자산의 감가상각

1) 감가상각의 개념

감가상각이란 유형자산의 감가상각대상금액을 경제적 효익이 발생하는 기간에 걸쳐 체계적이고 합리적인 방법으로 배분하는 과정이다. 감가상각대상금액은 취득원가에서 잔존가치를 차감하여 구한다.

2) 감가상각의 기본요소

감가상각을 결정하는 기본요소는 취득원가, 잔존가치 그리고 내용연수이다. 먼저 감가상각대상금액은 취득원가에서 잔존가치를 뺀 금액으로 인식되나, 정률법의 경우에는 잔존가치를 차감하지 않고 취득원가에서 감가상각누계액을 뺀 장부가액으로 인식한다.

3) 감가상각의 회계처리

감가상각비의 회계처리는 직접법과 간접법이 있는데 유형자산의 감가상각은 간접법에 의하여 회계처리하고, 재무상태표에는 감가상각누계액을 해당 유형자산에서 차감하는 형식으로 표시하여야 한다.

(차) 감가상각비(비용) ××× (대) 감가상각누계액 ×××

〈간접법에 의한 감가상각비의 회계처리〉

재무상태표

기계장치	×××	
감가상각누계액	(×××)	

4) 감가상각비의 계산방법

① 정액법

정액법은 감가상각대상액을 내용연수에 걸쳐 균등하게 배분하는 방법이다.

$$감가상각비 = (취득원가 - 잔존가치) \times \frac{1}{내용연수}$$

② 정률법

미상각잔액법이라고도 하는 정률법은 유형자산의 취득원가에서 감가상각누계액을 차감한 미상각잔액(장부금액)에 매기 동일한 상각률을 적용하여 계산한다.

$$감가상각비 = 미상각잔액 \times 정률$$

③ 연수합계법

연수합계법은 정률법, 이중체감법과 함께 초기에 감가상각을 많이 계상하는 가속상각법의 하나이다. 감가상각비의 계산은 감가상각대상액에 내용연수합계에 대한 내용연수연차의 역순의 비율을 곱하여 구한다.

$$감가상각비 = (취득원가 - 잔존가치) \times \frac{연수의\ 역순}{내용연수의\ 합계}$$

예를 들어 내용연수가 5년인 경우 내용연수의 합계는 15년(1 + 2 + 3 + 4 + 5)이고 제1차년도는 5, 제2차년도는 4, 3차년도는 3, 4차년도는 2, 5차년도는 1을 가중치로 적용하여 감가상각을 하면 된다.

④ 생산량비례법

생산량비례법은 감가상각대상액을 생산량이나 채굴량에 비례하여 감가상각비를 계산하는 방법으로 산림, 유전, 광산 등으이 천연자원의 감가상각비 계산에 많이 사용한다.

$$감가상각비 = (취득원가 - 잔존가치) \times \frac{당기생산량}{예상총생산량}$$

(5) 유형자산의 취득 후 지출

1) 자산처리(자본적 지출)

유형자산을 취득한 이후 보유하고 있는 동안에 일어난 지출이 **유형자산의 가치가 증가하거나 내용연수가 증가하면** 자본적 지출이라 하고 유형자산의 취득원가로 처리한다. 자산으로 처리하는 경우의 자산의 가치를 증가시키는 것으로 엘리베이터, 냉난방장치 등의 증설이나 용도변경, 개량, 증축 등을 들 수 있다.

예

건축을 증축하여 1,000,000이 증가한 경우

올바른 회계처리 (차변) 건 물 1,000,000 (대변) 현 금 1,000,000

만약 이를 수익적 지출로 잘 못 처리한 경우

잘못된 회계처리 (차변) 수선비 1,000,000 (대변) 현 금 1,000,000

미치는 영향 자산(건물)의 과소계상
비용(수선비)의 과대계상
순이익의 과소계상

2) 비용처리(수익적 지출)

유형자산을 취득한 이후에 지출한 효과가 원상회복이나 능률의 현상유지에 그치는 것으로 유형자산의 원가를 구성하지 않고 비용으로 처리한다. 이러한 예로는 소모성 컨베이너밸트나 유리의 파손, 페인트 칠 등이 있다.

예

유리의 교체, 페인트 칠을 다시하여 유지보수를 한 경우
올바른 회계처리 (차변) 수선비 1,000,000 (대변) 현 금 1,000,000

만약 이를 자본적 지출로 잘 못 처리한 경우
잘못된 회계처리 (차변) 건 물 1,000,000 (대변) 현 금 1,000,000

미치는 영향 자산(건물)의 과대계상
비용(수선비)의 과소계상
순이익의 과대계상

(6) 유형자산의 처분

유형자산을 처분하는 경우에는 유형자산의 장부금액과 처분금액을 비교하여 장부금액보다 처분금액이 큰 경우 유형자산처분이익으로 회계처리 하고, 장부금액보다 처분금액이 작은 경우 유형자산처분손실로 회계처리 한다. 유형자산처분손익은 영업외손익에 해당한다. 단, 유형자산의 처분은 반드시 그 기간동안 사용한 감가상각을 먼저 인식한 후 유형자산의 장부가치(취득원가-감가상각누계액)과 유형자산 처분금액과의 차이로 처분손익을 인식하여야 한다.

처분금액 > 장부금액 (취득금액 - 감가상각누계액) ⇨ 유형자산처분이익
처분금액 < 장부금액 (취득금액 - 감가상각누계액) ⇨ 유형자산처분손실

2. 무형자산의 개념

(1) 무형자산

무형자산은 재화의 생산이나 용역의 제공, 타인에 대한 임대 또는 관리에 사용할 목적으로 기업이 보유하고 있는 물리적형체가 없는 자산이다. 이러한 무형자산은 비화

폐성자산으로 취득원가의 측정이 가능하고 기업이 통제하고 있는 식별가능한 자원으로 미래의 경제적 효익이 있어야 한다. 무형자산은 영업권, 산업재산권, 개발비, 기타로 구분하여 재무상태표에 표시한다.

판매를 목적으로 보유하는 자산은 재고자산이고, 사용할 목적으로 보유하는 것으로 물리적 형태가 있는 자산은 유형자산으로 분류한다.

(2) 무형자산의 취득원가

1) 외부구입(매수 등에 의한 취득)

외부구입에 의한 무형자산의 취득원가는 매입금액에 등록비, 제세공과금 등의 부대비용을 더한 금액으로 한다.

2) (자가창출)내부적으로 창출한 무형자산

내부적으로 창출한 무형자산이 인식기준에 부합하는지를 평가하기 위하여 무형자산의 창출과정을 연구단계와 개발단계로 구분한다. 무형자산을 창출하기 위한 내부 프로젝트를 연구단계와 개발단계로 구분할 수 없는 경우에는 그 프로젝트에서 발생한 지출은 모두 연구단계에서 발생한 것으로 본다. **연구단계**에서 발생한 지출은 무형자산으로 인식할 수 없고 발생한 기간의 **비용**으로 인식한다. 개발단계에서 발생한 지출은 기업회계기준에서 정하는 일정한 조건을 모두 충족하는 경우에만 **무형자산**으로 인식하고, 그 외의 경우에는 발생한 기간의 **경상개발비(비용)**으로 인식한다.

Check **연구비**-연구단계에서 발생한 연구비는 기간비용으로 인식
경상개발비-개발단계에서 발생한 개발비 중 무형자산의 인식기준에 충족하지 못한 경우 기간비용으로 인식
개발비-개발단계에서 발생한 개발비 중 무형자산의 인식기준을 충족한 경우 무형자산으로 인식

(3) 무형자산의 종류

1) 영업권

유리한 위치, 우수한 경영, 좋은 기업이미지 등으로 인하여 동종의 다른 기업보다 더 많은 수익을 얻을 경우 그 초과수익을 자본의 가치로 환원한 것이 영업권이다.

사업결합을 하는 경우 이전대가의 공정가치가 취득자산과 인수부채의 순액을 초과

하는 경우 그 초과하는 금액이 영업권의 취득금액이 된다. 반면, 순자산가액보다 더 적은 금액을 지불하는 경우에는 염가매수차익으로 회계처리하고, 당기손익으로 인식한다.

영업권 = 이전대가의 공정가치 - (취득자산 - 인수부채)

외부로부터 구입한 영업권은 영업권으로 계상할 수 있으나, 내부창출(자가창출)영업권은 영업권으로 계상할 수 없다.

2) 산업재산권

산업재산권은 법률에 의하여 등록하고 일정기간 독립적, 배타적으로 이용할 수 있는 다음의 권리를 말한다.

- 특허권 : 신규 발명품에 대한 특허 등록을 하고 독점적으로 얻은 권리
- 실용실안권 : 산업상 이용할 수 있는 물품의 형상·구조 또는 조합에 관한 신규의 고안을 등록하고 얻은 권리
- 디자인권 : 물품에 대한 새로운 디자인을 고안하여 등록하고 얻은 권리
- 상표권 : 특정상표를 등록하여 독점적으로 이용하는 권리

3) 개발비

새로운 제품이나 기술의 개발 또는 개량을 위하여 지출한 금액으로 미래의 경제적 효익의 유입가능성이 매우 높고 취득원가를 신뢰성 있게 측정할 수 있는 경우에 무형자산인 개발비로 처리한다. 경제적효익의 유입가능성이 없거나 취득원가의 측정이 되지 않아 무형자산으로 식별가능성이 없는 지출은 경상개발비로 판매비와관리비에 해당한다.

4) 그외 무형자산

구 분	내 용
라 이 선 스	국가나 허가권자로부터 인 허가과정을 거쳐 확보한 사업허가권으로서 방송사업권이나 통신사업권이 여기에 해당한다.
프 랜 차 이 즈	체인본사와 가맹점간의 계약에 의하여 일정 지역에서 특정 상표, 상호의 상품이나 용역을 독점적으로 생산 판매할 수 있는 권리
저 작 권	저작자가 자기의 저작물을 복제, 출판, 전시, 번역, 방송, 공연 등에 이용할 수 있는 권리
컴퓨터소프트웨어	컴퓨터에서 사용되는 소프트웨어의 구입에 지출한 금액
임 차 권 리 금	토지와 건물 등을 임차하는 경우 그 이용권을 갖는 대가로 보증금이외의 금액을 지급하는 것을 임차권리금이라 한다.
광 업 권	일정한 광구에서 광물을 독점적 배타적으로 채굴할 수 있는 권리
어 업 권	일정한 수역에서 독점적 배타적으로 어업을 할 수 있는 권리

3. 투자자산

(1) 투자자산

투자자산이란 다른 회사를 지배하거나 통제할 목적 또는 투자이윤을 얻을 목적으로 장기간투자하는 자산을 말한다. 유형자산과 다른 점은 기업의 고유 사업목적을 위한 자산이 아니라는 것이다. 국제회계기준의 투자자산은 임대수익을 목적으로 하는 자산도 투자자산으로 구분한다.

구 분	내 용
투 자 부 동 산	투자목적으로 보유하거나 영업활동에 사용하지 않는 토지, 건물 및 기타의 부동산
매 도 가 능 증 권	유가증권 중 단기매매증권과 만기보유증권 및 지분법적용투자주식으로 분류되지 않는 것
만 기 보 유 증 권	만기가 확정된 채무증권으로 상환금액이 확정되었거나 확정이 가능하고 만기까지 보유할 적극적인 의도와 능력이 있는 것
지 분 법 적 용 투 자 주 식	피투자회사에 중대한 영향력을 행사할 수 있는 주식으로 지분법 평가 대상의 것
장 기 대 여 금	유동자산에 속하지 않는 대여금으로 대여기간이 결산일로부터 1년 이상인 것
장 기 성 예 금 (장기금융상품)	정기예금, 정기적금 및 기타 정형화된 금융상품으로 만기가 결산일로부터 1년 이상인 것

1) 투자부동산

투자부동산이란 고유의 영업활동과는 직접 관련 없이 투자의 목적 또는 비영업용으로 소유하는 토지·건물 및 기타의 부동산을 말한다.

2) 장기투자증권(만기보유증권, 매도가능증권)

장기투자증권은 1년 이상 보유할 의도로 취득하거나, 만기가 1년 이상인 채권을 말한다. 취득한 주식이나 채권을 중도에 팔거나 만기까지 보유할 수 있는 매도가능증권, 취득한 채권을 만기까지 보유하는 만기보유증권으로 분류한다.

3) 만기보유증권

만기가 확정된 채무증권으로서 상환금액이 확정되었거나 확정이 가능한 채무증권을 만기까지 보유할 적극적인 의도와 능력이 있는 경우 만기보유증권으로 분류한다.

4) 매도가능증권

단기매매증권이나 만기보유증권으로 분류되지 아니하는 유가증권은 매도가능증권으로 분류한다.

5) 장기대여금

유동자산에 속하지 아니하는 장기의 대여금이란 대여금의 회수기간이 재무상태표일로부터 1년 이후에 도래하는 대여금을 말한다.

6) 장기금융상품

금융기관이 취급하는 정기예금, 정기적금, 사용이 제한된 예금 등 및 기타 금융기관이 취급하는 정형화된 상품으로 장기적 자금운용 목적이거나, 기한이 1년 이후에 도래하는 것을 말한다. 이와 같은 금융상품에는 신종기업어음(CP), 어음관리구좌(CMA), 양도성예금증서(CD), 환매채(RP), 표지어음, 기업금전신탁 등이 있다.

(2) 비유동자산과 기타비유동자산

1) 비유동자산의 구분

비유동자산은 다음과 같이 구분한다.

비유동자산	종 류
투 자 자 산	장기금융상품, 투자부동산, 매도가능증권, 만기보유증권, 지분법적용투자주식 등
유 형 자 산	토지, 건물, 구축물, 기계장치, 차량운반구, 비품, 건설중인자산 등
무 형 자 산	영업권, 산업재산권, 광업권, 어업권, 개발비, 소프트웨어 등
기 타 비유동자산	임차보증금, 장기매출채권, 이연법인세자산(유동자산으로 분류되는 부분 제외) 등

2) 기타비유동자산의 종류

기타비유동자산은 비유동자산 중에서 투자자산, 유형자산, 무형자산으로 분류되지 않는 자산들로 이연법인세자산, 임차보증금, 장기선급비용, 장기선급금 및 장기미수금 등이 있다.

3) 전세권

전세권이란 전세금을 지급하고 타인의 부동산을 그 용도에 따라 사용, 수익하는 권리이다.

4) 임차보증금

임차보증금이란 타인소유의 부동산이나 동산을 사용하기 위하여 임대차계약을 체결하는 경우에, 월세 등을 지급하는 조건으로 임차인이 임대인에게 지급하는 보증금을 말한다.

5) 영업보증금

영업보증금은 채무자가 채권자에게 계약의 이행을 담보하기 위하여 지급하는 보증금으로서, 거래보증금, 입찰보증금 및 하자보증금 등의 지급 시 처리하는 계정이다. 다만, 1년 이내에 반환 받을 수 있는 영업보증금은 유동자산으로 분류하여야 한다.

6) 장기성 매출채권

유동자산에 속하지 아니하는 일반적 상거래에서 발생한 장기의 외상매출금 및 받을어음을 말한다.

장기간의 장기외상매출금은 반드시 1년을 초과하는 경우 현재가치의 개념으로 미래 현금흐름의 현재가치로 나타내어야 한다.

7) 유가증권의 분류

유가증권은 취득한 목적에 따라 만기까지 보유목적일 경우 만기보유증권, 단기간의 차익을 실현할 목적일 경우 단기매매증권, 그리고 그 외는 매도가능증권으로 분류한다. 그리고 투자자산에 해당하는 지분법적용투자주식이 있다.

계정과목	보유목적	지분증권	채무증권	재무상태표 표시
만기보유증권	만기보유 목적	×	○	투자자산 중 장기투자증권
단기매매증권	단기간의 매매차익	○	○	당좌자산 중 단기투자자산
매도가능증권	단기매매증권이나 만기보유증권 이외	○	○	당좌자산 중 단기투자자산 또는 투자자산 중 장기투자증권
지분법적용투자주식	피투자회사에 중대한 영향력 행사	○	×	투자자산 중 지분법적용투자주식

만기까지 보유목적인 경우는 만기보유증권으로 분류하는데 주식은 대상이 되지 않는다. 주식은 만기가 없으며 언제든지 처분할 수 있기 때문이다.

고급회계 유형자산의 손상차손

삼성(주)는 20×1.1.1에 원가 ₩10,000, 추정내용연수 10년 추정잔존가치 ₩0인 기계를 취득하였으며 감가상각은 정액법을 사용한다. 동 유형자산의 회수가능가치가 20×2. 12.31에는 ₩6,400으로 추정되었으며, 다시 20×4.12.31에는 ₩7,000으로 회복된 것으로 추정되었다. 유형자산의 손상차손과 관련하여 20×2.12.31, 20×3.12.31과 20×4.12.31에 필요한 분개를 하라.

풀이

- 20×2.12.31(손상차손의 인식)의 분개

(차) 손상차손	1,600*	(대) 손상차손누계액	1,600

* 손상차손 = (₩10,000 − ₩1,000 × 2년) − ₩6,400 = ₩1,600

- 20×3.12.31(손상차손 후의 감가상각)의 분개

(차) 감가상각비	800	(대) 감가상각누계액	800*

* 감가상각비 = ₩6,400/8년 = ₩800

- 20×4.12.31(손상차손환입의 감가상각)의 분개

(차) 감가상각비	800	(대) 감가상각누계액	800
(차) 손상차손누계액	1,200*	(대) 손상차손환입	1,200

* 손상차손환입액 = 손상차손전 장부금액의 상각후 금액 − 손상차손환입전 장부금액
= (₩10,000 − ₩1,000 × 4년) − (₩6,400 − ₩800 × 2년)
= ₩6,000 − ₩4,800 = ₩1,200

• 자산의 손상차손

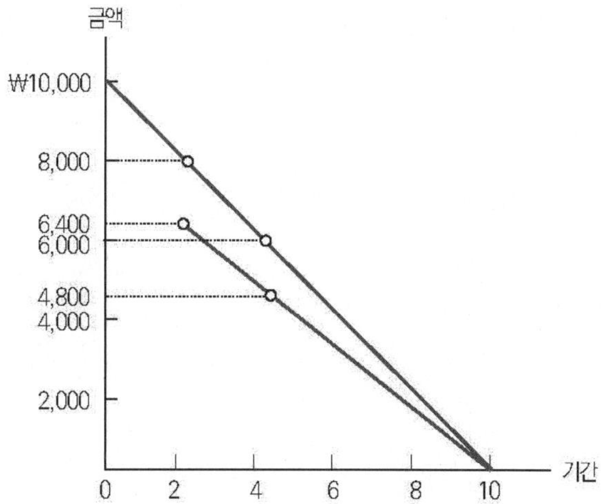

(2차년도)	원래 감가상각선에 따른 장부금액	₩8,000
	차감 : 손상차손	(1,600)
	손상차손후의 장부금액	₩6,400
(4차년도)	손상차손전 장부금액의 상각후금액	₩6,000
	(= 손상차손환입후의 장부금액)	
	차감 : 손상차손환입전 장부금액	(4,800)
	(= 손상차손후 감가상각선에 따른 장부금액)	
	손상차손환입액	₩1,200

고급회계 BOND(채권)의 투자자산

나비(주)는 2×08년 1월 1일에 세기(주)가 발행한 회사채(액면 ₩100,000, 매년말 5%의 이자지급, 3년 만기)를 취득하였다. 발행시점의 유효이자율이 10%이었기 때문에 공정가치로 계산되는 취득원가는 ₩87,564이었고 그에 따른 상각표는 다음과 같다.

연 도	유효이자	액면이자	상각액	순장부금액
20×08년 1월 1일				₩87,564
20×08년 12월 31일	₩8,756	₩5,000	₩3,756	91,320
20×09년 12월 31일	9,132	5,000	4,132	95,452
20×10년 12월 31일	9,548	5,000	4,548	100,000

당해 채권의 취득시점 이후의 공정가치와 처분내역은 다음과 같다.

2×08년말 공정가치 ₩92,966
2×09년말 공정가치 ₩96,327
2×10년초 처분 ₩96,500

물음) 나비(주)가 위 채권을 당기손익금융자산, 기타포괄손익금융자산 그리고 상각후 원가금융자산으로 분류한 경우를 각각 가정하여 필요한 회계처리를 하시오.

풀이

• 당기손익금융자산으로 분류한 경우

2×08년 1월 1일 취득

(차) 당기손익금융자산	87,564	(대) 현 금	87,564

2×08년 12월 31일

(차) 현 금	5,000	(대) 현 금	5,000
(차) 당기손익금융자산	5,402	(대) 당기손익금융자산평가이익	5,402

2×09년 12월 31일

(차) 현 금	5,000	(대) 이 자 수 익	5,000
(차) 당기손익금융자산	3,361	(대) 당기손익금융자산평가이익	3,361

2×10년초

(차) 현 금	96,500	(대) 당기손익금융자산	96,327
		당기손익금융자산처분이익	173

• 기타포괄손익금융자산으로 분류한 경우

2×08년 1월 1일 취득

(차)	기타포괄손익금융자산	87,564	(대)	현 금	87,564

2×08년 12월 31일

(차)	현 금	5,000	(대)	이 자 수 익	8,756
	기타포괄손익금융자산*	3,756			
(차)	기타포괄손익금융자산	1,646		기타포괄손익금융자산평가이익	1,646

2×09년 12월 31일

(차)	현 금	5,000	(대)	이 자 수 익	9,132
	기타포괄손익금융자산*	4,132			
(차)	기타포괄손익금융자산평가이익 (기 타 포 괄 손 익)	771	(대)	기타포괄손익금융자산	771

2×10년초

(차)	현 금	96,500	(대)	기타포괄손익금융자산	96,327
	기타포괄손익금융자산평가이익 (기 타 포 괄 손 익)	875**		기타포괄손익금융자산처분이익	1,048

* 유효이자율법에 의한 상각표의 결과와 동일

** 2×08년의 평가이익과 2×09년의 평가손실이 누계로 계산된 금액이다(1,646 − 771 = ₩875).

Tip **기타포괄손익금융자산이므로 해당 기말의 공정가치로 평가하여야 하나 장기채권의 특성상 상각표상의 상각후원가를 먼저 산출해낸 다음, 공정가치와 비교·평가하여야 한다. 단, 평가손익은 기타포괄손익항목으로 처리하되, 처분시 재분류조정(recycling)과정을 통해 제거한다.**

• 상각후원가금융자산으로 분류한 경우

2×08년 1월 1일 취득

(차) 상각후원가금융자산	87,564	(대) 현 금	87,564

2×08년 12월 31일

(차) 현 금	5,000	(대) 이 자 수 익	8,756
상각후원가금융자산*	3,756		

2×09년 12월 31일

(차) 현 금	5,000	(대) 이 자 수 익	9,132
상각후원가금융자산	4,132		

2×10년초

(차) 현 금	96,500	(대) 이 자 수 익	95,452
		상각후원가금융자산처분이익	1,048

* 유효이자율법에 의한 상각표의 결과와 동일

Tip 연상각후원가금융자산이므로 공정가치로 평가하지 않는다. 따라서 유효이자율법에 의한 2×08년 12월 31일의 상각후원가는 ₩91,320(= ₩87,564 + ₩3,756)이다.

고급회계 STOCK(주식)의 투자자산

나비(주)는 세기(주)의 주식을 다음과 같이 취득했다가 처분하였다.

2×08년중 취득 ₩100,000
2×08년말 공정가치 ₩90,000
2×09년말 공정가치 ₩120,000
2×10년초 처분 ₩130,000

물음) 나비(주)가 위 주식을 당기손익금융자산과 기타포괄손익금융자산으로 분류한 경우를 각각 가정하여 필요한 회계처리를 하시오.

풀이

	당기손익금융자산	기타포괄손익금융자산
2×08년 취득	(차) 당기손익금융자산 100,000 (대) 현금 100,000	(차) 기타포괄손익금융자산 100,000 (대) 현금 100,000
2×08년 말	(차) 당기손익금융자산평가손실 10,000 (대) 당기손익금융자산 10,000	(차) 기타포괄손익금융자산평가손실* 10,000 (대) 기타포괄손익금융자산 10,000
2×09년 말	(차) 당기손익금융자산 30,000 (대) 당기손익금융자산평가이익 30,000	(차) 기타포괄손익금융자산 30,000 (대) 기타포괄손익금융자산평가이익* 30,000
2×10년 처분	(차) 현금 130,000 (대) 당기손익금융자산 120,000 당기손익금융자산처분이익 10,000	(차) 현금 130,000 기타포괄손익금융자산평가손익* 20,000 (대) 기타포괄손익금융자산 120,000 당기손익금융자산처분이익 10,000 이익잉여금** 20,000

문 제

01 기계장치의 수선으로 생산능력이 증대되었으며, 수선시 지출한 금액을 회사는 다음과 같이 회계처리하였다. 이로인해 재무제표에 나타나는 오류가 아닌 것은 무엇인가?

(차) 수선비	10,000,000원	(대) 보통예금	10,000,000원

① 비용의 과다계상 ② 자산의 과소계상
③ 부채의 과소계상 ④ 순이익의 과소계상

해답 ③

자본적지출을 수익적지출로 회계 처리하여 비용이 과다계상되고, 자산 및 순이익이 과소계상됨

- 올바른 회계처리

(차) 기계장치 10,000,000 (대) 보통예금 10,000,000

물론 결산일 시점에 기계장치의 사용에 따른 감가상각비를 했을 것이다.

(차) 감가상각비 xxx (대) 감가상각누계액-기계장치 xxx

자본적지출을 수익적지출로 잘못 회계처리한 경우 기계장치인 자산의 과소계상과, 수선비 처리러 인한 비용의 과대계상, 이에따른 순이익의 감소에 따른 과소계상이 영향을 받을 것이다.

02 건물 취득에 대하여 취득원가에 포함되지 않는 것은?

① 자본화대상 이자비용 ② 설계관련 수수료
③ 취득세 ④ 재산세

해답 ④

재산세는 비용항목이다.
유형자산은 최초에는 취득원가로 측정하며, 현물출자, 증여, 기타 무상으로 취득한 자산의 가액은 공정가치를 취득원가로 한다. 취득원가는 구입원가 또는 제작원가 및 경영진이 의도하는 방식으로 자산을 가동하는 데 필요한 장소와 상태에 이르게 하는 데, 직접 관련되는 원가인 (1) 내지 (9)와 관련된 지출 등으로 구성된다. 매입할인 등이 있는 경우에는, 이를 차감하여 취득원가를 산출한다. 〈일반기업회계기준 10.8〉

(1) 설치장소 준비를 위한 지출
(2) 외부 운송 및 취급비
(3) 설치비
(4) 설계와 관련하여 전문가에게 지급하는 수수료
(5) 유형자산의 취득과 관련하여 국·공채 등을 불가피하게 매입하는 경우 당해 채권의 매입금액 과 일반기업회계기준에 따라 평가한 현재가치와의 차액
(6) 자본화대상인 차입원가
(7) 취득세, 등록세 등 유형자산의 취득과 직접 관련된 제세공과금
(8) 해당 유형자산의 경제적 사용이 종료된 후에 원상회복을 위하여 그 자산을 제거, 해체하거나 또는 부지를 복원하는 데 소요될 것으로 추정되는 원가가 충당부채의 인식요건을 충족하는 경우 그 지출의 현재가치(이하 '복구원가'라 한다)
(9) 유형자산이 정상적으로 작동되는지 여부를 시험하는 과정에서 발생하는 원가. 단, 시험과정에서 생산된 재화(예: 장비의 시험과정에서 생산된 시제품)의 순매각금액은 당해 원가에서 차감한다.

03 다음 자료에 의한 2015년 7월 1일 현재 감가상각누계액은 얼마인가?

- 2014. 1. 1. 건물을 30,000,000원에 구입
- 2015. 1. 1. 건설중인자산이 20,000,000원이 있음
- 감가상각방법 : 정액법, 내용년수 10년, 잔존가치 0원

① 4,000,000원　　② 4,500,000원
③ 5,000,000원　　④ 7,500,000원

해답 ②

건설중인자산은 감가상각대상이 아니므로 건물에 대해서만 1년 6개월분에 대한 감가상각함
30,000,000원 ÷ 10년 = 3,000,000원(1년분) + 1,500,000원(6개월분) = 4,500,000원

---

04 다음 중 일반기업회계기준의 무형자산에 속하지 않는 것은?

① 산업재산권　　② 저작권
③ 라이선스와 프랜차이즈　　④ 임차보증금

해답 ④

임차보증금은 비유동자산 중 기타 비유동자산이다.

---

05 다음 중 모든 감가상각방법이 선택가능하다면 일반적으로 첫 해에 회사의 이익을 가장 많이 계상할 수 있는 방법은?

① 정률법　　② 이중체감법
③ 연수합계법　　④ 정액법

해답 ④

정률법과 이중체감법, 연수합계법은 모두 가속상각법으로 초기에 비용을 많이 계상하므로 이익이 정액법보다 적게 계상된다.

---

06 다음 중 무형자산의 인식요건이 아닌 것은?

① 식별가능성 ② 검증가능성
③ 통제가능성 ④ 미래의 경제적 효익의 유입가능성

해답 ②

무형자산의 인식요건은 식별가능성, 통제가능성, 미래의 경제적 효익의 유입가능성이다.

---

07 다음은 무형자산에 대한 설명이다. 잘못된 것은?

① 무형자산이란 물리적 형체는 없지만 식별가능하고 기업이 통제하고 있으며, 미래 경제적효익이 있는 비화폐성자산을 말한다.
② 무형자산은 합리적인 상각방법을 정할 수 없는 경우에는 정률법을 사용한다.
③ 무형자산의 잔존가치는 없는 것을 원칙으로 한다.
④ 자산에서 발생하는 미래경제적효익이 기업에 유입될 가능성이 매우 높으며, 자산의 원가를 신뢰성 있게 측정할 수 있어야 무형자산으로 인식할 수 있다.

해답 ②

무형자산의 상각방법은 자산의 경제적 효익이 소비되는 행태를 반영한 합리적인 방법이어야 한다. 무형자산의 상각대상금액을 내용연수 동안 합리적으로 배분하기 위해 다양한 방법을 사용할 수 있다. 이러한 상각방법에는 정액법, 체감잔액법(정률법 등), 연수합계법, 생산량비례법 등이 있다. 다만, 합리적인 상각방법을 정할 수 없는 경우에는 정액법을 사용한다.(일반기업회계기준 11.32)

제 6 장

재무상태표 - 부채와 자본

1. 부채

(1) 부채

부채는 과거 사건이나 거래의 결과 현재 부담하여야 하는 경제적의무로 미래에 현금, 상품 등의 경제적효익을 희생하여야 할 것을 말한다. 부채 중에서 결산일로부터 1년 또는 정상영업주기 이내에 상환할 채무를 유동부채라 하고 그 이후에 상환할 부채는 비유동부채라 한다.

이 해 하 기

구 분	계정과목
유동부채	단기차입금, 매입채무, 당기법인세부채(미지급법인세 미지급금, 미지급비용, 선수금, 선수수익, 예수금, 유동성장기부채, 이연법인세부채
비유동부채	사채, 신주인수권부사채, 전환사채, 장기차입금, 장기매입채무, 충당부채(퇴직급여충당부채, 장기제품보증충당부채 등), 이연법인세부채

(2) 매입채무

상품, 재료 등을 외상으로 매입하고 발생한 채무를 외상매입금이라 한다. 채무가 발생하면 외상매입금계정 대변에 기입하고 외상매입금을 상환(지급)하면 부채의 감소로 외상매입금계정 차변에 기입한다.

외상매입금(부채계정)

지급액	2,000,000	전기이월(기초)	1,000,000
차기이월(기말)	2,000,000	외상매입금	3,000,000
합 계	4,000,000	합 계	4,000,000

- **전기이월(기초)** : 직전년도로부터 이월된 외상매입금으로 현금으로 지급하지 못한 외상매입액이 올해로 넘어온 1,000,000을 의미한다.
- **외상매입금** : 당해연도에 상품 등을 매입하였으나 아직 현금으로 지급하지 못한

외상매입금 3,000,000이다.

- **지급액** : 직전년도에 이월된 1,000,000과 올해 외상매입한 3,000,000 중 현금으로 지급한 금액으로 2,000,000이다.
- **차기이월(기말)** : 총 4,000,000 중 현금으로 지급한 2,000,000을 제외한 차기년도로 이월되는 기말시점의 외상매입금 2,000,000이다.

순매입액이란 매입액에서 매입에누리, 매입할인, 매입환출은 빼고 매입의 취득과 직접 관련되는 부대비용인 매입운임은 더하고 순매입을 구하면 된다.

Tip순매출액은 매출액에서 매출에누리, 매출환입,매출할인을 제외한 순매출액을 산출하면 된다.

(3) 유동부채

보고기간말일부터 만기가 1년 이내 도래하는 부채를 유동부채라 한다. 부채는 1년을 기준으로 유동부채와 비유동부채로 분류한다. 다만, 정상적인 영업주기내에 소멸할 것으로 예상되는 매입채무와 미지급비용 등은 1년 이내에 결제되지 않더라도 유동부채로 분류한다. 유동부채에는 매입채무(외상매입금, 지급어음), 단기차입금, 미지급금, 미지급비용, 선수금, 선수수익, 예수금, 유동성장기부채 등이 있다.

1) 단기차입금

상환기일이 보고기간말부터 1년 이내인 차입금을 단기차입금이라 한다. 자금을 차입하면 단기차입금계정 대변에 기입하고 상환하면 단기차입금계정 차변에 기입한다. 단기차입금에는 어음차입금, 관계회사차입금, 주주임원종업원에 대한 차입금이 포함된다.

2) 미지급금

상품, 원재료 등 이외의 자산을 취득하고 대금을 외상으로 하면 부채계정인 미지급금계정 대변에 기입하고 상품 원재료 등 이외의 자산의 취득에 대한 외상대금을 지급하면 미지급금계정 차변에 기입한다.

(4) 선수금

상품, 제품 등을 주문받고 매출하기 전에 착수금이나 계약금 등으로 상품대금을 미리 받으면 부채인 선수금계정 대변에 기입하고 상품 등을 판매(인도)하면 매출대금과 상계하기 위하여 선수금계정 차변에 기입한다.

1) 예수금

예수금은 제3자에게 지급할 목적으로 거래처나 종업원의 자금을 일시적으로 보관하고 있는 경우에 사용하는 부채계정이다. 종업원의 급여를 지급할 때에 공제하는 소득세, 건강보험료, 국민연금, 고용보험료 등을 예수금계정 대변에 기입하고 소득세, 건강보험료, 국민연금, 고용보렴료 등을 납부하면 예수금계정 차변에 기입한다.

2) 미지급비용

미지급비용이란 일정기간 계속 발생하는 비용으로서 당기에 발생하였으나 아직 지급기일이 도래하지 않아 지급되지 않고 있는 비용이다. 따라서 지급기일이 도래하였으나 지급하지 않고 있는 미지급금과는 구분되며 결산 시에만 발생한다.

3) 선수수익

선수수익이란 이미 입금된 수익 중에서 당기분이 아닌 차기분에 해당하는 수익을 말한다. 선수수익은 부채이기는 하지만 금전으로 변제하는 것이 아니라 계속적인 용역제공을 통하여 변제되는 부채로서 선급비용에 대응되는 개념이다.

4) 가수금

가수금이란 금전의 수입이 있으나 그 내용이나 금액이 확정되지 않았을 때 일시적으로 처리하는 부채계정으로 금전을 수입하면 가수금계정 대변에 기입하고 그 내용이나 금액이 확정되면 해당 계정으로 처리하면서 가수금계정 차변에 기입한다.

(5) 비유동부채

비유동부채는 만기가 1년 이후에 도래하는 부채로 사채, 장기차입금, 장기성매입채무, 퇴직급여충당부채 등이 있다.

1) 사채

사채란 주식회사가 장기자금을 조달할 목적으로 일정한 이자를 지급하고 일정한 시기에 원금을 상환할 것을 약정한 채무증권을 발행하고 일반 대중으로부터 자금을 차입한 비유동부채를 말한다. 자금조달을 위하여 사채를 발행한 회사의 입장에서는 금융부채이지만, 투자를 위하여 구입한 회사의 입장에서는 금융자산이 된다.

2) 장기차입금

은행 등으로부터 1년 이상의 기간 동안 돈을 빌린 경우 이를 장기차입금이라고 한다.

3) 퇴직급여충당부채

퇴직급여충당부채는 근로기준법이나 회사의 사규에 의하여 종업원의 퇴직시에 지급할 퇴직금에 충당하기 위하여 설정하는 부채이다. 결산일에 전 종업원의 퇴직을 가정하여 산출한 퇴직금 추계액에서 현재 설정되어 있는 퇴직급여충당부채를 차감한 금액을 설정한다. 그리고 실제 퇴직금을 지급하는 때에는 퇴직급여충당부채와 상계하여야 한다.

4) 기타 비유동부채

구 분	내 용
이연법인세부채	기업회계와 세법의 일시적 차이(유보)로 인하여 법인세비용이 법인세법에 의하여 납부할 금액을 초과하는 경우 그 초과하는 금액
장기매입채무	매입금액을 지급하기로 한 시기가 1년 이상 남은 장기의 매입채무
당좌개설보증금	당좌예금을 개설하기 위해 내는 보증금은 전액 장기금융상품

2. 자본

(1) 자본

자본은 기업의 자산에서 부채를 차감한 후의 잔여지분을 나타낸다. 기업회계기준에 의하면 자본은 자본금, 자본잉여금, 자본조정, 기타포괄손익누계액, 이익잉여금으로 구분한다.

이 해 하 기

<table>
<tr><td rowspan="5">자본</td><td>자본금</td><td>보통주자본금, 우선주자본금
– 주식의 액면×발행한 주식수</td></tr>
<tr><td>자본잉여금</td><td>주식발행초과금, 감자차익, 자기주식처분이익</td></tr>
<tr><td>자본조정</td><td>자기주식, 주식할인발행차금, 감자차손, 자기주식처분손실</td></tr>
<tr><td>기타포괄손익누계액</td><td>매도가능증권평가손익, 해외사업환산손익, 현금흐름위험회피, 파생상품평가손익</td></tr>
<tr><td>이익잉여금</td><td>법정적립금(이익준비금), 임의적립금, 미처분이익잉여금</td></tr>
</table>

1) 주식회사의 설립

주식회사를 설립할 때 발행하는 주식 전부를 발기인이 인수하면 발기설립이라 하고, 발기인이 일부를 인수하고 나머지 일반투자자를 모집하면 이를 모집설립이라 한다. 모집설립은 청약에 의한 주식의 발행으로 주식청약금을 받으면 신주청약증거금계정으로 처리하고 주식을 배정하면 자본금으로 대체한다. 신주청약증거금은 자본금에 대체하기 전까지는 재무상태표의 자본조정항목에 표시한다.

자본조정은 임시계정으로 인식하면 된다.

2) 주식의 발행

주식을 발행하고 주주로부터 현금을 받는 것으로 액면금액과 발행금액이 같은 경우 액면발행이라고 하고, 발행금액이 액면금액보다 큰 경우는 할증발행, 반대로 액면 이하로 발행하는 경우는 할인발행이라고 한다.

주식발행시 액면금액 이하로 발행하는 경우 발생하는 주식할인발행차금은 주식발행초과금이 있는 경우에는 주식발행초과금의 범위 내에서 우선 상계처리하고 상계한

후의 잔액에 대하여 3년 이내의 기간에 매기 균등액을 상각하고 동 상각액은 이익잉여금의 처분으로 한다. 회계에서는 상계를 원칙적으로 하지 않으나, 예외적으로 자기주시처분이익 ↔ 자기주식처분손실, 감자차익 ↔ 감자차손, 주식발행초과금 ↔ 주식할인발행차금은 예외적으로 우선상계를 원칙으로 한다.

예

Case 주식발행비용의 회계처리

주식발행비용이란 주식(지분상품)을 발행하는 과정에서 등록비 및 기타 관련 수수료, 법률 및 회계자문 수수료, 주권인쇄비 및 인지세와 같은 여러 가지 비용을 말한다. 이러한 주식발행비용은 주식발행초과금에서 차감하거나 주식할인발행차금에 가산한다. 중도에 포기한 자본거래 비용은 당기손인으로 인식한다.

* 액면금액 ₩100,000의 주식을 액면으로 발행하고, 주식발행비용 ₩2,000을 차감한 잔액을 당좌예입하면

(차)		(대)	
당좌예금	98,000	자본금	100,000
주식할인발행차금	2,000		

* 액면금액 ₩100,000의 주식을 ₩120,000에 발행하고, 주식발행비용 ₩1,000이 발생하면

(차)		(대)	
현금	119,000	자본금	100,000
		주식발행초과금	19,000

재무상태표의 기초와 기말시점의 정보

재무상태표(1/1)	
기초자산	기초부채
	기초자본

재무상태표(12/31)	
기말자산	기말부채
	기말자본

1. 기초자산 = 기초부채 + 기초자본
2. 기말자산 = 기말부채 + 기말자본
3. 기말자산 = 기말부채 + (기초자본 + 당기순이익 - 배당금 + 유상증자)
3. 기말자산 = 기말부채 + (기초자산 - 기초부채) + 당기순이익 - 배당금 + 유상증자

재무상태표(기초, 기말)와 손익계산서의 연관관계

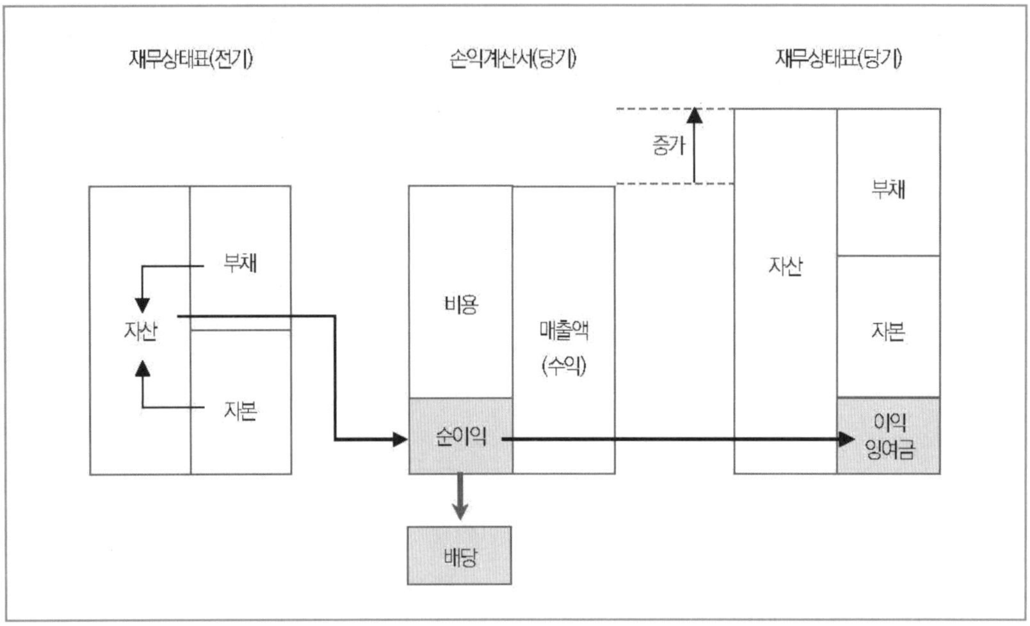

손익계산서의 순이익 중 배당을 한 후 나머지는 기말시점의 재무상태표의 자본항목의 이익잉여금으로 흘러들어간다

(2) 자본잉여금

자본잉여금은 주식발행을 통한 증자 또는 감자 등 주주와의 거래(자본거래)에서 발생하여 자본을 증가시키는 잉여금을 말한다. 자본거래에 의하여 발생한 자본이영금은 자본금으로의 전입과 감자차손이나 자기주식처분손실의 상계 및 이월결손금의 보전을 위해서만 사용할 수 있다.

1) 유상증자와 무상증자

유상증자는 실질적 증자라고도 하는 것으로 신주를 발행하고 주식 대금을 주주로부터 납입 받으므로 자본금이 증가하는 만큼 순자산이 실질적으로 증가한다.

무상증자는 신주발행에 대한 주식대금의 납입이 없어 형식적 증자라고도 한다. 잉여금을 자본에 전입하여 자본금이 증가하는 것으로 주주에게 발행주식을 무상으로 교부한다.

예

* 우선주를 발행하고 주금 납입을 받는 유상증자를 하면(액면발행)

(차) 당좌예금	×××	(대) 우선주자본금	×××

* 잉여금의 자본전입을 하면서 보통주 주주에게 무상주를 교부하면

(차) 자본잉여금	×××	(대) 보통주자본금	×××
이익잉여금	×××		

2) 유상감자와 무상감자

유상감자는 실질적감자라고 하며 자기주식을 매입하여 소각시키는 방법에 의하여 자본을 감소시키는 것을 말한다. 자기주식의 액면금액과 취득금액을 비교하여 취득금액이 작으면 감자차익으로 취득금액이 크면 감자차손으로 처리한다.

무상감자는 형식적감자라고 하며 회사의 누적된 결손금을 보전하기 위하여 발행주식의 일부를 소각하여 발행주식수를 줄이거나, 액면금액을 감액하는 방법으로 자본금을 감소시키고 그 대가를 지급하지 않는 것을 말한다. 소각 또는 감액되는 주식의 액면금액과 이월결손금의 차이를 감자차익으로 처리한다.

감자차익은 자본잉여금으로 회계처리를 하고 감자차손이 발생한 경우 상계한다. 자본금에 전입 및 이월결손금의 보전 이외에는 사용할 수 없다.

예

* 액면금액 ₩100,000의 주식을 ₩90,000에 매입소각하고 감자를 하면

(차) 자본금	100,000	(대) 현 금	90,000
		감자차익	10,000

* 이월결손금 ₩70,000을 보전하기 위하여 총발행주식(20주, 액면 ₩10,000)의 1/2을 무상으로 소각하면

(차) 자본금	100,000	(대) 이월결손금	70,000
		감자차익	30,000

3) 주식발행초과금

주식발행초과금은 주식의 할증발행시에 주식발행금액이 액면금액을 초과하는 부분을 말한다. 자본금에 전입과 이월결손금의 보전 이외에는 사용할 수 없다. 증자시에 주식발행에 소요된 주식발행비용은 주식발행초과금에서 차감하여 처리한다.

4) 자기주식처분이익

자기주식을 일시적으로 취득한 경우에는 가급적 빠른 시일 내에 처분하여야 하고, 처분 시의 매각이익을 자기주식처분이익이라 한다. 자기주식처분이익은 자기주식처분손실이 발생하는 경우 상계하고, 자본금에 전입 및 이월결손금의 보전 이외에는 사용할 수 없다.

예

* 액면금액 ₩100,000의 자기주식을 ₩70,000에 취득하면

(차) 자기주식	70,000	(대) 현 금	70,000

* 자기주식을 ₩80,000에 처분하면(액면금액 ₩100,000, 취득금액 ₩70,000)

(차) 현 금	80,000	(대) 자기주식	70,000
		자기주식처분이익	10,000

* 자기주식을 매입소각하면(액면금액 ₩100,000, 취득금액 ₩70,000)

(차) 자본금	100,000	(대) 자기주식	70,000
		감자차익	30,000

* 자기주식처분이익은 자본잉여금에 해당하지만 자기주식처분손실은 자본조정의 차감항목에 해당한다.

(3) 자본조정

자본조정은 당해 항목의 성격으로 보아 자본거래에 해당하나 최종 납입된 자본으로 볼 수 없거나 자본의 가감성격으로 자본금이나 자본잉여금으로 분류할 수 없는 항목이다.

① 자본에서 차감(-)할 항목

자기주식, 주식할인발행차금, 감자차손, 자기주식처분손실

② 자본에 가산(+)할 항목

미교부주식배당금, 신주청약증거금, 출자전환채무, 주식매수청구권

③ 자기주식

회사가 이미 발행한 자기회사의 주식을 매입 소각할 목적이나 재발행할 목적으로 취득한 경우에 자기주식으로 처리하고, 자본조정으로 회계처리한다.

④ 주식할인발행차금

주식을 액면금액 이하로 발행한 경우에 액면금액에 미달하는 금액을 주식할인발행차금이라 한다. 주식발행초과금과 우선 상계하고 남은 잔액을 주식 발행연도부터 3년 이내의 기간에 매기 균등액을 상각하여야 한다. 주식할인발행차금의 상각은 이익잉여금의 처분항목이므로 손익계산서에 표시하는 것이 아니라 이익잉여금처분계산서에 표시한다.

⑤ 감자차손

자본금을 감자하는 경우에 나타나는 것으로 매입 소각하는 주식의 취득금액이 액면금액보다 큰 경우에 그 차액이 감자차손이다. 자본에서 차감하는 형식으로 표시하여야 하는 감자차손은 감자차익이 발생한 경우 우선 상계하고 잔액은 주주총회 결의에 의한 이익잉여금처분으로 상각한다.

⑥ 자기주식처분손실

일시적으로 취득한 자기주식을 처분하는 경우에 나타나는 매각손실을 자기주식처분손실이라 한다. 자기주식처분손실을 자기주식처분이익의 범위 내에서 상계처리하고, 미 상계 된 잔액이 있는 경우에는 자본조정의 자기주식처분손실로 회계처리 한다. 이익잉여금처분으로 상각되지 않은 자기주식처분손실은 향후 발생하는 자기주식처분이익과 우선적으로 상계한다.

⑦ 미교부주식배당금

이익잉여금의 배당을 주식으로 하는 경우 배당지급일까지 임시로 처리하는 계정으로 자본에서 차감하는 형식으로 표시한다. 미교부주식배당금은 자본에 가산하는 항목으로 배당하는 주식의 액면금액으로 계상하고, 배당지급일이 되어 주식을 교부하면 자본금계정에 대체한다.

⑧ 신주청약증거금

청약에 의한 방법으로 주식을 발행하는 경우에 받은 청약금을 처리하는 임시계저웅로 주식을 발행하여 교부하면 자본금계저에 대체되어 소멸한다.

(4) 기타포괄손익누계액

기타포괄손익이란 일정기간동안 주주와의 자본거래를 제외한 모든 거래와 사건으로 발생한 모든 순자산(자본)의 변동인 포괄손익에서 당기손익항목을 제외한 항목을 말하는 것으로 보고기간 종료일 현재의 잔액을 재무상태표의 기타포괄손익누계액으로 구분한다.

① 매도가능증권평가손익

매도가능증권으로 분류된 지분증권이나 채무증권을 공정가치로 평가할 때에 나타나는 평가손익이다. 매도가능증권의 평가손익을 기타포괄손익누계액으로 처리한 금액은 매도가능증권이 처분되는 시점에 매도가능증권처분손익에 가감하여야 한다.

② 재평가잉여금(재평가차익)

재평가잉여금(또는 재평가차익)은 유형자산을 유형별로 보고기간 종료일 현재 공정가치로 재평가를 하는 경우 장부금액을 초과하는 부분을 처리하는 계정으로 기타포괄손익에 해당한다. 재무상태표의 기타포괄손익누계액으로 처리한 재평가잉여금은 재평가잉여금(또는 재평가차익)이 있는 유형자산을 처분할 때에 유형자산처분손익에 가감하여 소멸한다.

(5) 이익잉여금

이익잉여금은 기업의 영업활동이나 재무활동의 결과 축적된 이익으로 사내에 유보된 부분이다. 이익잉여금은 손익계산서와 재무상태표를 연결시키는 항목으로 수익과 비용의 집합인 손익계정에서 산출된 당기순이익은 이익잉여금을 증가시키고 당기순손실은 이익잉여금을 감소시킨다.

<table>
<tr><td rowspan="4">이 익
잉여금</td><td>법정적립금</td><td colspan="2">이익준비금</td></tr>
<tr><td rowspan="2">임의적립금</td><td>적극적적립금</td><td>사업확장적립금, 감채적립금</td></tr>
<tr><td>소극적적립금</td><td>배당평균적립금, 결손보전적립금, 별도적립금</td></tr>
<tr><td>미처분이익잉여금</td><td colspan="2">전기이월미처분이익잉여금, 당기순이익</td></tr>
</table>

① 이익준비금

상법 제458조에 의하여 회사는 매 결산기마다 금전에 의한 배당금의 10% 이상을 자본금의 $\frac{1}{2}$에 달할 때까지 이익준비금으로 적립하여야 한다. 상법에 의한 강제적립금인 이익준비금은 결손보전과 자본금으로 전입 이외에는 사용할 수 없다.

② 임의적립금

임의적립금은 회사의 정관 또는 주주총회의 결의에 의하여 회사가 임의로 이익을 내부에 유보하여 적립하는 것을 말한다. 임의적립금은 장래에 투자재원이나 손실을 대비하여 적립하는 것으로 명칭도 회사가 임의로 정하는 것이다. 적립의 목적에 따라 적극적 적립금과 소극적 적립금으로 구분한다.

③ 미처분이익잉여금

미처분이익잉여금은 전기이월미처분이익잉여금과 당기순이익을 합한 것으로 배당이나 다른 잉여금으로 처분되지 않고 있는 잉여금이다. 당기순이익이 발생하면 손익계정에서 미처분이익잉여금으로 대체되고, 당기순손실이 발생하면 손익계정에서 미처리결손금계정으로 대체한다.

예

* 당기순이익이 발생하면

(차) 손 익	×××	(대) 미처분이익잉여금	×××

* 당기순손실이 발생하면

(차) 미처리결손금	×××	(대) 손 익	×××

<배당>

* 현금배당을 결의하면(주주총회일)

(차) 미처분이익잉여금	×××	(대) 미지급배당금	×××

* 배당금을 지급하면

(차) 미집급배당금	×××	(대) 현금	×××

(6) 이익잉여금 처분과 결손금 처리

1) 이익잉여금처분계산서

미처분이익잉여금은 이익준비금, 기타법정적립금, 임의적립금 등으로 사내유보(적립)되거나 배당, 상여 등을 통해 사외유출되고, 잔액은 차기로 이월된다. 이러한 미처분이익잉여금의 처분 및 변동 내역을 요약하여 재무제표의 주석으로 보고하는 것이 이익잉여금처분계산서이다. 미처분이익잉여금 처분은 결산일이 아니라 다음 회계연도 초에 열리는 주주총회 결의일에 확정되므로 이익잉여금의 처분 내역은 재무상태표에 반영되지 않는다.

2) 결손금처리계산서

결손금처리계산서는 미처리결손금을 처리한 사항을 명확히 보고하기 위한 재무제표주석사항의 하나로 결손금의 처리내용을 표시한다. 결손금처리 순서는 임의적립금이입액, 기타법정적립금이입액, 이익준비금이입액, 자본잉여금이입액의 순으로 이루어진다.이익잉여금처분계산서와 마찬가지로 결산일 이후 다음 회계연도 초에 주주총회에서 확정되므로 결손금의 처리 사항은 재무상태표에 반영하지 않고 미처리결손금으로 표시된다.

고급회계 사채발행

현대(주)가 2×16년 1월 1일에 액면금액 ₩100,000, 매년말 액면이자 10% 지급, 3년 만기인 사채를 발행하려고 한다. 시장이자율이 12%인 경우 발행일 및 발행일 후의 매 결산기의 이자비용의 인식과 만기시점의 상환에 대한 회계처리를 하시오.

풀이

구 분	이자비용 (A)	현금이자 (B)	차금상각액 (C)	할인차금잔액 (D)	사채의 장부금액(E)
2×16년 1월 1일				₩4,802	₩95,198
2×16년 12월 31일	₩11,424	₩10,000	₩1,424	3,378	96,622
2×17년 12월 31일	11,595	10,000	1,595	1,783	98,217
2×18년 12월 31일	11,783*	10,000	1,783	0	100,000

* 단수조정(끝자리 숫자가 남지 않도록 처리한 것이다)
(A) = 전년도말(E) × 0.12
(C) = (A) − (B)
(D) = 전년도말(D) − (C)
(E) = 100,000 − (D) 또는 전년도말 장부금액 + 차금상각액(C)

• 발행일(2×16년 1월 1일)

(차) 현금	95,198	(대) 사채	100,000
사채할인발행차금	4,802		

2×16년 12월 31일의 결산수정분개

(차) 이자비용	11,424	(대) 현금	10,000
		사채할인발행차금	1,424

2×17년 12월 31일의 결산수정분개

(차) 이자비용	11,595	(대) 현금	10,000
		사채할인발행차금	1,595

2×18년 12월 31일의 결산수정분개

(차) 이자비용	11,783	(대) 현금	10,000
		사채할인발행차금	1,783
(차) 사채	100,000	(대) 현금	100,000

고급회계 이자지급일 사이의 사채발행

만약 사채가 2×16년 7월 1일에 발행되었고 시장이자율이 12%인 경우 발행일 및 결산일인 2×16년 12월 31일의 회계처리를 하시오.

풀이

2×16년 1월 1일의 현재가치		₩95,198
2×16년 7월 1일 시점의 현재가치증분	95,198×12%×1/2 =	5,712
2×16년 7월 1일의 현재가치, 즉 발행금액		₩100,910

• 발행일(2×16년 7월 1일)의 분개

(차) 현금	95,910	(대) 사채	100,000
사채할인발행차금	4,090		
(차) 현금	5,000	(대) 미지급사채이자	5,000

고급회계 수의상환사채

현대(주)가 2×16년 1월 1일에 액면금액 ₩100,000, 매년말 액면이자 10% 지급, 3년 만기인 사채를 발행하였다. 발행시점의 시장이자율은 12%이었고 발행자가 상환권리를 갖는 수의상환사채이다. 현대(주)는 2×17년 12월 31일에 사채 전액을 시가로 상환하였다. 2×17년 12월 31일의 시장이자율이 13%인 경우 상환시점의 회계처리를 하시오.

풀이

액면금액	₩100,000
할인발행차금	(1,783)
장부금액	₩98,217

• 상환금액의 계산

원금	₩100,000 × 0.8850(1년, 13% 현재가치요소) =	₩88,500
이자	₩10,000 × 0.8850(1년, 13% 현재가치요소) =	₩8,850
합계		₩97,350

두 금액의 차이가 사채상환손익에 해당하며 상환시점의 분개는 다음과 같다.

(차) 사 채	100,000	(대) 현 금	97,350
		사채할인발행차금	1,783
		사 채 상 환 이 익	867

문 제

01 다음 자료를 이용하여 순매입액을 계산하면 얼마인가?

• 총매입액	200,000원	• 매입운임	5,000원
• 매입에누리	20,000원	• 매입환출	10,000원

① 170,000원 ② 175,000원
③ 180,000원 ④ 185,000원

해답 ②

순매입액 : 200,000원 + 5,000원 − 20,000원 − 10,000원 = 175,000원

Tip 매입액이란 매입액에서 매입에누리, 매입할인, 매입환출은 빼고 매입의 취득과 직접 관련되는 부대비용인 매입운임은 더하고 순매입을 구하면 된다.

Tip 순매출액은 매출액에서 매출에누리, 매출환입,매출할인을 제외한 순매출액을 산출하면 된다.

---

02 2015년 12월 31일 현재 각 계정의 잔액은 다음과 같다. 2015년 12월 31일 단기차입금은 얼마인가?

• 현 금	500,000원	• 외상매출금	250,000원	• 미수금	120,000원
• 선수금	150,000원	• 선급금	130,000원	• 미지급금	70,000원
• 자본금	400,000원	• 단기차입금	?	• 장기차입금	160,000원

① 210,000원 ② 220,000원
③ 310,000원 ④ 320,000원

해답 ②

- 자산총계(1,000,000원)
  = 현금(500,000원) + 외상매출금(250,000원) + 미수금(120,000원) + 선급금(130,000원)
- 부채총계(600,000원)
  = 자산총계(1,000,000원) − 자본금(400,000원)
- 단기차입금(220,000원)
  = 부채총계(600,000원) − 선수금(150,000원) − 미지급금(70,000원) − 장기차입금(160,000원)

재무상태표(12/31)

현 금	500,000	선수금	150,000
외상매출금	250,000	미지급금	70,000
미수금	120,000	단기차입금	x
선급금	130,000	장기차입금	160,000
		자본금	400,000
합 계	1,000,000	합계	1,000,000

x + 150,000 + 70,000 + 160,000 + 400,000 = 1,000,000
x = 220,000

---

03 회계담당자의 착오로 인해 다음의 내용에 대한 회계처리를 누락하여, 당기순이익이 1,000,000원으로 보고되었다. 수정후 당기순이익을 구하시오.

• 수입임대료 선수액	500,000원	• 보험료 선급액	120,000원

① 620,000원 ② 550,000원
③ 430,000원 ④ 310,000원

해답 ①

1,000,000 − 500,000 + 120,000 = 620,000원

선수금은 미리 받은 수입임대료이므로 부채가 됨으로 차감하여야 하고, 선급금은 미리 지급한 보험료로 자산이 됨으로 가산하여야 한다.
기말시점의 회계처리로 선수수익, 미수수익, 선급비용, 미지급비용을 잘 인식하여야 한다.

Tip 결산시의 수정분개
선수수익 : 미리 수익을 인식한 것으로 부채계정
미수수익 : 수익은 발생하였으나 아직 돈을 받지 못하였으므로 자산계정
선급비용 : 미리 비용을 지급한 것으로 자산계정
미지급비용 : 비용은 발생하였으나 아직 돈을 지급하지 못하였으므로 부채계정

---

04 다음 자료를 보고 기초자본을 구하시오.

• 당기순이익 900,000원 • 기말자산 3,000,000원 • 기말부채 1,300,000원

① 1,700,000원 ② 900,000원
③ 800,000원 ④ 100,000원

해답 ③

재무상태표(1/1)

	기초자본 x

재무상태표(12/31)

기말자산 3,000,000	기말부채 1,300,000
	기말자본 1,700,000

기말자본은 기초자산에서 당기순이익은 더하고 배당금은 차감하여 구함으로 기말자본은 1,700,000 (기말자산 3,000,000 − 기말부채 1,300,000)임
기초자본 + 당기순이익 − 배당금 = 기말자본이므로

x + 900,000 − 0 =1,700,000
x = 800,000

05 (주)한국의 2016년 1월 1일 자본금은 30,000,000원(주식수 30,000주, 액면가액 1,000원)이다. 2016년 7월 1일에 주당 1,200원에 10,000주를 유상증자하였다. 2016년 기말 자본금은 얼마인가?

① 12,000,000원 ② 40,000,000원
③ 50,000,000원 ④ 62,000,000원

해답 ②

기말 자본금 : (30,000주+10,000주) × 1,000원 = 40,000,000원

---

06 다음은 자본에 관한 설명이다. 잘못된 것은?

① 주식을 이익으로 소각하는 경우에는 소각하는 주식의 취득원가에 해당하는 이익잉여금을 감소시킨다.
② 기업이 주주에게 순자산을 반환하지 않고 주식의 액면금액을 감소시키거나 주식 수를 감소시키는 경우에는 감소되는 액면금액 또는 감소되는 주식 수에 해당하는 액면금액을 감자차손으로 하여 자본조정으로 회계처리한다.
③ 기업이 이미 발행한 주식을 유상으로 재취득하여 소각하는 경우에 주식의 취득원가가 액면금액보다 작다면 그 차액을 감자차익으로 하여 자본잉여금으로 회계처리한다.
④ 이익잉여금(결손금) 처분(처리)으로 상각되지 않은 감자차손은 향후 발생하는 감자차익과 우선적으로 상계한다.

해답 ②

감자차익에 대한 설명이다.
기업이 주주에게 순자산을 반환하지 않고 주식의 액면금액을 감소시키거나 주식수를 감소시키는 경우에는 감소되는 액면금액 또는 감소되는 주식수에 해당하는 액면금액을 감자차익으로 하여 자본잉여금으로 회계처리한다. (기업회계기준 15.14)

---

07 다음은 충당부채 및 우발부채에 관한 설명이다. 잘못된 것은?

① 충당부채로 인식하기 위해서는 현재의무가 존재하여야 할 뿐만 아니라, 그 의무의 이행을 위한 자원의 유출 가능성이 매우 높아야 한다.

② 충당부채의 명목금액과 현재가치의 차이가 중요한 경우에는 의무를 이행하기 위하여 예상되는 지출액의 현재가치로 평가한다.

③ 우발부채는 부채로 인식하여야 한다.

④ 현재의무를 이행하기 위하여 소요되는 지출 금액에 영향을 미치는 미래사건이 발생할 것이라는 충분하고 객관적인 증거가 있는 경우에는, 그러한 미래사건을 감안하여 충당부채 금액을 추정한다.

해답 ③

우발부채는 부채로 인식하지 아니한다. 의무를 이행하기 위하여 자원이 유출될 가능성이 아주 낮지 않는 한, 우발부채를 주석에 기재한다. (일반기업회계기준 14.5)

---

08 주식발행회사의 입장에서 주식배당을 함으로 인한 효과로 가장 적절한 것은?

① 미지급배당금만큼 부채가 증가한다.

② 자본총액이 주식배당액만큼 감소한다.

③ 자본금은 증가하지만 이익잉여금은 감소한다.

④ 주식배당은 배당으로 인한 회계처리가 불필요하므로 자본항목간의 변동도 없다.

해답 ③

주식배당 일에 [(차) 미처분이익잉여금 ××× (대) 자본금 ×××]으로 회계처리를 하므로, 자본금은 증가하고 이익잉여금은 감소한다. 자본항목간의 변동만 있음.

---

09 다음 내용 중 자본의 실질적인 감소를 초래하는 것으로 적합한 것을 모두 묶은 것은?

가. 주주총회의 결의에 의하여 주식배당을 실시하다.
나. 주주총회의 결의에 따라 주당 8,000원으로 50,000주를 유상증자하다.
다. 이사회 결의에 의하여 중간배당으로 현금배당을 실시하다.
라. 결손금 보전을 위해 이익준비금을 자본금에 전입하다.
마. 만기보유증권을 매도가능증권으로 재분류에 따른 평가손실이 발생하다.

① 가, 나　　② 나, 다
③ 다, 라　　④ 다, 마

해답 ④

'가', '라'는 자본의 변동은 없다. '나'는 자본이 증가한다.

제 7 장

포괄손익계산서 - 수익과 비용

1. 수익

(1) 수익

수익은 자산의 유입이나 증가 또는 부채의 감소에 따라 자본의 증가를 초래하는 특정 회계기간 동안에 발생한 경제적효익의 증가로서, 지분참여자에 의한 출연과 관련된 것은 제외한다. 기업의 경영활동과 관련하여 재화를 판매하거나 용역을 제공하는 대가로 인하여 자산의 증가 또는 부채의 감소로 인하여 자본이 증가하는 것을 수익이라 한다.

(2) 수익의 구분

1) 매출액

매출액은 기업의 주된 영업활동에서 발생한 제품, 상품, 용역의 순매출액이다. 매출액은 업종별 또는 부문별로 구분하여 표시할 수 있으며, 중요한 경우 반제품매출, 수출액, 장기할부매출 등으로 구분하여 표시하거나 주석으로 기재한다.

순매출액은 총매출액에서 매출에누리와 환입 및 매출할인을 차감하여 구한다.

순매출액 = 총매출액 − 매출에누리와 환입 − 매출할인

* 실무에서는 "상품매출", "제품매출" 등 구체적인 매출항목으로 계정과목을 설정한다.

2) 영업외 수익

영업외수익은 기업의 주된 영업활동이 아닌 재무활동이나 투자활동에서 발생한 수익과 차익으로서 이자수익, 배당금수익, 임대료, 단기매매증권처분이익, 단기매매증권평가이익, 대손충당금환입, 투자자산처분이익, 법인세환수액, 외한차익, 외화환산이익, 지분법이익, 장기투자증권손상차손환입, 유형자산처분이익, 사채상환이익, 전기오류수정이익, 자산수증이익, 채무면제이익, 보험료수익, 잡이익 등이 있다.

3) 이자수익

금융업이외의 판매업, 제조업 등을 영위하는 기업이 일시적으로 자금을 대여한 경우나 은행에 예치한 경우에 발생하는 이자 및 보유중인 국채·공채·지방채·사채 등 유가증권에서 발생하는 이자를 포함한다.

4) 배당금수익

주식이나 출자금 등의 단기투자자산 및 장기투자자산으로 인하여 이익 또는 잉여금의 분배로 받는 배당금을 말한다.

5) 임대료

부동산 또는 동산을 타인에게 임대하고 일정기간마다 사용대가로 받게 되는 임대료(지대,집세) 및 사용료를 말한다. 부동산임대업을 제외하고는 임대료가 주된 사업목적을 달성하기 위한 수단이 아니므로 영업외수익에 계상하여야 한다.

6) 단기매매증권처분이익

국·공채 및 사채, 주식 등 단기매매증권을 취득금액보다 높은 금액으로 처분하는 경우에 발생하는 처분이익을 말한다.

처분시 수수료 등 부대비용은 처분손익에서 차감하여야 한다.

7) 외환차익

외화자산의 회수 또는 외화부채의 상환 시에 발생하는 차익을 말한다. 회사가 보유하고 있던 외화자산을 회수할 때 원화 회수액이 그 외화자산의 장부금액보다 큰 경우, 혹은 외화부채를 상환할 때 원화상환액이 그 외화부채의 장부금액보다 작은 경우 그 차액을 처리하는 계정이 외환차익이다.

8) 외화환산이익

결산일에 화폐성 외화자산 또는 외화부채를 환산하는 경우 환율의 변동으로 인하여 발생하는 환산이익을 말한다.

9) 유형자산처분이익

유형자산을 장부금액보다 높은 금액으로 처분하는 경우 발생하는 이익을 말한다. 장부금액이란 취득금액 또는 재평가액에서 감가상각누계액 잔액을 차감한 금액을 말한다.

10) 자산수증이익

회사가 주주, 채권자 등 타인으로부터 무산으로 자산을 증여받은 경우에 발생하는 이익을 말한다.

11) 채무면제이익

채무면제이익이란 기업이 주주나 채권자 등 타인으로부터 채무의 전부 또는 일부를 면제받았을 경우에 발생하는 이익을 말한다.

11) 잡이익

기업회계기준에 열거된 영업외수익 중 금액적으로 중요하지 않거나, 그 항목이 구체적으로 밝혀지지 않은 수익은 잡이익으로 처리한다. 잡이익 계정에서 처리되는 거래의 예로는 부산물이나 작업폐물의 판매수입, 원인불명의 현금과잉액 등을 들 수 있다.

(3) 수익의 인식

수익은 자산의 증가나 부채의 감소와 관련하여 미래경제적효익이 증가하고 이를 신뢰성있게 측정할 수 있을 때 손익계산서에 인식한다. 이는 실제로 수익의 인식이 자산의 증가나 부채의 감소에 대한 인식과 동시에 이루어짐을 의미한다. 예를 들면, 재화나 용역의 매출에 따라 자산의 순증가가 인식되며 미지급채무의 면제에 따라 부채의 감소가 인식된다. 수익인식의 구체적 기준에는 진행기준, 완성기준, 인도기준, 회수기준 등이 있다. 진행기준과 완성기준은 주로 용역제공에 대한 수익인식기준이고, 인도기준과 회수기준은 상품판매 등과 관련한 수익인식기준이다.

구 분	인식기준
일 반 매 출	인도기준
공 사 수 익	수입금액을 신뢰성있게 측정할 수 있는 경우에는 진행기준 적용
용 역 매 출	* 진행기준을 적용할 수 없는 경우에는 회수가능성이 매우 높은 발생원가의 범위내에서만 인식. 이때 원가는 발생한 회계기간의 비용으로 인식
위 탁 판 매	수탁자가 판매한 날
시 용 판 매	매입의사를 표시한 날
장기할부판매	인도기준. 다만, 이자상당액은 기간경과에 따라 수익으로 인식
부동산의 처분	잔금청산일·소유권이전등기일·매입자의 사용가능일 중 가장 빠른 날에 인식

(4) 현금주의와 발생주의

현금주의는 현금의 수입과 지출이 일어나는 시점에 수익과 비용을 인식하는 것이고, 발생주의는 현금의 수입과 지출에 관계없이 수입과 지출을 하여야 할 사실이 발생하는 시점을 기준으로 인식하는 것이다. 기업회계기준은 발생주의를 원칙으로 하고 있으며, 발생주의를 보완하기 위하여 현금흐름표를 재무제표의 하나로 포함시키고 있다.

2. 비용

(1) 비용

비용은 자산의 유출이나 소멸 또는 부채의 증가에 따라 자본의 감소를 초래하는 특정 회계기간 동안에 발생한 경제적효익의 감소로서, 지분참여자에 대한 분배와 관련된 것은 제외한다. 기업의 전반적인 수익창출 활동을 위한 지출이나 손실 등으로서 매출원가, 판매비와관리비, 영업외비용, 법인세비용(소득세비용)
으로 구분한다.

(2) 비용의 구분

1) 매출원가

매출원가는 판매된 제품·상품 등의 제조원가 또는 매입원가로 매출액에 대응한다.

· 상품매출원가 = 기초상품재고액 + 당기매입액 − 기말상품재고액
· 제품매출원가 = 기초제품재고액 + 당기제품제조원가 − 기말제품재고액

2) 판매비와 관리비

판매비와관리비는 매출원가에 속하지 않으면서 제품, 상품 등의 판매활동과 관리활동에서 발생하는 비용이다. 급여, 퇴직급여, 복리후생비, 임차료, 접대비, 감가상각비, 무형자산상각비, 세금과공과, 광고선전비, 연구비, 경상개발비, 대손상각비 등이 있다.

항상 빈번하게 발생하는 것은 아니지만 영업활동과 관련하여 비용이 감소함에 따라 발생하는 퇴직급여충당부채환입, 판매보증충당부채환입 및 대손충당금환입 등은 판매비와 관리비의 부(−)의 금액으로 표시한다.

3) 영업외비용

영업외비용은 기업의 주된 영업활동이 아닌 재무 또는 투자활동에서 발생한 비용 또는 차손으로서 이자비용, 기타의 대손상각비, 단기매매증권처분손실, 단기매매증권평가손실, 재고자산감모손실, 외환차손, 외화환산손실, 기부금, 지분법손실, 법인세추납액, 장기투자증권손상차손, 유형자산처분손실, 사채상환손실, 전기오류수정손실, 재해손실, 잡손실 등이 있다.

4) 대손상각비의 구분

매출채권에 대한 대손상각비 판매비와 관리비로 분류되고, 매출채권 이외의 채권에 대한 대손상각비는 '기타의 대손상각비'로 영업외비용으로 분류된다.

- 대손상각비 – 판매비와 관리비
- 기타의 대손상각비 – 영업외비용

(3) 비용의 인식기준

비용은 자산의 감소나 부채의 증가와 관련하여 미래경제적효익이 감소하고 이를 신뢰성있게 측정할 수 있을 때 손익계산서에 인식한다.

t수익 · 비용 대응의 관계

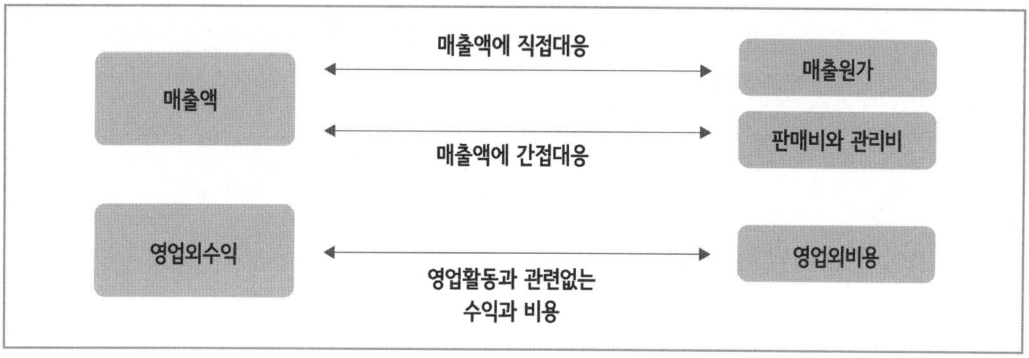

수익비용의 대응	내 용
직접적인 관련성	비용은 발생된 원가와 특정 수익항목의 가득 간에 존재하는 직접적인 관련성을 기준으로 손익계산서에 인식한다. 수익에 원가를 대응시키는 과정에서 동일한 거래나 그 밖의 사건에 따라 직접 그리고 공통으로 발생하는 수익과 비용을 동시에 또는 통합하여 인식하는 것이 포함된다. * 재화의 판매에 따라 수익이 발생됨과 동시에 매출원가를 구성하는 다양한 비용요소가 인식
포괄적·간접적인 관련성	경제적효익이 여러 회계기간에 걸쳐 발생할 것으로 기대되고 수익과의 관련성이 단지 포괄적으로 또는 간접적으로만 결정할 수 있는 경우 비용은 체계적이고 합리적인 배분절차를 기준으로 손익계산서에 인식된다. * 유형자산, 영업권, 특허권과 상표권 같은 자산을 사용하는 과정과 관련되 비용인 감가상각비 또는 상각비의 인식을 위해 일반적으로 그 같은 절차가 필요하다.
즉시 비용 인식	미래경제적효익이 기대되지 않은 지출이거나, 미래경제적효익이 기대되더라도 재무상태표에 자산으로 인식되기 위한 조건을 원래 충족하지 못하거나 더 이상 충족하지 못하는 부분은 즉시 손익계산서에 비용으로 인식되어야 한다. 또한 제품보증에 따라 부채가 발생하는 경우와 같이 자산의 인식을 수반하지 않는 부채가 발생하는 경우에는 손익계산서에 비용을 동시에 인식한다.

(4) 판매비와 관리비

1) 급여

급여란 판매 및 일반관리비 부문에 종사하는 종업원에 대한 정기적인 급료와 임금, 상여금 및 재수당 등을 말한다.

2) 퇴직급여

판매 및 관리업무에 종사하는 종업원이 퇴직하는 경우 지급되는 퇴직금은 우선적으로 퇴직급여충당부채와 상계하고, 퇴직급여충당부채잔액 이상으로 퇴직금지급시 초과부분은 퇴직급여계정으로 회계처리 한다. 그리고 동 종업원에 대한 퇴직급여충당부채를 설정할 때 퇴직급여충당부채전입액을 퇴직급여로 처리한다.

3) 복리후생비

판매부서와 일반관리업무에 종사하는 종업원들에 대한 복리비와 후생비로서 법정복리비, 복리시설부담금, 후생비, 현물급여, 산재보험료, 건강보험료(사용자 부담금), 고용보험료(사용자부담분), 기타 사회통념상 타당하다고 인정되는 경조비, 위로금 등을 말한다.

4) 여비교통비

판매부서, 관리업무와 관련하여 발생한 여비와 교통비를 말한다.

5) 통신비

판매부서, 관리업무와 관련하여 발생한 전신, 전화료, 우편, 팩스사용 등에 따르는 비용과 그 유지비로서 통신을 위해 직접 소요된 비용을 말한다.

6) 수도광열비

판매부서, 관리업무와 관련하여 발생한 수도료, 전기료, 유류비, 가스비 및 연탄비 등을 말한다.

7) 세금과공과

국세, 지방세 등의 세금과 공공단체, 조합 등의 공과금(예를 들면, 상공회의소회비, 연합회회비, 조합각출금, 조합회비 등)과 국민연금부담금(회사부담금) 및 벌금, 과료 과태료 등을 말한다. 그러나 취득세는 해당 자산의 취득원가에 포함시킨다.

8) 임차료

판매 및 관리업무용의 토지, 건물 등의 임차료와 특허권사용료, 기술도입사용료(Royalty) 및 동산의 사용료 등을 말한다.

9) 차량유지비

판매부서와 일반관리업무에 종사하는 임직원들의 차량운반구 유지비용으로 차량유류대, 통행료, 주차비, 차량수리비 등을 말한다.

10) 소모품비

판매 및 관리 업무시 소모성 비품 구입에 관한 비용으로, 사무용 용지, 소모공구 구입비, 주방용품 구입비, 문구 구입비, 기타 소모자재 등의 구입비를 말한다.

11) 도서인쇄비

판매 및 관리업무용 도서구입비 및 인쇄와 관련된 비용을 말한다.

12) 수수료비용

판매 및 관리업무에서 제공받은 용역의 대가를 지불할 때 사용되는 비용을 말한다.

13) 접대비

영업활동과 관련하여 거래처 등에 대한 접대비용으로서 경조금, 선물대, 기밀비(판공비, 사례금) 등을 포함한다. 접대비는 업무와 관련하여 지출한 비용이라는 것이 업무와 무관하게 지출한 비용인 기부금과 비교된다.

14) 보험료

판매 및 일반관리업무용 건물, 비품, 차량, 재고자산 등에 대한 화재 및 손해 등에 대비한 보험에 가입하고 납부하는 보험료를 말한다.

15) 운반비

상품, 제품의 판매 시 발송 및 운송과정에서 발생한 운임 등을 말한다.

16) 수선비

판매 및 일반관리업무용 건물, 비품 등의 수선비를 말한다.

17) 광고선전비

제품의 판매촉진활동과 관련된 비용으로서 불특정다수에 대한 광고선전을 목적으로 지출하는 비용을 말한다. 특정고객만을 상대로 지출하는 광고선전비는 접대비로, 신제품 또는 신판로 개척을 위해 지출한 임시적이며 거액인 광고선전비는 개발비로 계상한다.

18) 보관료

상품, 제품 및 반제품 등 재고자산을 외부 창고 등에 보관하는데 소요되는 비용을 말한다.

19) 감가상각비

판매 및 관리업무용 건물, 비품, 차량운반구 등 고정자산에 대한 감가상각비를 말한다.

20) 대손상각비

일반적인 상거래에 발생한 매출채권에 대한 대손상각을 말한다. 회수가 불확실한 채권에 대한 합리적이고 객관적인 기준에 따라 산출한 대손예상액과 회수불가능한 채권은 대손상각비로 처리한다. 일반적 상거래 이외의 기타채권에 대한 가타의 대손상각비는 영업외비용으로 기재한다. 대손이 발생한 때에는 대손충당금과 상계하고 대손충당금이 부족한 경우에는 그 부족액을 대손상각비로 계상한다.

21) 잡비

이상 열거한 판매비와 관리비 이외에 발생빈도나 금액의 중요성이 없는 비용들을 말한다. 소모품비, 회의비, 교육훈련비, 연수비, 자료수집비, 신용조사비 등이 소액인 경우에는 잡비로 처리하고 발생빈도나 금액이 클 경우에는 별도의 독립과목으로 구분표시 한다.

(5) 영업외비용

1) 이자비용

이자비용은 기업이 타인자본을 사용하였을 경우에 이에 대한 대가로서 지급하는 것으로 당좌차월 및 장·단기차입금에 대한 이자와 사채이자 등을 말한다.

2) 단기매매증권평가손실

자금의 일시적인 이용목적으로 취득한 시장성이 있는 단기매매증권의 시가가 하락하여 발생된 평가손실을 말한다.

3) 기부금

아무런 대가없이 무상으로 기증하는 금전, 기타의 자산 금액을 말한다. 접대비가 기업의 업무와 관련이 있는 지출인 반면 기부금은 기업의 업무와 관련 없이 지출하는 비용이라는 점이 다르다.

4) 유형자산처분손실

유형자산을 장부금액보다 낮은 금액으로 처분하는 경우 발생하는 손실을 말한다.

5) 외환차손

외환차손이란 기업이 보유하고 있던 외화자산을 회수할 때 원화로 회수하는 금액이 그 외화자산의 장부금액보다 적은 경우, 혹은 외화부채를 상환할 때 원화로 상환하는 금액이 그 외화부채의 장부금액보다 많은 경우에 발생하는 손실을 말한다.

6) 외화환산손실

외화환산손실이란 화폐성 외화자산 또는 외화부채가 기말에 환율변동으로 인해 손실이 발생한 경우에 처리하는 계정과목이다.

7) 재해손실

화재, 풍수해, 지진, 침수해 등 천재지변이나 돌발적인 사건(예를 들어 도난으로 거액의 손실을 입은 경우)으로 인하여 발생한 손실액을 말한다.

8) 잡손실

잡손실이란 영업활동에 직접적인 관계가 없는 비용으로서, 그 발생이 드물고 금액적으로 중요성이 없는 것, 또는 다른 영업외비용계정에 포함시키기에 적절하지 아니하다고 인정되는 것 등을 일괄적으로 집계·처리하는 계정이다.

(6) 법인세비용

법인세는 법인이 일정한 회계기간 동안 벌어들인 소득에 대해 부과되는 세금이며, 손익계산서상 중요한 비용으로 법인세와 지방소득세를 포함하여 계상한다.

문 제

01 다음 중 의류 도소매업의 영업손익을 산출하는데, 해당사항이 없는 것은 무엇인가?

① 매출액　　② 임차료
③ 유형자산처분이익　　④ 광고선전비

해답 ③

영업외수익은 이자수익, 배당금수익(주식배당액은 제외한다), 임대료, 단기매매증권처분이익, 단기매매증권평가이익, 외환차익, 외화환산이익, 지분법이익, 장기투자증권손상차손환입, 투자자산처분이익, 유형자산처분이익, 사채상환이익, 전기오류수정이익 등을 포함한다. 〈일반기업회계기준 실 2.48〉

매출액
(-) 매출원가
　기초상품(제품)재고액
　당기매입액(당기제품제조원가)
　기말상품(제품)재고액
(=) 매출총이익
(-) 판매비와 관리비
(=) 영업이익
(+) 영업외수익
(-) 영업외비용
(=) 법인세비용차감전순이익
(-) 법인세비용
(=) 당기순이익
(±)기타포괄이익
(=) 총이익

02 다음 자료에 의하여 매출총이익을 계산하면 얼마인가?

• 당기총매출액	2,250,000원	• 매출환입및에누리	140,000원
• 당기상품총매입액	1,850,000원	• 매입환출및에누리	220,000원
• 기초상품재고액	300,000원	• 기말상품재고액	400,000원

① 500,000원　　② 540,000원
③ 580,000원　　④ 620,000원

해답 ③

- 순매출액(2,110,000원) = 총매출액(2,250,000원) − 매출환입및에누리(140,000원)
- 매출원가(1,530,000원)
  = 기초상품(300,000원) + 순매입액(1,630,000원) − 기말상품(400,000원)
- 순매입액(1,630,000원) = 총매입액(1,850,000원) − 매입환출및에누리(220,000원)
- 매출총이익(580,000원) = 순매출액(2,110,000원) − 매출원가(1,530,000원)

매출액		2,110,000
(−) 매출원가		(−) 1,530,000
기초상품(제품)재고액	300,000	
당기매입액(당기제품제조원가)	(+) 1,630,000	
기말상품(제품)재고액	(−) 400,000	
(=) 매출총이익		580,000

03 결산 결과 당기순이익이 800,000원이었으나 아래의 사항이 누락되었음을 발견하였다. 수정 후 올바른 당기순이익을 계산하면 얼마인가?

• 임대료 미수분	120,000원	• 보험료 미지급액	150,000원
• 이자비용 선급분	70,000원		

① 700,000원　　② 840,000원
③ 1,000,000원　　④ 1,070,000원

해답 ②

임대료 미수분은 수익의 예상에 해당하므로 수익에 가산하고, 보험료 미지급액은 비용의 예상에 해당하므로 비용에 가산한다. 그리고 이자비용 선급분은 비용의 이연에 해당하므로 비용에서차감하면 당기순이익은 840,000원이다.

04 다음 중 재무상태표에만 영향을 미치는 거래로 짝지어진 것은?

> 가. 상품을 매출하고 당사에서 매출운임을 현금으로 지급하다.
> 나. 상품을 매입하고 당사에서 매입운임을 현금으로 지급하다.
> 다. 토지에 대한 재산세를 현금으로 지급하다.
> 라. 토지를 취득하고 취득세를 현금으로 지급하다.

① 가, 나　　② 가, 다
③ 나, 다　　④ 나, 라

해답 ④

"나"와 "라"는 취득한 자산의 취득원가로 처리하고, "가"와 "다"는 비용으로 처리 함.

가. (차변) 현금 or 매출채권　×××　(대변) 매 출　×××
　　　　　매출운임(판매관리비)　×××　　　　현 금　×××

나. (차변) 매입 or 상품　×××　(대변) 현 금　×××
　매입과 직접 관련된 부대비용은 취득원가에 포함한다.

다. (차변) 재산세(비용)　×××　(대변) 현 금　×××
　토지의 취득과 관련된 취득세는 토지의 취득원가에 포함하나 재산세는 비용항목으로 처리한다.

라. (차변) 토지　×××　(대변) 현 금　×××

---

05 다음 중 손익계산서상 당기순이익에 영향을 미치는 항목이 아닌 것은?

① 인건비　　② 건물 감가상각비
③ 기계장치 처분손실　　④ 자기주식 처분손실

해답 ④

자기주식 처분손실은 당기순이익에 영향을 미치지 않는다.

---

06 다음 항목 중에서 손익계산서상의 영업이익 계산과정에 포함되는 것은?

① 외상매출금 관련 대손상각비
② 유형자산 처분으로 발생한 손실
③ 단기투자자산을 보유한 상태에서 기말 결산시기에 발생한 평가이익
④ 업무와 관계없이 공익단체에 무상으로 금품을 기부한 경우

해답 ①

③은 영업외수익, ②,④는 영업외비용(일반기업회계기준 2.49)

---

07 다음 자료를 이용하여 영업이익을 구하시오.

항목	금액	항목	금액
• 매출액	30,000,000원	• 직원회식비	200,000원
• 장기대여금의 대손상각비	200,000원	• 매출원가	25,000,000원
• 광고선전비	200,000원	• 기부금	200,000원
• 임직원급여	2,000,000원	• 거래처 접대비	200,000원
• 유형자산처분손실	200,000원		

① 1,800,000원　　② 2,000,000원
③ 2,200,000원　　④ 2,400,000원

해답 ④

영업이익
= 매출액 – 매출원가 – 판매관리비(임직원급여 + 직원회식비 + 광고선전비 + 거래처접대비)

제 8 장

기업의 재무비율 분석
(기업분석 - 유동성)

1. 기업의 재무비율분석이란?

재무제표에는 기업의 재무상태와 재무성과, 현금흐름 및 자본변동 등에 대한 기본 정보가 담겨져 있다. 재무제표이용자가 재무제표 정보를 자신의 의사결정에 활용하려면 재무제표 및 관련 자료에서 자신의 의사결정에 적합한 정보를 추출하여 해석하는 과정이 필요하다. 재무비율은 재무제표상의 각 항목 간에 관계를 일정한 비율로 나타내어 기업의 전반적인 경영성과를 분석하기 위한 것이다.

따라서 재무비율 분석(Financial ratios analysis)은 재무제표의 계정 간에 관계를 안정성, 유동성, 성장성, 수익성, 활동성 등의 측면에서 분석한다. 즉, 재무제표와 관련 자료에 분석적 기법을 적용하여 기업의 수익성과 재무위험 등을 평가하고 이러한 정보를 통하여 기업에 관한 미래 예측과 판단에 유용한 정보를 추출하고 해석하는 과정이다. 이를 분석하기 위하여 재무상태표, 포괄손익계산서 및 시장관련 지표들을 이용하고 있는데, 재무상태표를 통하여 유동성, 레버리지(leverage) 정보, 안정성 등을 분석하며 포괄손익계산서는 기업의 수익성, 활동성, 성장성 등에 관한 분석자료로 이용된다.

이러한 재무제표분석을 통하여 우리는 과거 일정시점의 기업의 재무상태를 파악할 수 있고, 과거 일정 기간의 기업의 재무성과와 현금흐름 등을 알 수 있으며, 이를 통하여 미래의 재무상태와 재무성과를 예측할 수 있는 것이다. 이처럼 재무제표는 과거의 자료이지만 이를 통하여 기업 미래의 재무상태와 재무성과가 어떻게 될 것인가에 대한 미래 예측의 역할을 하기도 한다.

재무분석을 통하여 모든 정보를 알 수 있는 것은 아니다. 또한 이용가능한 각각의 정보를 통하여 종합적으로 고려하여야 한다. 만약 특정한 재무제표의 내용에만 집중하면 기업의 수익성과 재무위험 등 기업의 종합적 상황을 파악하는 것이 어려울 수 있기 때문이다.

(1) 재무분석의 의의

재무분석은 기업의 재무제표를 비롯한 회계자료와 기타 관련된 자료들을 기초로 기업의 과거와 현재의 경영성과 및 재무상태를 판단하고 그 원인을 규명하기 위한 분석이다. 또한 재무분석은 기업의 미래상태를 예측하여 기업의 경영에 관한 의사결정에 유용한 정보를 제공하기 위한 분석이다.

종전의 재무분석은 주로 기업의 과거와 현재의 재무상태 및 경영성과를 분석하는데 중점을 두고 있다. 그러나 최근 재무분석은 과거와 현재는 물론 미래의 재무상태와 경영성과를 평가하는 데에 다 많은 관심을 가지고 있다. 재무제표분석은 재무상태표와 기타포괄손익계산서 등의 재무제표를 기준으로 기업의 재무상태와 경영성과를 분석하는데 초점을 맞추고 있다. 그러나 재무제표 등의 회계자료 이외에도 기업과 관련된 기타 모든 계량화된 자료들을 분석하여 경영의사결정에 유용한 정보를 제공한다. 이러한 재무제표를 이용한 재무제표분석은 기업의 유동성, 안전성, 수익성, 활동성, 생산성 그리고 성장성 등을 분석할 수 있다.

(2) 재무분석 이용자와 목적

재무분석은 기업을 둘러싸고 있는 이해관계자가 특정한 목적으로 경제적 의사결정을 하기 위해 기업의 과거 경영성과와 현금흐름, 재무구조를 토대로 향후 성장성, 수익성, 현금흐름 및 재무구조가 어떻게 될 것인가에 따라서 의사결정을 하게 된다.

다양한 이해관계자

구 분	내 용
금 융 기 관	원리금 지급능력, 신용도, 수익의 안정성
증 권 투 자 자	투자수익, 투자위험, 투자가치
종업원 · 노동단체	성과배분, 생산성, 재정건전도
정부 · 공공기관	과세자금, 사업의 공익성 및 수익성, 국민경제기여도

(3) 이해관계자의 재무분석 목적 비교

주주/투자자란 주식매입을 통해 어느 정도 수익을 올릴 수 있겠는가의 목적으로 배당수익률, 주가 시세차익에 관심이 있을 것이고 금융기관/채권자는 자금대여를 통해 약정된 이자수취 및 원금회수가 원활할 수 있겠는가의 목적으로 이자지급능력과 차입금 상환 능력에 관심을 가질 것이다. 협력업체는 납품대금의 결제가 원활할 것인가의 목적으로 (공급거래선)의 납기, 품질, 지속적인 공급여부의 관심이 있을 것이고 거래선/고객은 우수한 품질, 원활한 A/S여부로 수익성, 현금흐름에 목적이 있을 것이다.

경영분석의 기초자료

	회계자료	비회계자료
구 분	재무제표	주가, 시장점유율, 제품의 품질, 경영자 능력, 기술수준 등
비 교	현실적으로 외부분석자의 입장에서는 회계자료를 기초자료로 이용할 수 밖에 없음	

재무비율분석의 분류

구 분		내 용
유동성	유동성비율	단기채무 상환능력, 자금사정
	레버리지비율	채권보전의 안전도, 원리금 상환능력, 안정성
수익성	수익성비율	투하자본에 대한 경영성과, 이익창출능력
효율성	활성동비율	특정자산의 이용효율성, 현금화속도, 자산투자의 적절성
성장성	성장성비율	기업외형, 수익력의 향상 정도
산업평균비율		분석대상 기업과 동일한 산업에 속해 있는 기업들의 평균비율 (ex. 한국은행의 '기업경영분석'에 수록)

(4) 재무비율 분석할 때 고려할 사항

재무의 분석은 기업을 둘러싸고 있는 이해관계자가 특정한 목적으로 경제적 의사결정을 하기 위해 기업의 과거 경영성과나 현금흐름, 재무구조를 토대로 하여, 향후 성장성, 수익성, 현금흐름이 어떻게 될 것인가를 전반적으로 고려하여 의사결정을 함으로써 미래에 대한 합리적인 예측이 필요하다.

기업의 재무제표를 통한 재무분석

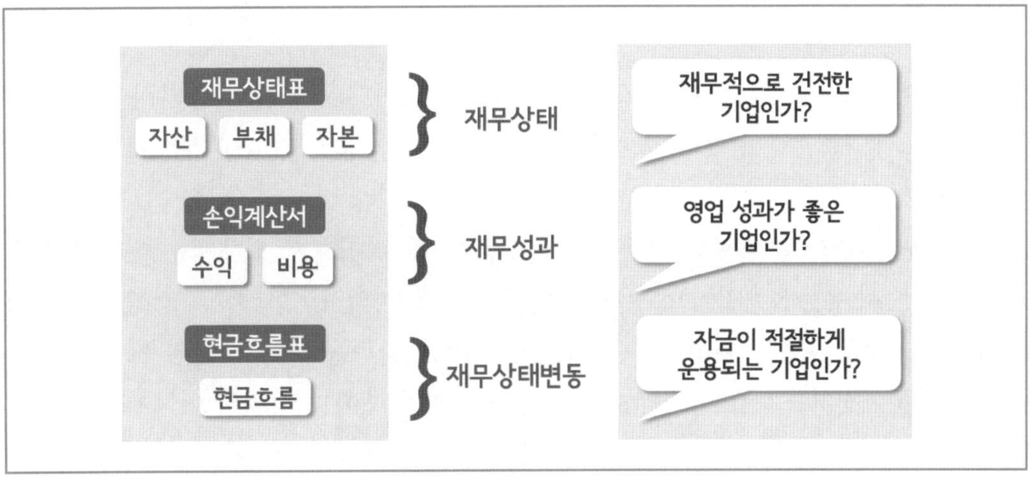

2. 유동성이란?

유동성(liquidity)은 기업의 단기간의 지급능력을 평가하는데 사용되는 비율로 유동비율과 당좌비율 그리고 현금비율 등이 있다. 이러한 유동성은 기업에 자금을 제공하는 금융기관이나 투자자, 그리고 공급자(원자재를 납품하는 납품업자)에게 중요한 판단지표를 제공한다. 기업의 유동성이 좋다는 것은 단기채무를 변제할 상환능력이 좋다는 것을 의미하므로 자금이나 물품을 제공하는 투자자나 공급자의 입장에서는 채무불이행(물건 값을 못 받을 위험)의 위험에 노출되는 정도가 적다는 것으로 기업의 유동성이 안전하다는 의미이다.

기업의 유동성은 보유자산 중에서 1년 이내에 현금화가 가능한 유동자산이 중요한 요소가 되는데 이러한 유동자산은 현금 및 현금등가물, 매출채권, 그리고 재고자산 등을 지칭한다. 유동자산의 비중이 기업의 유동성을 결정짓는 중요한 요소임에는 틀림

없지만 유동자산이 많다고 반드시 기업의 유동성이 좋은 것은 아니다. 예를 들어 유동자산이 유동부채를 능가할 경우 유동성이 양호하나 1년 이내에 만기가 도래하는 장기부채가 많을 경우 기업의 채무변제능력이 없게 되어 앞으로의 유동성이 악화될 수 있는 위험이 커지기 때문에 유동부채와 비유동부채(안정성)도 함께 고려하여 종합적으로 판단하여야 하다.

따라서 유동성을 측정하는 여러 가지 지표들은 기업이 보유하고 있는 자산 중 유동자산이 자산 전체에서 차지하는 정도, 단기채무의 정도, 그리고 실질적으로 재고자산의 증가유무에 따른 단기 현금화가 가능한 자산의 정도 등을 추가 고려하여 종합적으로 판단하여야 한다.

예를 들어 매출이 부진하여 재고자산의 비중이 많아 유동자산이 증가하고, 단기부채의 만기도래 시 지급하여야 할 현금지급능력이 없을 경우 기업이 부도사태에 직면하는 위험이 증가할 수 있기 때문이다.

유동성 관련 비율로 기업의 유동성에 관한 정보를 알아보기 위해서는 현금화의 속도가 빠른 순서(유동성배열법)로 유동자산의 크기를 파악하여야 한다. 정상적인 영업활동을 통한 현금유입은 재고자산을 활용하여 생산 활동을 하고 생산된 제품의 판매를 통해 이루어진다. 그 결과 단계별로 현금이 유입될 때까지는 일정한 시간이 소요되므로 기업의 활동성과 연관 지어 유동성에 대한 판단을 하여야 한다.

유동성비율

유동비율 = (유동자산/유동부채)×100

유동비율이 높다는 것은, 자산을 쉽게 현금화할 수 있다는 것으로 갑작스러운 재무위험에 유동적으로 대응 가능하다.

당좌비율 = (당좌자산/유동부채)×100

당좌비율은 재고자산에 의존하지 않고서도 단기 채무를 변제할 수 있는 능력을 측정하는 것으로 보통 100%가 적정수준이다. 유동비율은 기말 재고자산이 포함되어 있음으로 현금화되는 속도가 빠른 정도를 알 수 있는 지표로 활용된다.

다음은 (주) E1의 재무상태표를 나타낸 것이다.

재무상태표

제7(당)기 2015년 12월 31일 현재

㈜E1 (단위: 억 원)

자 산	**200**	**부 채**	**60.6**
유 동 자 산	48.4	유 동 부 채	45.2
비 유 동 자 산	151.6	비 유 동 부 채	15.4
		자 본	**139.4**
자 산 총 계	**200**	**부채와 자본총계**	**200**

위의 표에서 나타난 유동자산은 48.4억 원을 차지하고 있으며 단기채무인 유동부채는 45.2억 원이다. 현재 재무상태표에 나타난 유동자산과 유동부채간의 단순 수치상으로는 유동자산이 유동부채 보다 많아 유동성에 문제를 야기하지 않을 것으로 판단되지만 보다 정확한 분석을 위해서는 유동자산과 유동부채의 구체적 항목을 추가 고려하여야 한다. 따라서 상기의 유동자산과 유동부채에 대하여 세부 항목을 다시 나타내면 다음과 같다.

다음은 (주)E1의 유동자산과 유동부채를 세분화한 재무상태표를 나타낸 것이다.

재무상태표

제7(당)기 2015년 12월 31일 현재

㈜E1 (단위: 억 원)

자 산	**200**	**부 채**	**60.6**
유 동 자 산	48.4	유 동 부 채	45.2
현금 및 예금	7.2	매 입 채 무	11.0
매 출 채 권	19.6	단 기 차 입 금	0.4
재 고 자 산	14.0	기 타 유 동 부 채	33.8
기타 유동자산	7.6		
비 유 동 자 산	151.6	비 유 동 부 채	15.4
		자 본	**139.4**
자 산 총 계	**200**	**부채와 자본총계**	**200**

3. 유동비율

유동비율 = (유동자산/유동부채) × 100

유동비율(current ratio)은 유동자산을 유동부채로 나눈 비율로 보유하고 있는 유동자산이 단기채무인 유동부채를 얼마나 감당할 수 있는가를 나타나는 지표이다. 유동비율은 일반적으로 은행 대출 시에 채무자의 변제능력을 판단하는 자료로 많이 활용되기도 한다. 일반적으로 유동비율이 높다는 것은 보유하고 있는 현금성 자산이 단기채무에 대하여 지급능력이 높다는 것을 의미한다.

어떤 기업의 유동비율이 높아지는 것은 현금성 유동자산의 증가로 발생할 수 있지만 예외적으로 판매부진으로 인한 재고 및 원자재의 증가(재고자산의 증가)와 혹은 많은 미수금(매출채권의 증가)이 발생할 경우로 유동비율이 높아질 수 있기 때문에 종합적으로 판단하여야 한다. 따라서 유동비율 자체만으로 그 기업의 유동성이 좋다 아니라는 결론은 내릴 수는 없지만 유동성에 대한 기본 정보를 제공하는 유용성은 있다.

위의 표에서 나타난 유동자산과 유동부채를 이용하여 유동비율을 산출하면 (주) E1의 유동비율은 107.08%이다.

유동비율	=	유동자산/유동부채 × 100
	=	48.4억 원/45.2억 원 × 100
	=	107.08 %

유동자산은 주로 현금, 시장성 있는 유가증권(당기매매금융자산), 외상매출금, 받을어음 그리고 재고자산 등으로 이루어지고 유동부채는 단기지급어음, 외상매입금, 단기차입금, 그리고 미지급급여나 세금 등의 미지급비용 등으로 이루어진다. 유동비율 자체만으로 유동성의 좋고 나쁨을 단정 지을 수 없는 이유는 유동자산의 항목 중에서 시장성 있는 유가증권이 경우에 따라 시장성을 상실할 수도 있으며, 받을 수 있을 것으로 판단한 매출채권을 받을 수 없는 경우도 발생할 수 있기 때문이다. 또한 유동비율이 높다는 것은 해당 기업의 단기 채무능력이 좋다는 것을 의미할 수 있지만 반대로 자산의 유동성이 필요 이상으로 높아 다른 투자활동을 통하여 얻을 수 있는 수익의 일부를 상실할 수 있다는 측면에서 투자의 비효율성을 동시에 가지고 있다는 의미

로도 해석할 수 있다.

따라서 일반적으로 유동비율은 일반적으로 최소한 100% 이상, 금융기관에서는 200% 이상이 건전하다고 평가한다. 이는 금융기관이 가지고 있는 성격상 기업의 재무상태표를 통해 얻은 유동비율을 평가 절하하여 금융기관의 안정성을 높이려는 의도가 반영된 것이라 할 수 있다.

유동비율은 기업의 유동성 상황을 나타내는 지표임에는 틀림없지만 유동성이 좋고 나쁨에 대한 결정은 최소한 타 기업과의 비교, 다른 유동성 지표와 연계분석, 그리고 시간의 흐름에 따른 기업의 유동비율 변화 등을 통하여 종합적으로 판단하여야 한다.

4. 당좌비율

당좌비율 = (당좌자산/유동부채) × 100

당좌비율(quick ratio)은 유동자산 중에서 재고자산을 제외한 당좌자산만을 이용하여 단기채무인 유동부채로 나눈 것을 말한다. 이는 재고자산이 유동자산에 포함되어 있지만 생산, 판매 활동을 통하여 현금화 될 수 있으므로 환금성이 떨어져 유동성을 평가하는데 제약이 될 수 있어 유동자산에서 재고자산을 제외한 나머지 현금성 자산만을 유동부채와 비교 평가함으로서 좀 더 정확한 유동성지표를 알아보기 위하여 사용된다.

따라서 당좌비율은 (주) E1의 유동자산 중에서 재고자산 14.0억 원을 제외한 나머지를 유동부채로 나누면 76.1%가 된다.

당좌비율 = (유동자산-재고자산)/유동부채 × 100
= (48.4억 원-14.0억 원)/45.2억 원 × 100
= 76.1 %

당좌비율은 재고자산을 제외한 현금성 자산이 단기 채무를 상환할 능력이 얼마나 되는가를 측정하고 있기 때문에 실질적으로 유동비율보다 더 직접적인 유동성을 나타내주는 지표이다. 재고자산을 제외하였기 때문에 당좌비율은 100% 정도라면 유동성에 문제가 없는 것으로 판단할 수 있다.

그러면 단기채무상환능력을 평가하는데 당좌비율이 유동비율 보다 더 유용한 정보를 제공해 주는가? 라는 의문이 생길 수 있다. 기업이 파산하여 기업정리(liquidation, 청산시)시에 재고자산이 현금화되고 경우에 따라서는 장부가격 이하의 가격으로 팔아야 할 경우가 발생하기도 한다. 하지만 기업이 정리단계에 진입하지 않은 정상적인 영업을 계속하고 있다면 재고자산 또한 기업이 생산, 판매 활동을 통하여 유용한 정보를 제공하므로 재고자산을 포함한 유동성의 척도가 더 유용한 정보를 제공할 수 있다.

따라서 단기채무 상환능력을 평가함에 있어 만약 기업이 위험한 사건이 발생할 가능성이 높다라면 당좌비율 그 자체가 유동성의 중요 지표가 되겠지만 그렇지 않을 경우에는 당좌비율과 함께 유동비율을 고려하여 종합적으로 판단하여야 한다. (주) E1의 경우 유동비율은 107.08% 인데 반하여 당좌비율은 76.1% 로 유동자산 중에 상대적으로 재고자산의 비중이 높아 유동성에 제약이 있을 수 있음을 알 수 있다. 또한 단기부채의 만기 연장이 곤란하거나 단기적으로 자금을 조달하기가 어려운 경우에는 유동성에 어려움이 발생할 가능성을 배제할 수 없기 때문이다.

그러나 유동자산 중에서 계절성(seasonality)을 가진 재고자산이 포함되어 있다면 어떤 특정기간 말의 당좌비율 그 자체로 유동성을 평가하는데 무리가 있을 수 있다. 예를 들어 (주) 정호전자는 1/4분기에 필요한 원자재를 1년 치를 구입하여 연간 사용한다면 1/4분기 말에 작성된 재무상태표에서 재고자산의 비중이 상대적으로 높아 당좌비율은 현격히 낮아질 것이며, 반대로 4/4분기에는 원자재의 물량이 소모되어 재고자산의 비중이 상대적으로 낮아지고 그 동안의 생산·판매 활동으로부터 현금유입이 발생하여 당좌비율이 상승할 수도 있다. 이와 같이 재고자산의 정도가 시기에 따라 큰 폭으로 변화할 수 있는 기업을 평가할 경우에는 일정 기간 동안의 재고자산의 변화를 동시에 고려하여야 한다.

유동비율, 당좌비율, 현금비율

- 유동비율
  - 유동비율(current ratio)

    (유동자산 / 유동부채) × 100

- 당좌비율
  - 당좌비율(quick ratio)

    (유동자산 – 재고자산) / 유동부채 × 100 = (당좌자산 / 유동부채) × 100

    (현금 및 현금성자산 + 단기금융상품 + 유가증권 + 수취채권) / 유동부채 × 100

- 현금비율
  - 현금비율(cash ratio)

    (현금 및 현금성자산 + 단기금융상품 + 유가증권) / 유동부채 × 100

유동비율, 당좌비율, 현금비율

① 단기성채무를 상환하는데 일차적으로 충당되는 유동자산은 단기에 현금화 속도가 상이하다. 즉, 금융상품보다는 매출채권, 매출채권 보다는 재고자산의 현금화 속도가 늦다.

② 현금화 속도는 현금순환과정(현금 → 재고자산 → 매출 → 매출채권 → 현금)에서 결정되며, 각 단계에 묶여있는 기간의 파악이 필요하다. 이는 뒤의 활동성비율과 함께 고려하여야 한다.

③ 유동성이 높다고 반드시 지급능력이 높은 것은 아니며, 유동성이 풍부하더라도 지급불능이 발생할 수 있고 유동성이 낮더라도 부채차입능력이 뛰어나면 위기를 모면할 수 있다.

④ 유동비율이 양호한데 당좌비율은 불량할 수 있다. 그 원인은 과도한 재고자산 때문인 경우가 많다.

⑤ 장기차입금을 단기차입금으로 잘못처리한 경우 유동비율 및 당좌비율이 악화될 수 있다.

생각해보기

재무비율분석 중 유동성이란 기업의 단기간의 지급능력을 평가하는 지표로 유동비율, 당좌비율, 현금비율 등이 있다. 일반적으로 유동성비율이 높을수록 기업의 유동성이 좋아 지급능력이 높아지므로 불확실한 기업의 재무적 위험에 잘 대응할 수 있다.

그렇다면 유동성비율이 높다고 좋은 기업일까?

당좌비율이 너무 높다라면 기업의 자금을 효율적으로 활용하지 못 할 경우가 발생할 수 있다.

또한 매출채권의 비중이 상대적으로 높다라면 거래상대방으로부터 대금을 받지 못할 위험이 증가하여 대손충당금을 더 많이 설정하여야 할 위험이 있을 수 있다. 다음의 경우를 보자. 반면에 재고자산의 비중이 상대적으로 높다면 재고자산의 보관비용과 재고자산의 진부화위험 등으로 저가법에 따른 재고자산의 평가손실부분이 발생할 가능성이 있으므로 종합적인 관점에서 판단하여야 한다.

재무상태표

제7(당)기 2015년 12월 31일 현재

㈜기아자동차 (단위: 억 원)

자 산	100	부 채	30.3
유 동 자 산	34.2	유 동 부 채	22.6
현금 및 예금	3.6	매 입 채 무	5.5
매 출 채 권	19.8	단 기 차 입 금	0.2
재 고 자 산	7.0	기 타 유 동 부 채	16.9
기타 유동자산	3.8		
비 유 동 자 산	65.8	비 유 동 부 채	7.7
토 지	34.5	자 본	69.7
건 물	20.5	자 본 금	25.0
기 계 장 치	5.8	이 익 잉 여 금	44.7
영 업 권	5.0		
자 산 총 계	100	부채와 자본총계	100

포괄손익계산서

제7(당)기 2015년 1월 1일 부터 12월 31일 까지

㈜기아자동차 (단위: 억 원)

매 출 액	30
(−) 매 출 원 가	(22.7)
매 출 총 이 익	7.3
(−) 판 매 비 와 관 리 비	(5.2)
영 업 이 익	2.1
(+) 영 업 외 수 익	0.6
(−) 영 업 외 비 용	(0.2)
법인세비용차감전순이익	2.5
(−) 법 인 세 비 용	(0.4)
당 기 순 이 익	2.1

· 당좌비율은 27.2/22.6 = 120%

· 유동비율은 34.2/22.6 = 151%

· 현금비율은 7.4/22.6 = 32.7%

일반적으로 유동성비율이 100% 이상이면 유동성이 좋다고 표현한다. 그럼 이 기업은 유동성이 아주 좋은 기업일까? 이 기업의 경우 당좌비율, 유동비율의 유동성이 모두 100% 이상이므로 유동성이 좋은 것은 사실이지만 자세히 보면 다른 문제점이 발생할 수 있다. 바로 매출채권 회수부분이다.

이 회사의 매출채권은 전체 자산 100억 원 중 19.8 억 원으로 전체 자산 중 19.8%를 차지하고 있다. 이 기간 동안의 매출액이 30억이므로 이 회사는 30억 원의 물건을 팔아서 현금 회수한 부분은 10.2억 원이고 19.8억 원은 외상 판매하였다는 것이다. 즉, 매출 중 3분에 2를 외상으로 물건을 판매한 것이다. 외상은 나중에 받을 돈이지만 잘 관리하지 않으면 회수하기 어려운 돈이 될 수 있다. 따라서 회계에서는 이로 인한 위험을 회피하고자 대손충당금제도를 두고 있다. 유동성비율은 뛰어나지만 매출채권이 상대적으로 높아지므로 외상매출금 회수 관리를 추가적으로 하여야 할 것이고 그만큼 회수 하지 못할 부분에 대한 대손충당금과 대손상각비를 추가적으로 인식하게 될 것이다. 따라서 이후에 배울 매출채권회전율(활동성)을 추가적으로 고려해 보아야 한다.

재무상태표

제7(당)기 2015년 12월 31일 현재

㈜현대중공업 (단위: 억 원)

자 산	100	부 채	30.3
유동자산	36.2	유동부채	22.6
현금 및 예금	3.6	매입채무	5.5
매출채권	9.8	단기차입금	0.2
재고자산	19.0	기타유동부채	16.9
기타 유동자산	3.8		
비유동자산	63.8	비유동부채	7.7
토지	34.5	자 본	69.7
건물	18.5	자본금	25.0
기계장치	5.8	이익잉여금	44.7
영업권	5.0		
자산총계	100	부채와 자본총계	100

포괄손익계산서

제7(당)기 2015년 1월 1일 부터 12월 31일 까지

㈜현대중공업 (단위: 억 원)

매출액	30
(−) 매출원가	(22.7)
매출총이익	7.3
(−) 판매비와 관리비	(5.2)
영업이익	2.1
(+) 영업외수익	0.6
(−) 영업외비용	(0.2)
법인세비용차감전순이익	2.5
(−) 법인세비용	(0.4)
당기순이익	2.1

· 당좌비율은 17.2/22.6 = 76%

· 유동비율은 36.2/22.6 = 160%

· 현금비율은 7.4/22.6 = 32.7%

이 회사의 당좌비율은 17.2/22.6 = 76% 이지만 유동비율은 160%이므로 유동성이 적절한 기업이라 할 수 있을까?

단기간에 갚아야 할 매입채무는 5.5억 원이고 받아야 할 매출채권은 9.8억 원이다. 하지만 재고자산은 기말 현재 19억 원이나 된다. 이 기간 동안 매출원가는 22.7억 원인데 이 기간 동안 팔리지 않고 창고에 있는 재고가 19억 원이나 된다는 이야기다. 유동성은 높아서 단기 지급능력은 뛰어나지만 이 기업의 경우 팔리지 않은 재고자산의 관리의 문제를 앉고 있다. 일반적으로 재고자산은 진부화의 위험, 보관 관리의 위험 등 많은 문제점을 내포하고 있다.

즉, 유동성이 기업의 단기지급능력을 평가하는 하나이 지표이나 다른 지표들과 함께 적절하게 고려 종합적으로 판단하여야 할 것이다.

문 제

01 기업의 단기간의 지급능력을 평가하는데 사용되는 비율을 무엇이라고 하는가?

① 유동비율 ② 부채비율
③ 재고자산회전율 ④ 매출총이익율

해답 ①

※다음의 자료를 이용하여 문제를 풀어보시오(소수점 3째자리에서 반올림 하시오)

재무상태표

제10(당)기 2017년 12월 31일 현재

㈜채민전자 (단위: 원)

자 산			부 채	
현 금		45,000	매 입 채 무	82,000
매 출 채 권	110,000		미 지 급 비 용	5,000
(대손충당금)	(15,000)	95,000		
재 고 자 산		170,000		
선 금 보 험 료		8,000	**자 본**	
토 지		20,000	자 본 금 (액면@5,000)	260,000
기 계 장 치	175,000			
(감가상각누계액)	(25,000)	150,000	이 익 잉 여 금	141,000
자 산 총 계		488,000	**부채와 자본총계**	488,000

포괄손익계산서

제10(당)기 2017년 1월 1일 부터 12월 31일 까지

㈜채민전자 (단위: 원)

매출액		
(−) 매출원가		1,400,000
재고자산(2017. 1. 1.)	200,000	
당기매입액	790,000	
매출가능액	990,000	
재고자산(2017.12.31.)	(170,000)	820,000
매출총이익		580,000
(−) 영업외비용		170,000
당기순이익		410,000

02 유동비율은 얼마인가?

① 3.66 ② 1.70
③ 3.56 ④ 3.88

해답 ①

03 당좌비율은 얼마인가?

① 1.70 ② 1.61
③ 1.80 ④ 1.66

해답 ①

제 9 장

기업분석—안정성

1. 안정성이란?

안정성비율(stability ratios)은 기업의 장기지급능력을 측정하는데 사용되는 비율로 레버리지비율(leverage ratios)이라고도 하는데 이러한 안정성비율에는 총부채비율, 부채비율, 고정비율, 이자보상비율, 고정장기적합율 등으로 구분된다. 즉, 레버리지비율(leverage ratios)은 기업의 타인자본 의존도와 부채의 원리금 지급능력을 평가하는 데 사용되는 비율을 의미한다.

B/S

자산	xx	부채	xx	⬅ 타인자본
		자본	xx	⬅ 자기자본

대부분의 기업들은 정도에 차이는 있지만 자본을 제외한 대부분을 부채(타인 등으로부터)로 자금을 조달한다. 기업이 타인자본인 부채를 사용하는 것을 재무레버리지(financial leverage)를 갖는다고 말하는데 재무레버리지는 주주들의 지배력을 약화시키지 않고 기업의 자금을 조달할 수 있는 방법이다. 부채를 제공하는 채권자는 자신이 제공하는 부채와 주주들의 지분가치를 비교하게 된다. 만약 필요한 투자자금 중에 일부만 주주들이 제공한 자금이고 나머지 대부분을 채권자들이 제공한 것이라면 기업이 사업상 직면하게 될 위험의 대부분은 채권자의 몫이 된다. 하지만 기업이 지급하여야 할 금융비용(이자비용)보다 더 많은 이익을 창출한다면 기업의 부(富)가 증가하게 된다. 기업이 손실이 발생하여 경영에 곤란을 겪어 파산하게 된다면 주주들은 자신들이 납입한 지분만 포기하는 제한된 책임(유한책임)을 지게 되고 대부분의 자금을 제공한 채권자들은 자금을 상환 받지 못하거나 아니면 일부만 상환 받게 된다.

따라서 부채관리비율(debt management ratio)은 기업의 장기 채무에 대한 지급능력을 평가하는 비율이므로 자금을 대여해주는 채권자의 입장에서는 채무불이행의 위험(default risk)이 얼마나 존재하는가를 분석하는데 주로 이용된다. 또한 기업의 입장에서는 과도한 부채로 인하여 재무레버리지가 증대하고 그에 따른 재무적 위험(financial risk)을 관리하는데 부채관리비율을 이용하기도 한다. 기업가치는 자기자본의 가치와 부채가치의 합산이므로 부채를 효율적으로 관리한다는 것은 기업가치를 증가시키는 것이며, 부채의 경우 지급되는 이자에 대하여 절세효과(tax shield effect)가 존재하므로 적절히 부채를 활용한다면 기업의 가치를 극대화하는데 기여할 수 있을 것이다.

부채관리비율 분석에는 재무상태표를 통하여 차입한 자금이 크기가 적절한지를 알아보고 포괄손익계산서를 통하여 고정적으로 지급되는 금융비용(이자비용)과 영업이익을 상호 비교 평가하여야 한다. 앞의 표를 이용하여 부채관리비율과 관련된 재무비율을 알아보자.

레버리지비율

부채비율 = (부채/자기자본)×100

부채비율은 기업이 지급불능 상태일때 채권자의 채권이 보호를 받을 수 있는 정도를 판단할 수 있는 것으로써, 100% 이하일 경우 자기자본이 상대적으로 더 많음을 의미하므로 채권자의 채권은 더 많은 보호를 받을 수 있다.

자기자본비율 = (자기자본/총자산)×100

직접적인 금융비용을 부담하지 않고 기업이 장기적으로 운용할 수 있는 안정된 자본이므로 이 비율이 높을수록 기업의 재무구조가 건전하다고 평가할 수 있으며, 일반적인 표준비율은 50% 이상으로 보고 있다.

다음은 (주) 지환전자의 자산과 부채 그리고 자본의 재무상태표를 나타낸 것이다.

재무상태표

제7(당)기 2015년 12월 31일 현재

㈜지환전자 (단위: 억 원)

자 산	100	**부 채**	30.3
현금 및 유가증권	14	매 입 채 무	5.5
매 출 채 권	3.2	단 기 차 입 금	17.1
재 고 자 산	7	비 유 동 부 채	7.7
고 정 자 산	75.8		
		자 본	69.7
		자 기 자 본	69.7
자 산 총 계	100	**부채와 자본총계**	100

2. 총부채비율

총부채비율(total debt ratio)은 총부채를 총자산으로 나눈 것으로 기업이 보유한 총자산 중에 얼마나 많은 자금이 부채에 의해 조달된 것인가를 나타내주는 지표이다. 이때 총부채는 일반적으로 유동부채와 비유동부채를 합한 것이다.

총부채비율 = 총부채/총자산 ×100
= (5.5억 원+17.1억 원+7.7억 원)/100억 원 ×100
= 30.3%

채권자의 입장에서는 안전한 채권회수를 위해 자신들이 제공한 자금보다 더 많은 자기자본이 투자되어 채권회수가 수월해지기 위해 총부채비율이 낮은 것을 선호하게 된다. 반면에 주주들은 필요한 자금을 조달하기 위해 새로 주식을 발행한다면 주주들의 지분이 낮아져 지배력이 약화될 가능성이 있고 추가로 부채로 자금을 조달될 경우 타인자본으로 인한 위험이 줄어듦으로 주주들 입장에서는 부채비율을 증가하는 것을 선호할 수 있다.

그러나 기업에 대하여 얼마만큼의 총부채비율이 적당한 것인가에 대한 일관된 답을 찾기는 힘들다. 총부채비율의 크기는 기업 및 산업의 성격에 따라 달라질 수 있으며 도약단계에 있는 기업의 경우 다소 모험적인 산업에 투자하거나 진입할 경우에는 총부채 비율이 상대적으로 높아 질 가능성이 크다. 왜냐하면 기업이 많은 자본을 투자하여 실패할 경우, 실패로 인한 자기자본이 상실될 수 있는 위험 때문에 자기자본 보다는 타인자본을 선호하게 될 것이다. 타인자본을 통해 기업이 수익을 올릴 경우에는 배당금으로의 주주들의 몫이 증가하기 때문에 주주의 입장에서는 자신의 위험을 줄이고 이익을 증가시키려는 행동을 할 것이기 때문이다. 따라서 총부채비율이 적정한 것인가에 대해서는 그 기업이 속한 산업의 평균치와 비교하는 것이 중요하며 기업이 도약기인지 성숙기인지도 추가적으로 고려하여야 한다. 산업의 평균치 보다 높은 총부채비율을 가진 기업에게 투자자는 자금을 빌려주기를 꺼려할 것(위험이 커지기 때문에)이며 이러한 기업이 자금을 빌려 쓰기 위해서는 위험에 따른 더 높은 이자를 지급하거나 또는 유상증자를 하여야 할 위험에 직면하게 될 것이다.

Ref. 참고사항

THE BCG Matrix

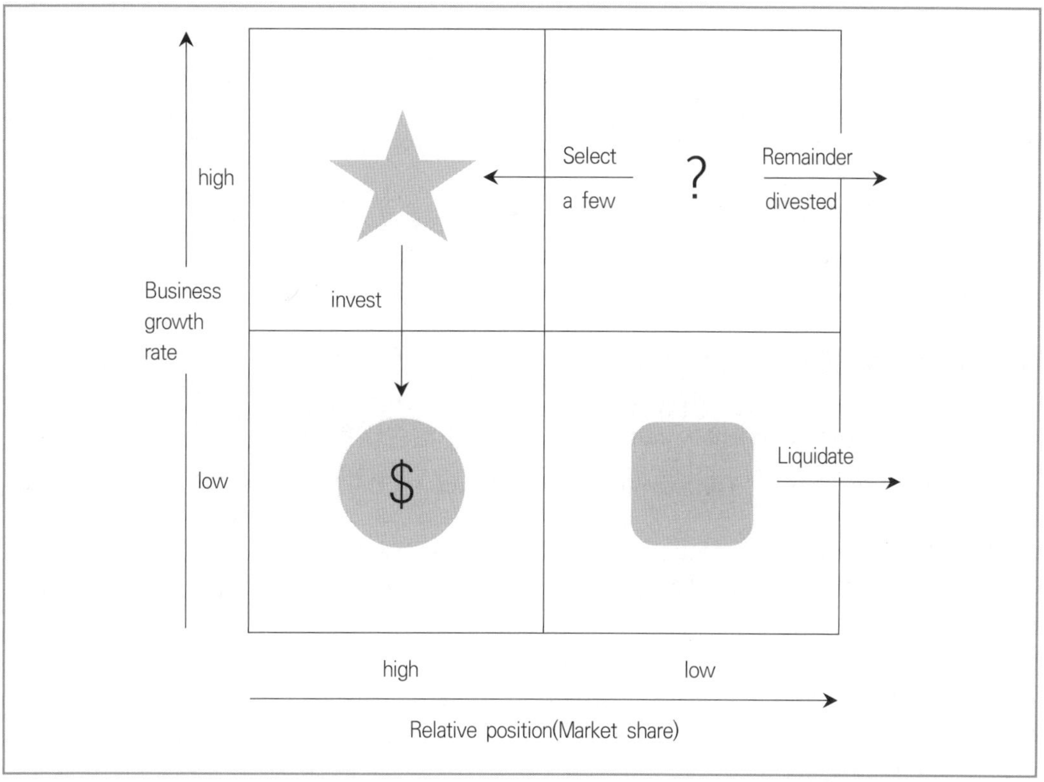

표는 기업의 성장성과 수익성 입장에서의 마케팅 전략분석을 나타내준다. 즉, 기업의 생애주기에 따라 수익성과 성장성에 따라 마케팅 전략이 달라지듯이 기업의 생애주기에 따라 기업분석도 수익성과 성장성을 고려하여 분석하여야 한다.

3. 부채비율

부채비율(liabilities-to-equity ratio)은 자기자본부채비율(debt/equity ratio)이라고도 하는데 조달된 부채가 자기자본에 비하여 얼마나 많은 비중을 차지하는가를 의미하며 일반적으로 부채비율이 낮은 경우 안전성이 좋다는 의미로 해석된다.

부채비율 = 총부채/자기자본 × 100
= 30.3억 원/69.7억 원 × 100
= 43.5%

부채비율(liabilities-to-equity ratio)은 재무상태표상의 모든 부채의 총액을 자기자본으로 나눈 것으로서 전통적으로 사용되고 있는 레버리지비율을 의미한다.

4. 이자보상비율

이자보상비율(times interest earned : TIE)은 포괄손익계산서를 활용하여 나타내는 지표로 영업이익(Earning Before interest and Taxes : EBIT)을 이자비용으로 나눈 값을 의미한다.

다음은 (주) 지환전자의 매출과 각종 비용을 나타낸 포괄손익계산서이다.

포괄손익계산서

제7(당)기 2015년 1월 1일 부터 12월 31일 까지

㈜지환전자 (단위: 억 원)

매출액	100
(−) 매출원가	(75.7)
매출총이익	24.3
(−) 판매비와 관리비	(17.2)
영업이익	7.1
(+) 영업외수익	5.6
(−) 영업외비용	(3.2)
법인세비용차감전순이익	9.5
(−) 법인세비용	(0.4)
당기순이익	9.1

이자보상비율 = 영업이익(EBIT)/이자비용 = 7.1억 원/3.2억 원 = 2.2 (배)

이자보상비율은 기업이 얻는 영업이익의 크기가 지급하여야 할 이자비용에 몇 배에 해당하는가를 나타내는 것으로 이자보상비율이 높을수록 이자감당 능력이 높다는 것을 의미한다. 이자보상비율이 1보다 작다는 것은 영업이익이 이자비용을 지급하기에 부족하다는 것을 의미하므로 이 경우 채권자들은 자신이 투자한 돈을 회수하기 위하여 그 기업에 대해 법적 조치를 취하게 될 것이다. 경우에 따라서는 기업의 부도사태가 발생할 수 있으므로 기업도산 예측 시에 활용하는 중요한 지표중의 하나가 이자보상비율이다.

1997년의 외환위기 이후 다양한 회계정보이용자는 부채비율(혹은 총부채비율)과 함께 이자보상비율에 관심을 가지기 시작하였다. 많은 국가들은 기업들의 대외 신용도를 높이기 위하여 200% 이하의 부채비율을 요구하였고 S&P(Standard and poor's), Moody's, Fitch 등의 신용평가 기관들도 한국 기업들이 좋은 신용도를 얻기 위해서는 이자보상비율을 높이는 조건을 권고하였다. 부채비율이 높은 기업이라고 이자보상비율이 반드시 낮지는 않지만 부채비율이 높으면 일반적으로 금융비용인 이자비용이 높아지므로 이자보상비율이 낮아진다. 부채비율은 재무상태표 상에서 자기자본과 부채의 구성이 어떻게 이루어지는지를 알 수 있지만, 정상적인 영업활동으로부터 얻은 이익이 지급하여야 할 이자비용을 충분히 감당하고 있는지에 대한 정보를 알 수가 없어 재무상태표 외에 포괄손익계산서도 함께 고려하여야 한다. 부채를 많이 사용하고 있을지라도 벌어들이는 이익이 이자비용을 충분히 상회한다면 높은 부채비율은 문제시 되지 않을 것이다. 따라서 부채비율은 이자보상비율과 연관하여 기업의 장기부채 지급능력을 평가하는 것이 유용한 정보를 제공해 주므로 재무상태표와 포괄손익계산서를 함께 고려하여 판단하여야 한다.

이익기준 이자보상비율 = 이자 및 법인세비용 차감전 이익 / 이자비용

5. 고정비율

고정비율(fixed asset ratio)은 고정자산을 자기자본으로 나눈 비율로 자기자본이 고정자본에 투입되는 정도를 나타난다. 일반적으로 100%이하가 적정하며 산업에 따라 고정비율에 차이가 날 수 있다. 예를 들어 기계설비가 많이 필요로 하는 장치산업에서는 고정비율이 높게 나타나는 반면 지적 재산이나 서비스를 필요로 하는 서비스산업에서는 고정비율이 낮게 나타날 수 있기 때문이다.

다음은 (주) 지환전자의 자산과 부채 그리고 자본의 재무상태표를 나타낸 것이다.

재무상태표

제7(당)기 2015년 12월 31일 현재

㈜지환전자 (단위: 억 원)

자 산	200	부 채	60.6
현금 및 유가증권	28.0	매 입 채 무	11.0
매 출 채 권	6.4	단 기 차 입 금	34.2
재 고 자 산	14.0	비 유 동 부 채	15.4
고 정 자 산	151.6		
		자 본	139.4
		자 기 자 본	139.4
자 산 총 계	200	부채와 자본총계	200

고정비율 = 고정자산/자기자본 × 100
= 151.6억 원/139.4억 원 × 100
= 108.75 (%)

고정비율이 100%를 상회한다는 것은 전체 투자자금(자산) 중 자기자본을 모두 투자하고도 부족한 자금은 외부로부터 차입하였다고 볼 수 있다. 물론 실제 기업에서는 차입한 자금과 자기자본이 혼재하여 고정자산에 투자할 것이지만 고정비율이 100%를 초과한다는 것은 자기자본만으로는 고정자산을 모두 취득할 수 없다는 의미이다.

고정비율이 높다는 것은 차입한 자금이 많아 금융비용(이자비용)의 지출이 많을 것으로 판단할 수 있고 또는 기업이 경기가 좋지 않아 매출이 줄어들어 수익이 낮아 경영위험에 직면할 수도 있음을 의미한다. 일반적으로 성장단계에 있는 기업의 경우 지속적인 고정자산의 투자로 인해 고정비율이 높게 나타나는 반면에 성숙단계에 있는 기업의 경우는 고정비율이 상대적으로 낮게 나타날 것이다. 따라서 고정비율 그 자체만을 가지고 안정성을 평가한다는 것은 무리가 있어 다른 안정성비율과 종합적으로 판단하는 것이 중요하다.

기업의 생애주기

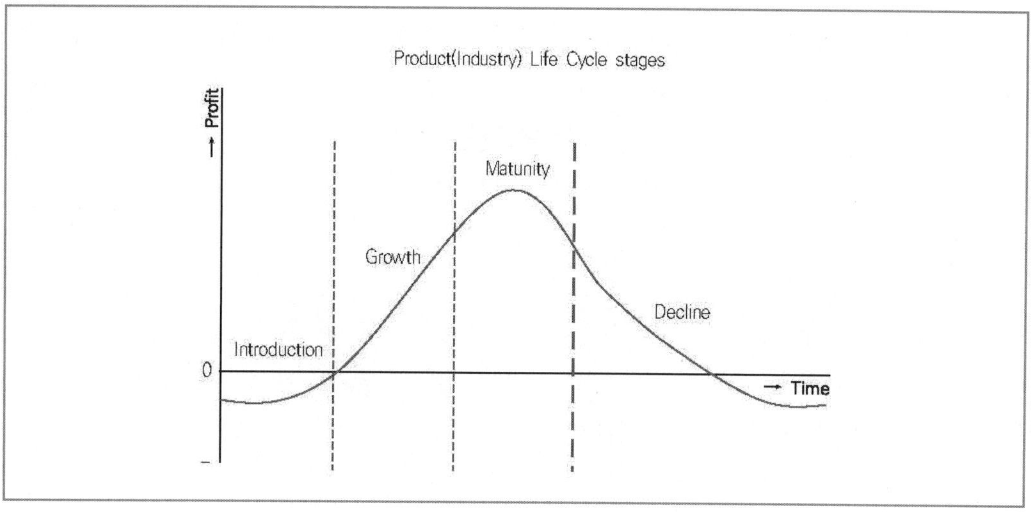

6. 고정장기적합률

고정비율은 산업의 성격과 기업의 성장주기에 따라 달리 나타나므로 자산배분의 안정성을 평가하는데 한계점을 가지고 있다. 이를 보완하기 위하여 고정자산에 고정부채까지 확대하여 자본배분의 안정성을 측정하는 비율이 고정장기적합율(fixed asset to net worth and fited liability)이다. 고정장기적합률은 자산관리비율과 부채관리비율(debt management ratio)을 통합한 개념이라 할 수 있다.

다음은 (주) 지환전자의 자산과 부채 그리고 자본의 재무상태표를 나타낸 것이다.

재무상태표

제7(당)기 2015년 12월 31일 현재

㈜지환전자 (단위: 억 원)

자 산	200	부 채	60.6
현금 및 유가증권	28.0	매입채무	11.0
매출채권	6.4	단기차입금	34.2
재고자산	14.0	비유동부채	15.4
고정자산	151.6		
		자 본	139.4
		자기자본	139.4
자산총계	200	부채와 자본총계	200

고정장기적합률 = 고정자산/(고정부채 + 자기자본) × 100
= 151.6억 원/(15.4억 원 + 139.4억 원) × 100
= 97.9%

자본집약적 산업에서 필요한 기계설비 등을 기업이 전액 자기자본만으로 충당하기는 사실상 어려우며 그렇다고 단기 채무를 통한 단기차입금으로 고정자산에 충당한다면 고정자산으로부터 현금이 창출되기까지 상당한 기간이 소요됨으로 유동성에 제약이 올 위험이 있다. 이 경우 타인자본은 장기부채에 의존하게 됨으로 고정장기적합률은 100% 이하이어야 안정성을 확보할 수 있게 된다. (주)지환전자의 경우 고정비율은 108.75%로 100%를 상회하였지만 고정장기적합률은 97.9%로 100% 이하를 기록하고 있는 것으로 보아 안정적인 자산의 배분이 이루어졌음을 알 수 있다.

고정장기적합률이 100%를 상회한다면 왜 안정성이 문제가 되는 것일까? 그 해답은 차입금의 만기구조의 불일치(mismatch) 때문에 발생한다. 예를 들어 고정장기 적합률이 200%라고 가정한다면 고정자산의 50%는 자기자본으로 나머지 50%는 유동부채로 조달하였다는 것을 의미한다. 즉, 고정자산은 유동성이 아주 낮은 자산인데 반하여 제공된 자금의 50%는 1년 이내에 만기가 도래하면 상환하여야 할 단기차입금이 된다. 따라서 기업이 경우에 따라 차입금을 상환할 유동자산이 부족할 경우 또 다른 차입을 하여야 할 기회가 없다면 고정자산을 처분하여야 할 것이다. 이 경우 고정자산의 시장가격이 제 값을 받지 못하거나 처분하기가 쉽지 않을 경우에는 기업이 유동성 위험에 빠지게 되고 결국 파산할 위험이 높아지기 때문에 전체적으로 판단하여야 할 것이다.

〈고정비율과 고정장기적합률〉

- 고정비율 = 고정자산/자기자본 × 100%
- 고정장기적합률 = 고정자산/(자기자본 + 고정부채) × 100%

생각해보기

재무비율분석 중 안정성이란 기업의 장기간의 지급능력을 평가하는 지표로 총부채비율, 부채비율 등이 있다. 일반적으로 안정성비율이 높을수록 기업이 장기간 갚아야 할 채무에 대한 부담이 증가하여 장기간의 지급능력이 낮아지므로 산업별, 기업규모별에 맞추어 기업의 안정성비율을 적절히 관리하여야 한다.

그렇다면 안정성비율이 낮다고 좋은 기업일까?

일반적으로 기업의 총부채비율, 부채비율이 낮다면 장기간의 지급능력이 좋아지므로 안정성이 높을 것이다. 하지만, 기업의 부채비율이 상대적으로 낮다면 기업이 사업을 하기 위한 재무활동 중 타인자본이 아닌 자기자본의 비중이 증가할 것이다. 장기적으로 타인에게 갚아주어야 할 부채 상환 위험이 줄어들기에 안정성비율은 좋아지나 타인자본을 활용하였을 경우의 이자비용의 절세효과도 함께 고려하여야 하며, 또한 실제 사업을 수행하면서 자기자본으로 사업자금을 마련하기에는 한계가 많음으로 안정성비율을 적절히 잘 관리하여야 한다. 다음의 경우를 살펴보자.

재무상태표

제7(당)기 2015년 12월 31일 현재

㈜정호전자 (단위: 억 원)

자 산	100	부 채	30.3
유 동 자 산	36.2	유 동 부 채	22.6
현금 및 예금	3.6	매 입 채 무	5.5
매 출 채 권	9.8	단 기 차 입 금	0.2
재 고 자 산	19	기 타 유 동 부 채	16.9
기타 유동자산	3.8		
비 유 동 자 산	63.8	비 유 동 부 채	7.7
토 지	34.5	자 본	69.7
건 물	18.5	자 본 금	25
기 계 장 치	5.8	이 익 잉 여 금	44.7
영 업 권	5		
자 산 총 계	100	부채와 자본총계	100

- 총부채비율은 30.3/100 = 30.3%
- 부채비율은 30.3/69.7 = 43.5%

일반적으로 안정성비율이 100% 이하이면 안정성이 좋다고 표현한다. 이 기업은 안정성이 100% 이하이므로 안정성이 좋은 것은 사실이지만 자세히 보면 다른 문제점이 발생할 수 있다. 바로 자금의 운용 부분이다.

보통 사업을 시작할 때 자기자본과 타인자본으로 사업을 시작하는데 외부로부터 자금을 빌리는 경우 일정기간동안 이자비용을 지급하고 만기에 빌린 돈을 갚아야 한다. 이때 타인자본의 이자비용은 회사의 비용으로 인정받아 그 만큼 세금이 줄어들게 되는 절세효과가 발생하게 된다. 따라서 많은 기업들은 자기자본의 위험을 줄이고 타인자본의 사용으로 인한 비용부분의 절세효과까지 반영된 타인자본을 많이 활용하는 것이다. 반면에 자기자본은 내부로부터 자금을 빌리는 즉, 주식을 발행하는 경우는 일정기간마다 이자비용 문제가 없으며 만기에 원금을 지급하여야할 문제도 없다. 다만 이익이 발생할 경우 일정부분 주주들에게 배당금을 지급 하게 된다. 요즘처럼 불확실한 시대에 사업이 실패할 경우 큰 손실을 볼 수 있으므로 주주보호 차원에서 타인자본을 증가하는 경우가 일반적이다.

따라서 본 기업의 경우 상대적으로 안정성은 100% 이하이므로 안정성은 좋다고 할 수 있으나, 장기적으로 자금운용 측면에서 타인자본 사용으로 인한 절세효과를 보지 못하고 있으며 자기자본 중 이익잉여금의 과다한 축적을 알 수 있다. 자본 69.7억 원 중 이익잉여금이 44.7억 원이다. 즉, 매년 발생한 이익 중 배당금을 지급한 후의 잉여금의 누적액이 전체 자산 100억 원 대비 44.7억 원으로 44.7% 된다는 것이다. 이익잉여금은 한 해 동안 한 농사의 이익을 차곡차곡 쌓아놓은 부분으로 기업의 장기적인 사업을 위하여 사용하여야 하나 최근 대기업과 같이 위험을 줄이기 위하여 이익잉여금을 상대적으로 과다하게 증가하고 있음을 알 수 있다.

재무활동

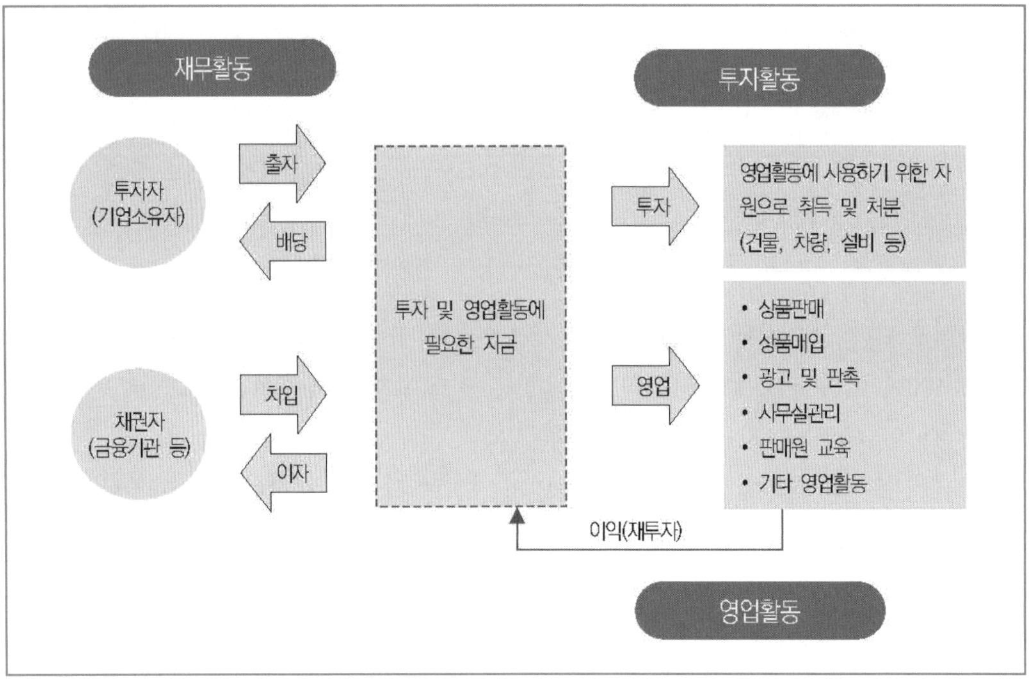

이자도 못 갚는 한계기업 3천여개…'한국경제 뇌관'

심기준 의원, 금융권 상시적 지원으로 기업구조조정 어려워...

영업이익으로도 이자비용을 충당하지 못하는 한계기업의 대다수가 중소기업인 것으로 집계된 가운데, 이들 한계기업의 증가율이 가파르게 상승하는 등 한국경제의 뇌관으로 작용할 수 있다는 우려가 제기됐다.
더욱이 금융권의 상시적인 지원으로 인해 이들 한계기업의 수명이 연장되는 등 상시적인 기업 구조조정이 실현되지 못하고 있다는 지적이다.
심기준 의원(더불어민주당)은 23일 2016년 한계기업 수는 3천126개로 12년 2천794개에 비해 11.9% 증가했으며, 전체 외부감사대상 기업 대비 한계기업은 14.2%에 달한다고 밝혔다.

최근 5년간 한계기업 수 현황(단위: 개, %)〈자료-한국은행〉

구 분		‘12년	‘13년	‘14년	‘15년	‘16년	증가율
한 계 기 업		2,794	3,034	3,239	3,278	3,126	**11.9**
비 중		(12.4)	(13.2)	(14.3)	(14.7)	(14.2)	·
	대 기 업	458	508	545	524	460	**0.4**
	중 소 기 업	2,336	2,526	2,694	2,754	2,666	**12.4**

이와관련, 한계기업은 영업이익으로 이자비용도 충당하지 못하는 상황이 3년 연속(이자보상비율<영업이익/이자비용>이 3년 연속 100% 미만인 기업)된 기업을 지칭한다.
특히 대기업인 한계기업의 증가율은 0.4%에 그쳤으나, 중소기업의 한계기업 증가율은 12.4% 수준으로, 한계기업 증가의 대부분을 차지해 중소기업을 중심으로 기업 생태계가 악화되고 있다고 지적했다.
심 의원은 “한계기업은 취약한 재무구조가 계속됨에 따라 기업의 파산 가능성이 커지면서 금융시스템은 물론 경제 전체에 악영향을 줄 수 있다”며, “한계기업의 평균 부채비율이 414.8%에 달하는 등 전체기업 평균 부채비율 97.0%의 4배 이상으로, 각종 재무재표가 일반기업에 비해 현저하게 취약하다”고 말했다.
그러나 비정상적으로 외부자금을 수혈하여 한계기업의 수명을 연장시키는 금융기관의 행태 때문에 자율적이고 상시적인 기업 구조조정이 이루어지지 못하고 있다는 지적이다.

한계기업에 대한 기관별 여신규모(단위: 조원, %)〈자료-한국은행, 전국은행연합회, KIS-Value〉

구 분		`12년	`13년	`14년	`15년	`16년	증가율
전체 금융기관		114.3	147.3	132.5	156.5	121.2	6.0
	일반은행	44.9	48.0	45.2	43.7	31.1	△30.7
	특수은행	**31.9**	**57.6**	**57.1**	**75.8**	**53.9**	**69.0**
	비은행	37.5	41.7	30.2	37.0	36.2	△3.5

심 의원에 따르면, 한계기업에 대한 금융지원은 산업은행, 수출입은행 등 국책은행(특수은행)을 중심으로 크게 증가했으며, 특히 대기업인 한계기업에 대한 금융지원은 확연히 증가한 것으로 나타났다.

한계기업에 대한 국책은행(특수은행)의 여신 규모는 16년 53조9천억원으로 12년 31조9천억원에 비해 70% 가까이 증가했으며, 특히, 대기업인 한계기업에 대한 여신 규모는 12년 22조3천억원에서 16년 44조8천억원으로 두 배 이상 증가했다.

심 의원은 "이는 구조조정에 따른 단기적인 경제침체를 두려워해 정부자금을 통해 일시적으로 한계기업인 대기업의 수명을 연장시킨 박근혜 정부의 정책 때문"이라며, "언제 터질지 모르는 시한폭탄 같은 한계기업을 무책임하게 다음 정부로 떠넘긴 이전 정부의 폐단"이라고 지적했다.

한계기업이 생산과 고용 등 실물경기 부양에 전혀 도움이 되지 않는다는 지적도 제기됐다.

한계기업의 유형 자산 증가율과 종사자 수 증가율은 각각 △4.3%, △4.7%로, 정상기업과 비교하였을 때, 실물경기를 부양시키기는커녕 오히려 침체시키고 있는 것으로 나타났다.

한계기업의 존재는 해당기업 뿐만 아니라 다른 정상기업의 성장에도 악영향을 미치는 것으로 나타나, KDI 연구에 따르면 한 산업의 한계기업 자산 비중이 10%p 높아질 경우 해당 산업에 속한 정상기업의 고용증가율은 0.53%p, 투자율은 0.18%p가 평균적으로 하락하는 것으로 추정됐다.

심기준 의원은 "한계기업은 존재만으로 실물경기를 침체시키고 금융시스템 불안을 초래한다"며, "외부자금에 연명하는 한계기업을 자연스럽게 퇴장시키기 위해서는 원칙에 입각한 자율적·상시적 구조조정을 실시하고, 이를 통해 경제 체질을 강화할 필요가 있다"고 강조했다.

세정신문 윤형하 기자 windy@taxtimes.co.kr

문 제

01 기업의 장기간의 지급능력을 평가하는데 사용되는 비율을 무엇이라고 하는가?

① 유동비율　② 부채비율
③ 재고자산회전율　④ 매출총이익율

해답 ②

---

02 기업이 이자비용도 지급하지 못할 정도로 영업이익이 작을 경우 부도 등의 위험에 처할 수 있어 이를 확인하기 위하여 활용하는 지표를 무엇이라고 하는가?

① 총자산순이익율　② 고정장기적합율
③ 매출채권회수기간　④ 이자보상비율

해답 ④

※ 다음의 자료를 이용하여 문제를 풀어보시오(소수점 3째자리에서 반올림 하시오)

재무상태표

제10(당)기 2017년 12월 31일 현재

㈜채민전자　(단위: 원)

자산			부채	
현금		45,000	매입채무	82,000
매출채권	110,000		미지급비용	5,000
(대손충당금)	(15,000)	95,000		
재고자산		170,000		
선급보험료		8,000	자본	
토지		20,000	자본금 (액면@5,000)	260,000
기계장치	175,000			
(감가상각누계액)	(25,000)	150,000	이익잉여금	141,000
자산총계	488,000		부채와 자본총계	488,000

포괄손익계산서

제10(당)기 2017년 1월 1일 부터 12월 31일 까지

㈜채민전자 (단위: 원)

과목		
매출액		
(−) 매출원가		1,400,000
재고자산(2017. 1. 1.)	200,000	
당기매입액	790,000	
매출가능액	990,000	
재고자산(2017.12.31.)	(170,000)	820,000
매출총이익		580,000
(−) 영업외비용		170,000
당기순이익		410,000

03 이자보상비율은 얼마인가?

① 11.60 ② 3.41

③ 8.60 ④ 8.20

해답 ④

04 부채비율은 얼마인가?

① 0.62 ② 0.33

③ 0.20 ④ 0.22

해답 ④

제 10 장

기업분석—활동성

1. 활동성이란?

효율성비율(efficiency ratios)은 기업의 영업활동에 투입된 자산이 얼마나 효율적으로 사용되고 있는지를 나타내는 비율로 **활동성비율**(activity ratios)이라고도 하며 매출채권회전율, 재고자산회전율, 매입채무회전율, 고정자산회전율 등이 있다. 효율성비율은 주로 매출액에 각종 자산을 대비시켜 측정하며 이러한 자산의 효율적 이용은 기업을 수익성을 결정하는데 중요한 지표가 될 수 있다.

- 재고자산회전율 = 매출원가/ 평균 재고자산

  단기(短期)중에 재고자산이 몇 번 판매되었는가를 나타내는 것이다. 재고자산 회전율이 높다는 것은 제품이나 상품이 재고 없이 잘 판매되고 있는 것으로 각종 진부화위험이나 오랫동안 보관으로 인한 비용을 줄일 수 있다. 반면에 회전율이 낮게 되며 제품이나 상품이 잘 팔리지 않아 많은 재고를 보유하는 것으로 진부화의 위험이나 판매하지 못할 위험이 증가하게 된다.

- 매출채권회전율 = 매출액/평균 매출채권

  기말의 매출채권잔액이 1년간의 영업활동을 통하여 매출액이 현금으로 회수되는 속도를 나타낸다. 매출채권 회전율이 높다는 것은 매출채권이 순조롭게 회수되고 있음을 나타내는 것이나, 반대로 회전율이 낮게 되면 매출채권의 회수기간이 길어지므로, 그에 따른 대손발생의 위험이 증가할 수 있고 수익감소 원인이 되기도 한다.

- 총자산회전율 = 매출액/평균 총자산

  기업이 매출액을 통한 이익을 획득하는데 자산을 얼마나 효율적으로 이용하고 있는가를 평가하는 것으로 제조업의 경우 1회전, 유통업의 경우에는 2회전이 기준이 된다.

2. 매출채권회전율

매출채권회전율(receivable turnover ratio)은 매출액을 매출채권으로 나눈 비율로서 매출채권이 현금으로 회수되는 즉, 현금화되는 속도를 나타내는 지표이다. 즉 매출액을 매출채권으로 나눈 비율인 매출채권회전율이 높다는 것은 매출액 대비 매출채권(외상매출금이나 받을 어음)이 상대적으로 작은 것을 의미하여 매출채권이 효율적으로 관리되고 있음을 의미한다. 따라서 매출채권회전율이 높은 것은 매출 중 대부분 현금으로 물건 값을 받아 상대적으로 외상으로 인한 대금회수의 어려움이 작아지므로 대손충당금 등의 설정을 줄일 수 있다. 반면에 매출채권회전율이 낮은 경우에는 매출 대비 아직 회수하지 못한 외상매출금과 받을 어음의 증가로 대금회수의 불확실성이 높아지므로 대손충당금을 많이 설정하여야 하는 위험이 존재하게 된다.

매출채권 회전율 = 매출액/매출채권 또는 매출액/평균 매출채권

다음은 (주) 지환전자의 자산과 부채 그리고 자본의 재무상태표와 포괄손익계산서를 나타낸 것이다.

재무상태표

제7(당)기 2015년 12월 31일 현재
제6(전)기 2014년 12월 31일 현재

㈜지환전자 (단위: 억 원)

	당 기	전 기		당 기	전 기
자 산	100	90	부 채	30.3	27.5
현금 및 유가증권	14.0	12.0	매 입 채 무	5.5	5.0
매 출 채 권	3.2	3.0	단기차입금	17.1	15.0
재 고 자 산	7.0	5.0	고 정 부 채	7.7	7.5
고 정 자 산	75.8	70.0			
			자 본	69.7	62.5
			자 기 자 본	69.7	62.5
자 산 총 계	100	90	부채와자본총계	100	90

포괄손익계산서

제7(당)기 2015년 1월 1일 부터 12월 31일 까지
제6(전)기 2014년 1월 1일 부터 12월 31일 까지

㈜지환전자 (단위: 억 원)

	당 기	전 기
매출액	100	90
(−) 매출원가	(75.7)	(70.5)
매출총이익	24.3	19.5
(−) 판매비와 관리비	(17.2)	(12.5)
영업이익	7.1	7.0
(+) 영업외수익	5.6	2.5
(−) 영업외비용	(3.2)	(3.0)
법인세비용차감전순이익	9.5	6.5
(−) 법인세비용	(0.4)	(0.3)
당기순이익	9.1	6.2

매출채권회전율 = 매출액/〔(기초 매출채권 + 기말 매출채권)/2〕
= 100/〔(3.2 + 3)/2〕
= 32.26 (배)

매출채권회전율은 매출액이 매출채권의 몇 배에 해당하는가를 나타내므로 1년의 기간에 대하여 매출액을 연평균 매출채권으로 나눈 매출채권회전률로 외상으로 판매한 매출액이 얼마 만에 회수되는가를 나타내는 지표가 된다. 이를 매출채권에 대한 평균회수기간(average collection period : ACP)이라고 하는데 (주) 지환전자의 경우는 11.68일이 소요됨을 알 수 있다.

매출채권회수기간 = 365/매출채권회전율
= 365/32.26
= 11.31 (일)

다양한 산업의 업종과 종류에 따라서 매출시의 대금회수를 위한 신용판매기간은 각 산업군의 기업마다 달리 설정하고 있는데 예를 들어 신용판매기간이 길어지면 총매출이 증가할 가능성이 높은 반면 기업의 제품판매로 인한 현금 회수 즉, 현금관리에 문제점이 발생할 수 있다. 반대로 신용판매기간이 짧아지면 총매출이 감소할 가능성이 높지만 현금관리에는 다소 여유가 생길 것이다. 따라서 기업들은 현금회수관리 정책에 맞추어 신용판매기간을 설정하여야 하며 이 때 평균회수기간이 기업이 설정한 신용판매기간을 훨씬 상회한다면 기업의 현금사정이 좋지 않음을 의미하므로 기업의 현금관리의 범위 내에서 신용판매 기간을 적절히 재설정하여야 매출에 악영향을 최소화할 수 있을 것이다.

3. 재고자산회전율

재고자산회전율(inventory turnover ratio)은 재고자산활용률(inventory utilization ratio)이라고도 하는데 매출원가를 재고자산으로 나누어 계산된다. 재고자산이 1년 동안 몇 번이나 현금 또는 매출채권으로 전환되었는지를 나타내는 지표로 재고자산을 얼마만큼 효율적으로 관리했는지를 나타내는 지표이다. 기업이 생산하는 제품의 성격과 계절적 특수성을 반영하지 못할 수는 있지만 일반적으로 재고자산의 효율적 관리를 위하여 주로 사용되는 지표이다.

재고자산 회전율 = 매출원가/〔(기초재고자산 + 기말재고자산)/2〕

다음은 (주) 지환전자의 자산과 부채 그리고 자본의 재무상태표와 포괄손익계산서를 나타낸 것이다.

재무상태표

제7(당)기 2015년 12월 31일 현재
제6(전)기 2014년 12월 31일 현재

㈜지환전자 (단위: 억 원)

	당 기	전 기		당 기	전 기
자 산	100	90	**부 채**	30.3	27.5
현금 및 유가증권	14.0	12.0	매입채무	5.5	5.0
매출채권	3.2	3.0	단기차입금	17.1	15.0
재고자산	7.0	5.0	고정부채	7.7	7.5
고정자산	75.8	70.0			
			자 본	69.7	62.5
			자기자본	69.7	62.5
자산총계	100	90	**부채와 자본총계**	100	90

포괄손익계산서

제7(당)기 2015년 1월 1일 부터 12월 31일 까지
제6(전)기 2014년 1월 1일 부터 12월 31일 까지

㈜지환전자 (단위: 억 원)

	당 기	전 기
매출액	100	90
(−) 매출원가	(75.7)	(70.5)
매출총이익	24.3	19.5
(−) 판매비와 관리비	(17.2)	(12.5)
영업이익	7.1	7.0
(+) 영업외수익	5.6	2.5
(−) 영업외비용	(3.2)	(3.0)
법인세비용차감전순이익	9.5	6.5
(−) 법인세비용	(0.4)	(0.3)
당기순이익	9.1	6.2

```
재고자산 회전율 = 매출원가/〔(기초재고자산+기말재고자산)/2〕
              = 75.7억 원/〔(7억 원+5억 원)/2〕
              = 12.62 (회)
```

(주) 지환전자의 재고자산회전율은 12.62배로 나타났다. 일반적으로 재고자산 회전율이 높을수록 재고관리를 효율적으로 하고 있다는 것으로 제품의 판매에 문제가 없음을 의미한다. 만약 어떤 기업의 재고자산회전율이 낮다면 이 기업은 필요 이상의 많은 재고자산를 가지고 있어 판매기회의 상실로 수익성에 악영향을 미칠 수 있다.

앞의 유동성 비율에서 이미 설명하였듯이 유동비율이 높은 것은 기업의 유동성이 양호하다는 의미가 되지만 재고자산이 지나치게 증가할 경우에도 유동비율은 높게 나타난다. 이 경우 재고자산의 증가가 매출실적이 부진한 결과이라면 재고자산회전율은 낮아지게 될 것이다. 따라서 유동비율과 재고자산회전율은 상호 밀접한 관계를 가지고 있으므로 유동성 분석 시에도 재고자산회전율을 반드시 함께 고려하여야 한다. 특히 기업의 판매로 인한 매출액이나 원자재 구입 등이 계절성을 가지고 있는 경우라든지 아니면 1년 기간 동안 재고자산회전율이 상승(혹은 하락)과 하락(혹은 상승)을 일정주기로 반복하는 경우에는 평균치를 사용하는 방법도 고려할 수 있다.

재고자산회전율은 기업이 평균적으로 재고자산이 몇 배에 해당하는 매출액을 가지고 있는가를 나타내는 지표로 볼 수 있다. 즉 (주) 지환전자의 재고자산회전율이 12.62회이므로 총매출원가액은 평균재고자산의 12.62배라고 생각하여도 무방하다. 따라서 재고자산회전율을 1년 기간에 대하여 나누면 재고자산이 제품이 되어 팔려 나가는데 걸리는 기간을 구할 수 있다.

```
재고자산회수기간(평균재고보유기간) = 365/재고자산회전율
                                = 365/12.62
                                = 28.92(일)
```

(주) 지환전자의 재고는 팔려나가기까지 28.92일(약 한달) 동안 창고에 머물고 있다고 해석할 수 있다. 일반적으로 완제품을 생산하는데 중간과정이 복잡한 제품을 생산하는 기업의 경우 재고기간은 상대적으로 길어지므로 해당 기업의 재고기간 만을 이용하여 평가하기는 곤란하므로 그 기업이 속한 산업의 평균과 비교하는 것이 효과

적이다. 일반적으로 재고기간이 짧다면 생산·판매활동이 원활히 잘 진행되는 것으로 판단할 수 있다.

기업의 적정재고관리(JIT System)

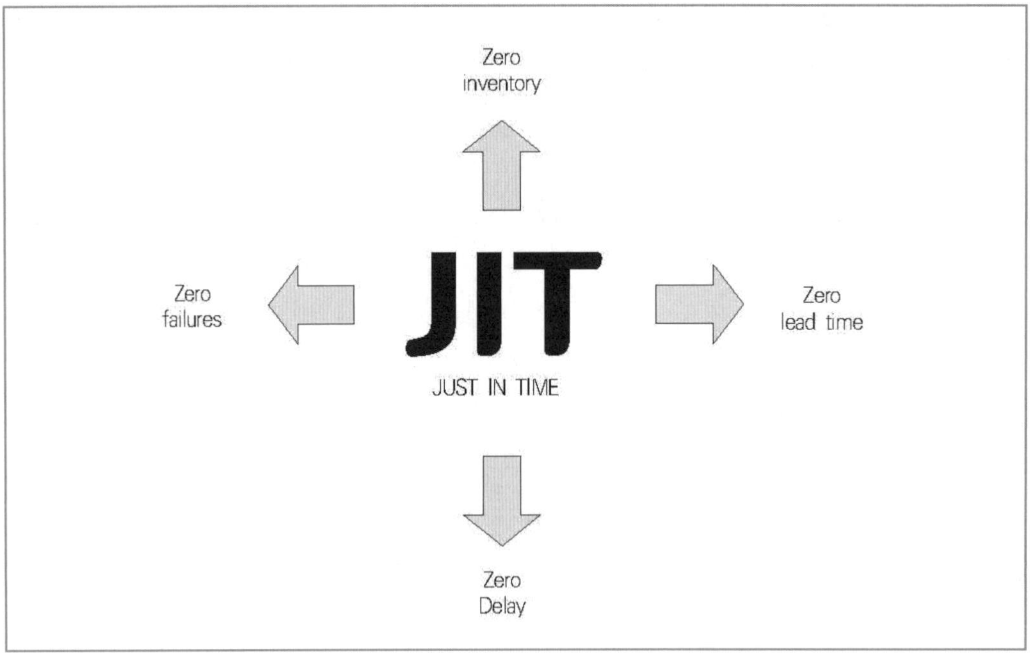

4. 매입채무회전율

매입채무회전율(accounts payable turnover)은 재고자산 매입액을 매입채무로 나눈 비율로서 매입채무가 지급되는 속도를 나타내고 있다. 매입채무 회전율이 높으면 매입채무(외상매입금 또는 지급 어음)의 결제가 빨리 이루어지고 있다는 의미이다. 기업의 입장에서 가능한 한 매입채무회전율을 낮게 유지하는 것이 영업운전자본 투자액을 감소시키는데 도움이 된다.

매입채무회전율 = 매입액/〔(기초매입채무 + 기말매입채무)/2〕

매입의 경우 추가 자료가 필요하므로 회사의 총매입액과 매입채무를 관리하여 적절한 매입채무회전율을 관리할 수 있다.

5. 고정자산회전율

고정자산회전율(fixed asset trunover)은 총매출액을 순고정자산으로 나눈 것으로 이때 순고정자산이라 함은 총고정자산에서 감가상각비를 제외한 것을 의미한다. 이러한 고정자산회전율을 순고정자산회전율(netfixed asset turnover)이라고 부르기도 한다.

고정자산 회전율	= 순고정자산회전율
	= 매출액/(총고정자산 - 감가상각비)
	= 100억 원/(75.8억 원 -0.4억 원)
	= 1.33 (배)

(주)지환전자의 감가상각비가 0.4억 원이라면 고정자산 75.8억 원에서 이를 차감한 것이 순고정자산이며 고정자산 회전율은 1.33배이다. 고정자산회전율이 높다는 것은 기계나 공정설비 등의 주어진 고정자산으로 많은 매출을 달성하고 있다는 것을 의미하므로 고정자산을 효율적으로 관리한다고 할 수 있다.

특히 자산의 취득시기가 다르고 인플레이션(물가상승)이 심한 경우에는 동일한 가치를 가진 고정자산이 있을 경우 오래 전에 취득한 자산의 장부상 가치와 최근에 취득한 자산의 장부가치는 큰 차이를 나타날 수 있다. 예를 들어 동일한 매출액을 가진 두 기업은 일반적으로 오래전에 자산을 취득한 기업이 그렇지 않은 기업에 비하여 고정자산회전률이 훨씬 높게 나타날 것이다. 하지만 이는 이 기업에 고정자산을 다른 기업보다 효율적으로 관리하고 있다는 잘못된 판단을 내릴 가능성이 있다. 따라서 고정자산회전율을 추정할 경우에는 반드시 인플레이션율(물가상승률) 만큼 고정자산가치를 조정하는 방법이 이용하여야 한다. 또한 고정자산회전율을 계산할 때 순고정자산을 사용하므로 감가상각에 주의하여야 한다. 노후 된 시설을 가지고 있는 기업의 감가상각은 시간이 흐를수록 점점 커지므로 상대적으로 순고정자산의 장부가치가 작아지게 된다. 그 결과 매출액이 감소하고 있음에도 불구하고 감가상각이 상대적으로 더 많다면 고정자산회전율은 오히려 높게 나타나므로 전체적인 기업의 시설의 노후 상태(유형자산)와 연관하여 종합적으로 판단하여야한다.

활동성비율을 이용하여 얻을 수 있는 정보는 다음과 같다.

첫째, 회전율로 계산되는 활동성비율은 특정 자산이 영업활동 순환과정(즉, 현금 → 재고자산 → 매출 → 외상매출금 회수 → 현금)에서 어느 특정 단계에 얼마의 자금이

묶여 있는지에 대한 정보를 제공해 준다. 따라서 특정 자산이 현금화되는 속도를 보여주는 방법도 된다.

둘째, 회전율은 투자된 자본 1단위에 대하여 매출액이 얼마나 실현되었는가를 나타낸다. 따라서 이 비율은 특정 자산의 관리효율성에 관한 정보를 제공할 뿐만 아니라 자산투자규모가 적정한지를 평가하는 방법이 된다.

셋째, 회전율은 추가 투자소요액을 추정할 때 이용될 수 있다. 예상되는 매출액을 특정 자산의 적정회전율로 나누면 특정자산에 대한 투자소요액이 개략적으로 구해질 수 있다.

생각해보기

재무비율분석 중 활동성이란 기업의 영업활동에 투입된 자산이 얼마나 효율적으로 사용되고 있는지를 평가하는 지표로 매출채권회전율, 재고자산회전율 등이 있다. 일반적으로 활동성비율이 높을수록 자산을 효율적으로 활용하고 있음을 의미하므로 자산이 효율적으로 운연 관리되고 있음을 알 수 있다.

그렇다면 활동성비율이 높다고 좋은 기업일까?

일반적으로 활동성비율이 높을 경우 기업의 영업활동에 투입된 자산이 효율적으로 사용되고 있어 관리문제가 줄어드는 것이 사실이다. 매출채권회전율의 경우 매출액 대비 평균 매출채권 부분이 낮을수록 즉, 매출채권회전율이 높을수록 외상에 대한 회수위험이 줄어들게 되어 활동성이 좋게 나타날 것이다. 또는 재고자산회전율 또한 매출원가 대비 평균 재고자산부분이 낮을수록 즉, 재고자산회전율이 높을수록 재고의 진부화에 대한 위험이 줄어들게 되어 활동성이 좋게 나타나게 된다. 다음의 경우를 보자.

재무상태표

제7(당)기 2015년 12월 31일 현재
제6(전)기 2014년 12월 31일 현재

㈜지환전자 (단위: 억 원)

	당 기	전 기		당 기	전 기
자 산	70	60	부 채	40.3	27.5
현금 및 유가증권	14.0	12.0	매 입 채 무	15.5	15.0
매 출 채 권	13.2	13.0	단기차입금	17.1	15.0
재 고 자 산	17.0	15.0	고 정 부 채	7.7	7.5
고 정 자 산	25.8	20.0			
			자 본	29.7	22.5
			자 기 자 본	29.7	22.5
자 산 총 계	70	60	부채와 자본총계	70	60

포괄손익계산서

제7(당)기 2015년 1월 1일 부터 12월 31일 까지
제6(전)기 2014년 1월 1일 부터 12월 31일 까지

㈜지환전자 (단위: 억 원)

	당 기	전 기
매출액	50	30
(−) 매출원가	(35.7)	(20.5)
매출총이익	14.3	9.5
(−) 판매비와 관리비	(7.2)	(3.5)
영업이익	7.1	6.0
(+) 영업외수익	3.6	2.5
(−) 영업외비용	(3.2)	(3.0)
법인세비용차감전순이익	7.5	6.5
(−) 법인세비용	(2.4)	(2.3)
당기순이익	5.1	4.2

· 매출채권회전율 50 / [(13.2 + 13) / 2] = 3.82회
· 매출채권회수기간 365 / 3.82 = 95.5일
· 재고자산회전율 35.7 / [(17 + 15)/2] = 2.23회
· 재고자산회수기간 365 / 2.23 = 164일

이 기업의 경우 물건을 팔았을 경우 대금을 회수하는 기간은 95.5일이 걸린다는 것이다. 거의 100일 즉, 3개월이 되어야 물건 값을 받을 수 있으므로 대금을 회수하지 못할 위험이 존재하게 된다. 따라서 기업에서는 대금회수를 위한 대손충당금을 설정하여야 할 것이다. 그럼 회사는 왜 외상으로 물건을 판매할까? 전체 시장에서 신생기업의 경우 자신의 제품을 알리기 위해 현금 회수의 위험을 감수하고서라도 외상으로 제품을 판매하는 전략을 수행한다. 또는 제품이 잘 안 팔리는 경우 외상으로라도 밀어내기 식으로 제품을 판매한다. 따라서 성장기업이거나 후발기업의 경우 울며 겨자 먹기 식으로 제품을 판매하고 이후 대금 회수를 하게 되는 경우이다. 따라서 그만큼 대금을 회수하지 못할 위험도 증가할 것이다.

재고의 경우 재고자산회전율은 2.23회로 재고자산의 회수기간이 164일이 되고 있다. 즉, 물건을 만들어(제조) 또는 구입한(도·소매)의 물건을 판매하기까지 거의 164일,

즉 5개월 이상을 회사 창고에 보관하여야 하는 문제점이 발생하고 있다. 만약 제품의 보관이 중요한 경우 예를 들어 냉장보관이나 신선제품들 경우, 또는 큰 부피를 차지하는 경우는 보관비용이 증가하게 될 것이다. 냉장제품이나 신선제품을 제때 못 판매할 경우 상품가치가 떨어지거나 판매할 수 없기 때문에, 그리고 큰 부피를 차지하는 경우 추가 창고비용이 발생하기 때문에 싸게라도 밀어내기 식으로 판매하려 할 것이다.

일반적으로 매출채권회전율과 재고자산회전율이 높으면 그 만큼 대금회수 기간이 짧아지고 재고보관비용도 줄일 수 있으나, 제품이 인기가 없거나 후발주자, 성장기업의 경우 상황에 따라 매출채권회전율, 재고자산회전율이 낮아질 수 있기 때문에 그 기업의 전체적인 상황을 고려하여 판단하여야 할 것이다.

문 제

01 기업의 영업활동에 투입된 자산이 얼마나 효율적으로 사용되고 있는지를 나타내는 비율을 무엇이라고 하는가?

① 유동성비율 ② 안정성비율
③ 활동성비율 ④ 수익성비율

해답 ③

---

02 매출액이 매출채권의 몇 배에 해당하는가를 나타내는 비율을 무엇이라고 하는가?

① 매출채권회전율 ② 재고자산회전율
③ 매출채권회수기간 ④ 매출원가회전율

해답 ①

---

03 재고자산이 1년 동안 몇 번이나 현금 또는 매출채권으로 전환되었는지를 나타내는 지표로 재고자산을 얼마만큼 효율적으로 관리했는지를 나타내는 지표를 무엇이라고 하는가?

① 재고자산회수기간 ② 재고자산회전율
③ 매출채권회수기간 ④ 매출원가회전율

해답 ②

※다음의 자료를 이용하여 문제를 풀어보시오(소수점 3째자리에서 반올림 하시오)

재무상태표

제10(당)기 2017년 12월 31일 현재

㈜채민전자 (단위: 원)

자산			부채	
현금		45,000	매입채무	82,000
매출채권	110,000		미지급비용	5,000
(대손충당금)	(15,000)	95,000		
재고자산		170,000		
선급보험료		8,000	**자본**	
토지		20,000	자본금 (액면@5,000)	260,000
기계장치	175,000			
(감가상각누계액)	(25,000)	150,000	이익잉여금	141,000
자산총계		488,000	**부채와 자본총계**	488,000

포괄손익계산서

제10(당)기 2017년 1월 1일 부터 12월 31일 까지

㈜채민전자 (단위: 원)

매출액		
(−) 매출원가		1,400,000
재고자산(2017. 1. 1.)	200,000	
당기매입액	790,000	
매출가능액	990,000	
재고자산(2017.12.31.)	(170,000)	820,000
매출총이익		580,000
(−) 영업외비용		170,000
당기순이익		410,000

04 재고자산회전율은 얼마인가?

① 0.83 ② 4.82
③ 4.10 ④ 1.91

해답 ②

---

05 재고자산회수기간은 얼마인가?

① 439.8일 ② 75.7일
③ 89일 ④ 191.1일

해답 ②

---

06 매출채권회전율은 얼마인가?

① 7.45 ② 8.63
③ 12.73 ④ 14.74

해답 ④

---

07 매출채권회수기간은 얼마인가?

① 50일 ② 42.3일
③ 28.7일 ④ 24.8일

해답 ④

제 11 장

기업분석—성장성

1. 성장성이란?

성장성비율(growth ratios)은 일정기간 동안에 기업의 매출액, 규모나 이익이 얼마나 증가하였는지를 측정하는 비율이다. 성장성비율은 재무분석가의 목적에 따라 재무제표 중 다양한 항목에 대해 증가비율을 활용할 수 있는데 매출액증가율, 총자산증가율, 이익증가율 등이 있다.

다음은 (주) 지환전자의 자산과 부채 그리고 자본의 재무상태표와 포괄손익계산서를 나타낸 것이다.

재무상태표

제7(당)기 2015년 12월 31일 현재
제6(전)기 2014년 12월 31일 현재

㈜지환전자 (단위: 억 원)

	당 기	전 기		당 기	전 기
자 산	100	90	**부 채**	30.3	27.5
현금 및 유가증권	14.0	12.0	매 입 채 무	5.5	5.0
매 출 채 권	3.2	3.0	단기차입금	17.1	15.0
재 고 자 산	7.0	5.0	고 정 부 채	7.7	7.5
고 정 자 산	75.8	70.0			
			자 본	69.7	62.5
			자 기 자 본	69.7	62.5
자 산 총 계	100	90	**부채와 자본총계**	100	90

포괄손익계산서

제7(당)기 2015년 1월 1일 부터 12월 31일 까지
제6(전)기 2014년 1월 1일 부터 12월 31일 까지

㈜지환전자 (단위: 억 원)

	당 기	전 기
매출액	100	90
(−) 매출원가	(75.7)	(70.5)
매출총이익	24.3	19.5
(−) 판매비와 관리비	(17.2)	(12.5)
영업이익	7.1	7.0
(+) 영업외수익	5.6	2.5
(−) 영업외비용	(3.2)	(3.0)
법인세비용차감전순이익	9.5	6.5
(−) 법인세비용	(0.4)	(0.3)
당기순이익	9.1	6.2

2. 매출액증가율

매출액증가율은 전기 매출액에 대비한 당기 매출액의 증가액을 전기 매출액으로 나눈 비율로서 기업의 외적 성장을 나타낸다.

> 매출액 증가율 = (당기 매출액 − 전기 매출액)/전기매출액
> = (100억 원 − 90억 원)/ 90억 원
> = 0.11

(주)지환전자는 직전년도에 비하여 올해 매출액이 10억 증가하였으며, 매출액 증가율이 11.0%로 나타나고 있다. 일반적으로 매출액이 증가하는 것은 기업의 성장기에 있거나 제품 등이 잘 판매된다는 의미이나, 매출액 증가율에 비하여 매출원가 증가폭이 더 높아 손실이 발생하는 경우에는 매출 증가에 따라 기업의 수익구조가 더 악화될 수 있으므로 단순히 매출액 증가율이 증가하는 것은 좋은 지표가 아니므로 전체적인 수익성지표와 함께 고려하는 것이 좋다.

Ref. 참고사항

THE BCG Matrix

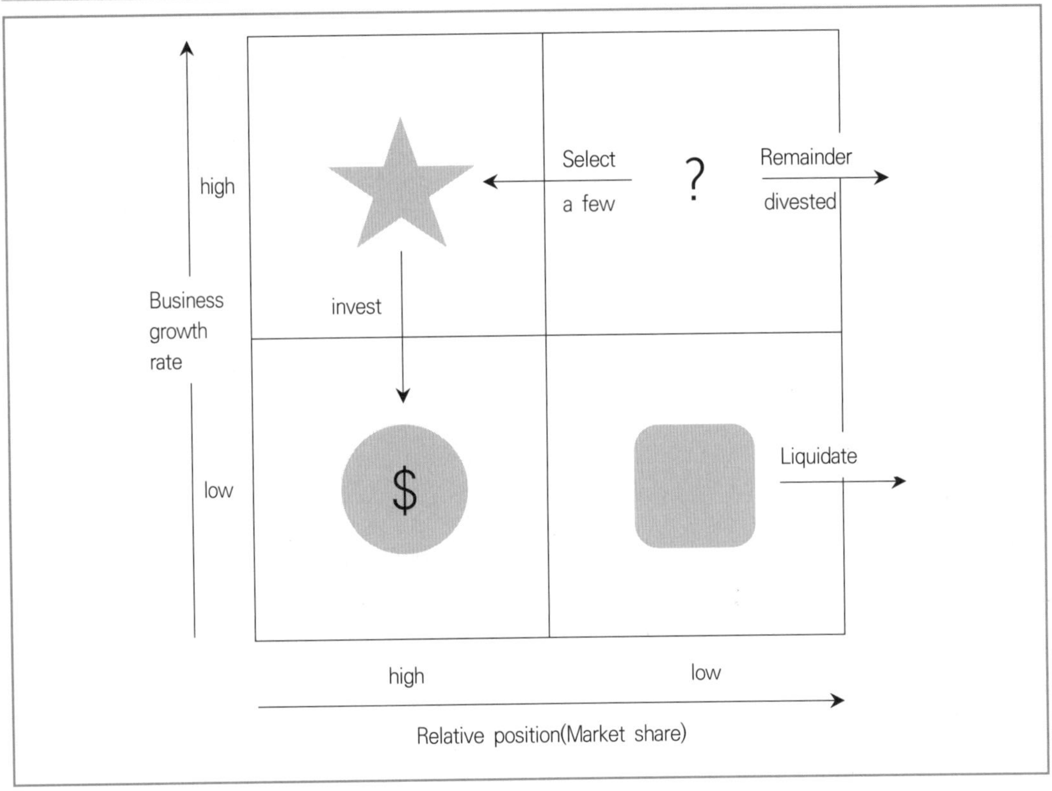

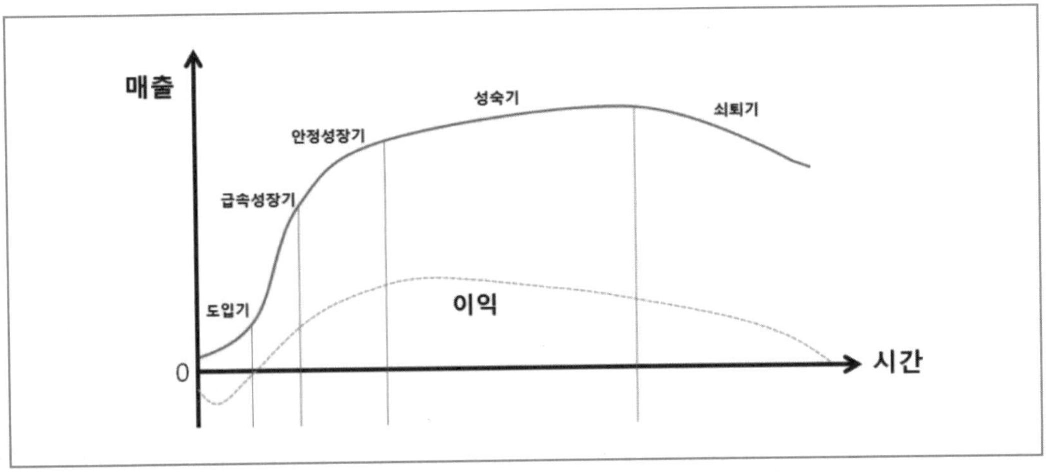

3. 총자산증가율

총자산증가율은 전기말 총자산에 대비한 당기말 총자산의 증가액을 전기말 총자산으로 나눈 비율로서 자산의 증가율을 알 수 있다. 자산증가율은 어떠한 자산을 측정치를 사용하느냐에 따라 유동자산증가율, 매출채권증가율, 재고자산증가율, 비유동자산증가율, 유형자산증가율, 무형자산증가율, 총자산증가율 등 다양한 형태의 자산증가율을 활용할 수 있다. 이 중에서 총자산증가율은 자금조달 원천방법에 관계없이 기업의 총자산이 전기 말에 비하여 얼마나 증가하였는지를 나타내는 비율로 다음과 같다.

총자산증가율	=	(당기말 총자산 - 전기말 총자산)/전기말 총자산
	=	(100억 원 - 90억 원)/90억 원
	=	11.1%

(주)지환전자는 직전년도에 비하여 올해 총자산이 10억 증가하여 총자산증가율이 11.1%를 나타내고 있다. 일반적으로 총자산이 증가되었다는 것은 기업의 규모가 커지고 있다는 의미이므로 총자산증가율이 증가된 것은 기업이 성장하는 하나의 좋은 지표로 판단할 수 있다. 다만, 이러한 총자산증가율이 자산항목 중 어느 부분에서의 증가부분인지를 주의 깊게 주시하여야 한다. 예를 들어 매출채권이 과다하게 증가하였다면, 매출부분 중 현금회수가 아닌 외상판매 증가로 인한 대손충당금이 증가될 위험이 상존하고, 반면에 재고자산이 과다하게 증가하였다면, (주)지환전자의 제품 판매가 잘되지 않아 재고자산의 진부화, 가치감소의 위험이 상존할 수 있다. 반면에 총자산의 증가부분이 대부분 유형자산의 증가부분이라면, 기업의 투자를 확대하여 기업의 외적 시설투자를 증가하는 등 기업의 고정비가 증가될 수 있음을 상기하여야 한다.

4. 자기자본증가율

자기자본증가율은 주주의 투입자본 규모가 전기 말에 비해 얼마나 증가했는지를 나타내는 비율이다. 자기자본 규모는 유상증자에 의해 증가할 뿐만 아니라 순이익의 내부유보(이익잉여금)에 의해서도 증가한다. 자기자본증가율은 당기말 자기자본을 전기말 자기자본을 차감하여 전기말 자기자본으로 나눈 값으로 자기자본 대신에 영업투하자본을 사용하면 영업투하자본증가율이 계산된다.

자기자본증가율 = (당기말 자기자본–전기말 자기자본)/전기말 자기자본
= (69.7억 원 – 62. 5억 원)/ 62.5억 원
= 11.1%

자기자본이 증가하였다는 의미는 기업이 유상증자를 통하여 타인자본비율이 감소하고 자기자본 비율이 증가함을 의미하기도 하나 만약 기업의 유상증자 없이 자기자본이 증가한 경우에는 기업의 경영성과인 당기순이익에서 배당금 등을 제외한 유보된 이익(이익잉여금)이 증가하였음을 알 수 있다. 즉, 이익잉여금의 증가는 기업의 이익이 증가하였다는 반증이고 이는 미래에 투자 등에 활용할 수 있는 기업의 재원이 될 수 있다.

5. 이익증가율

이익증가율은 어떠한 이익측정치를 사용하느냐에 따라 매출총이익증가율, 영업이익증가율, 경상이익증가율, 순이익증가율, 세후순이익증가율, 주당순이익증가율 등 다양한 형태의 이익증가율을 측정할 수 있다. 예를 들어 순이익증가율은 당기순이익에서 전기순이익을 차감하여 전기 순이익을 나눈 값으로 다음과 같다.

순이익증가율 = (당기순이익 – 전기 순이익)/전기 순이익
= (9.1억 원 – 6.2억 원)/6.2억 원
= 46.8%

(주)지환전자의 경우 순이익증가율은 46.8%으로 기업의 수익성이 크게 향상되었음을 알 수 있다. 이러한 순이익의 증가율이 기업의 매출 증가분에 기인한 것인지 원가부분의 절감으로 인한 부분인지, 또는 외국 수출 기업의 경우 국가 간의 환율 차이 때문인지를 추가적으로 잘 고려하여야 한다.

기업이 회계기간 중 유상증자를 실시하거나 자기주식을 대량 취득한 경우에는 자기자본 투입액의 큰 변동으로 인해 당해 연도의 순이익이 영향을 받을 수 있다. 이러한 경우에는 순이익증가율보다 주당순이익증가율이 이익의 성과 여부를 더 잘 나타내준다.

주당순이익증가율 = (당기 주당순이익 - 전기 주당순이익)/전기 주당 순이익
EPS(earing per share) = 당기순이익/주식수
PER(price earning ratio) = 주가/EPS

삼성전자와 애플의 휴대폰 기업의 PER 비율

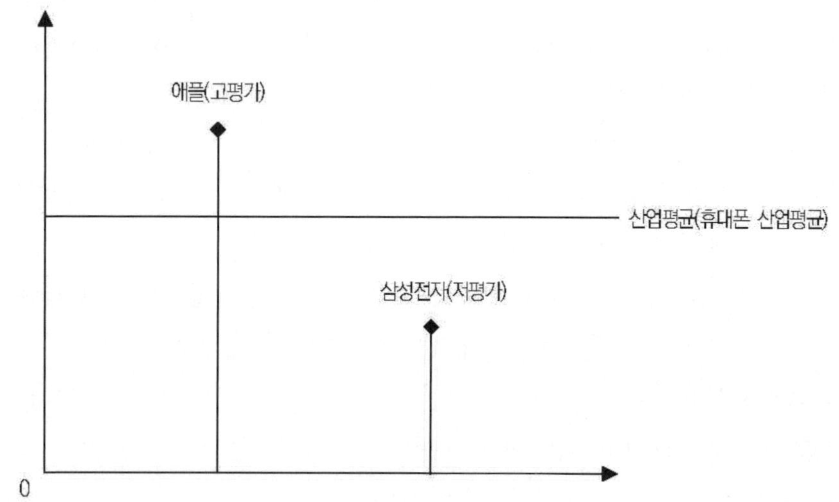

주당순이익(EPS)는 주가를 주식수로 나눈 값으로 기업의 가치를 평가하는 지표로 많이 활용되고 있다.

- 매출액 증가율 = 당기매출액/전기매출액
  전기 대비 당기매출액의 증가 정도
- 영업이익증가율 = 당기영업이익/전기영업이익
  전기 대비 당기영업이익의 증가 정도
- 당기순이익증가율 = 당기순이익/전기순이익
  전기 대비 당기순이익의 증가 정도
- 총자산증가율 = 당기말총자산/전기말총자산
  전기 대비 당기총자산의 증가 정도

생각해보기

재무비율분석 중 성장성이란 기업이 일정기간 동안 기업의 매출액, 규모 또는 이익이 얼마나 성장하였는지를 나타내는 지표로 매출액증가율, 총자산증가율, 이익증가율 등이 있다. 일반적으로 성장성비율이 높을수록 기업의 발전가능성이 증가하는 것이다.

그렇다면 성장성비율이 높다고 좋은 기업일까?

일반적으로 기업의 매출액이 직전년도 보다 증가한다면 제품이 우수하거나 인기가 있다는 것이므로 기업이 성장하고 있음을 알 수 있다. 하지만 매출액이 증가한다고 해서 꼭 이익이 증가하는 것도 아니고 산업에 있어 중추적인 기업이 아닐 수도 있다. 즉, 인기 없는 제품을 아주 싸게 판매한다면 매출액이 증가할 수 있기 때문이다.

또한, 총자산이 직전년도에 비해 크게 증가한 경우 총자산증가율이 좋아진다고 할 수 있지만 특정자산을 투자하여 증가할 경우 미래위험을 적극적으로 대처하지 못할 위험도 존재할 수 다. 그리고 이익이 직전년도에 비하여 증가한다면 이익증가율이 높아 성장성비율이 좋다고 판단할 수 있다. 하지만 비효율적인 부분의 감소(효율적 관리 부분)로 인한 이익의 증가인지, 제조업의 경우 매출원가 부분의 감소로 인한 이익의 증가 부분인지를 판단하여 종합적으로 판단하여야 한다. 다음의 경우를 보자.

재무상태표

제7(당)기 2015년 12월 31일 현재
제6(전)기 2014년 12월 31일 현재

㈜지환전자 (단위: 억 원)

	당 기	전 기		당 기	전 기
자 산	70	60	**부 채**	40.3	37.5
현금 및 유가증권	13.8	12.0	매 입 채 무	15.5	15.0
매 출 채 권	17.2	13.0	단 기 차 입 금	17.1	15.0
재 고 자 산	19.0	15.0	고 정 부 채	7.7	7.5
고 정 자 산	20.0	20.0			
			자 본	29.7	22.5
			자 기 자 본	29.7	22.5
자 산 총 계	70	60	**부채와 자본총계**	70	60

포괄손익계산서

제7(당)기 2015년 1월 1일 부터 12월 31일 까지
제6(전)기 2014년 1월 1일 부터 12월 31일 까지

㈜지환전자 (단위: 억 원)

	당 기	전 기
매 출 액	50	30
(−) 매 출 원 가	(35.7)	(20.5)
매 출 총 이 익	14.3	9.5
(−) 판 매 비 와 관 리 비	(11.2)	(3.5)
영 업 이 익	3.1	6.0
(+) 영 업 외 수 익	2.6	2.5
(−) 영 업 외 비 용	(4.2)	(3.0)
법인세비용차감전순이익	1.5	6.5
(−) 법 인 세 비 용	(0.4)	(2.3)
당 기 순 이 익	1.1	4.2

· 매출액증가율 (50 − 30) / 30 = 66.7%

· 총자산증가율 (70 − 60)/60 = 16.7%

· 이익증가율 (1.1 − 4.2)/4.2 = −73.8%

이 기업의 경우 매출액은 당해 연도 50억, 직전년도 30억 원으로 매출액증가율이 66.7%로 비약적으로 매출액이 증가함을 알 수 있다. 일반적으로 매출액이 증가할 경우 이익도 증가하는 경우가 대부분이나 이 기업의 경우 이익증가율은 −73.8%이다. 즉, 판매관리비가 직전년도에 비해 크게 증가하여 제품의 판매촉진을 위해 판촉활동, 또는 마케팅을 통한 비용의 과다 지출하여 매출을 증가시킨 것으로 알 수 있다. 따라서 단편적인 하나의 재무비율분석보다는 전체적으로 기업의 여러 가지 지표를 보고 종합적으로 판단하여야 한다.

총자산증가율은 직전년도에 비해 16.7% 증가하고 있으나 고정자산부분은 변동이 없으므로 주로 매출채권과 재고자산이 증가함을 알 수 있다. 만약 고정자산이 증가한다는 것은 기업의 투자활동으로 기계장치 등의 시설투자일 수 있으나 재고자산 증가 또는 매출채권 증가는 이전에 배운 활동성과 관련하여 재고자산이 증가하여 제품의 진부화 위험, 매출채권 회수가 어려워 대손충당금의 설정문제 등을 알 수 있다. 따라서 총자산증가율의 지표도 중요하나 자산의 세부항목 중 어느 부분이 증가하는지를 전체적으로 고려하여야 한다.

상장사, 올들어 유상증자액 20%↑...제3자배정 64% 차지

올 들어 10개월 동안 상장사 유상증자액이 전년 동기와 비교해 20% 늘었다. 유상증자란 기업이 자본금을 늘리기 위해 신주를 발행하고, 대신 신주의 인수 가액에 해당하는 현금이나 현물을 회사로 납입시키는 것을 말한다.

올해 유상증자에 나선 기업들은 전략적으로 투자자 영입 차원에서 제3자 배정방식의 유상증자를 선호했다. 전체 상장사 유상증자액에서 제3자배정 방식이 64%를 차지했다.

한국거래소는 올 들어 지난달 31일까지 코스피와 코스닥시장에서 이뤄진 유상증자 규모가 12조1033억원으로 전년 동기(10조884억원) 대비 20.0% 증가했다고 6일 발표했다.

이중 유상증자 배정방식별로 보면 제3자배정 방식이 7조7093억원(63.7%)으로 가장 많았다. 이어 일반공모 방식 2조2577억원(18.7%), 주주배정 방식 2조1363억원(17.7%) 차례였다.

작년 동기와 비교해 보면 3자배정 방식은 83.5% 증가했다. 반면 주주배정 방식 및 일반공모 방식은 각각 40.9%, 0.6% 감소했다.

유상증자는 신주 인수자를 널리 일반으로부터 모집하는 '일반공모' 방식, 주주에게 신주인수권을 주어 이들 가운데서 새로운 주주를 모집하는 '주주배정', 회사의 임원이나 종업원, 거래업체 등 연고 관계에 있는 자에게 신주인수권을 주어서 신주를 인수시키는 '제3자배정' 등이 있다.

보통 대기업일수록 공개적으로 주식투자자를 모집하는 일반공모 방식을 선호한다. 코스닥기업의 경우 전략적인 투자자영입 차원에서 제3자배정 방식이 많은 편이다.

그러나 올해는 코스피 및 코스닥시장 상장법인 모두 주주배정 방식이나 일반공모 방식 보다는 제3자배정 방식의 유상증자를 선호했다고 거래소는 설명했다.

◇ 코스피, 유상증자액 37.2%↑...제3자배정 202.4%↑

우선 증시 종류별로 올해 코스피에서 유상증자액이 8조8978억원으로 전년 동기(6조4843억원) 대비 37.2% 불었다. 조선·해운업 불황, 5조원대 분식회계 등으로 유동성 위기에 몰린 대우조선해양의 유상증자 규모가 올 들어 3건, 총 3조3777억원 이뤄진 것이 주된 영향을 미쳤다.

또 대우조선해양의 유상증자 규모가 올 들어 전체 코스피 유상증자액 가운데 38%를 차지, 코스피 상장사 가운데 유상증자 규모가 가장 크다. 이어 현대로보틱스(1조7264억원), STX중공업(5843억원), 동양생명(5283억원), 대한항공(4577억원), 삼성증권(3383억원), STX(3283억원), 일진머티리얼즈(2009억원), KB손해보험(1706억원), 맥쿼리인프라(1472억원) 등 순이다.

또 코스피 상장사 유상증자를 방식별로 보면 제3자배정방식은 5조6948억원으로 전년 동기와 비교해 202.4% 급증했다. 주주배정 방식은 1조1862억원으로 58.5% 감소했고, 일반공모방식은 2조169억원 15.7% 늘었다. 코스피에서 2015년, 2016년에는 '주주배정' 방식의 유상증자 비율이 가장 높았으나 올해 대우조선해양이 3조여원의 대규모 제3자배정 유상증자를 하면서 코스피 전체 제3자배정 유상증자가 큰 폭으로 늘어났다는 분석이다.

◇ **코스닥, 유상증자액 11.1%↓...제3자배정 62.85% 차지**

올해 코스닥시장에서의 유상증자 규모는 3조2054억원으로 전년 동기(3조6041억원) 대비 11.1% 감소했다. 같은 기간 코스닥시장에서 제3자배정 방식은 2조145억원으로 13.1% 줄었다. 하지만 코스닥 전체 유상증자액에서 62.8%로 과반을 차지한다.

또 주주배정 방식은 9501억원으로 25.2% 늘었다. 일반공모방식은 2,408억원으로 54.3% 축소됐다.

코스닥 상장사별로 보면 바이오 의약품 전문기업 '휴젤'의 유상증자 규모가 가장 컸다. 휴젤은 운영자금 마련을 위해 제3자배정 방식으로 올해 3547억원을 유상증자했다.

다음으로 세종텔레콤(1836억원), 나노스(1609억원), 매일홀딩스(1449억원), 에이프로젠 H&G(1081억원), 에임하이(1040억원), 파티게임즈(900억원), 아이리버(650억원), 에스와이패널(584억원), 제이스테판(524억원) 등 순서이다.

<뉴시스 제공> 세정신문

문 제

01 기업이 일정기간 동안 기업의 매출액, 규모 또는 이익이 얼마나 성장하였는지를 나타내는 지표를 무엇이라고 하는가?

① 유동성비율　　② 성장성비율
③ 활동성비율　　④ 수익성비율

해답 ②

---

02 주주의 투입자본 규모가 전기 말에 비해 얼마나 증가했는지를 나타내는 비율을 무엇이라고 하는가?

① 매출원가증가율　　② 자기자본증가율
③ 총자산증가율　　④ 매출액증가율

해답 ②

제 12 장

기업분석—수익성

1. 수익성이란?

수익성(profitability)은 기업의 투자자본에 대한 경영성과의 정도, 비용을 보전하고 이익을 낼 수 있는 능력에 대한 정보를 나타내주는 지표로서 기업의 여러 가지 정책과 의사결정의 결과로 나타나는 것이다. 수익성비율분석(profitability ratio analysis)은 기업운영의 방식에 대한 다양한 정보를 제공하며 동시에 유동성관리, 자산운용관리, 부채관리 등의 효과가 기업운영에 미치는 영향과 연관하여 나타나는 결과이기도 하다. 따라서 투자자, 경영자, 채권자 등 이해관계자들이 의사결정시 가장 중요한 정보로 활용되고 있다.

수익성비율에는 매출 및 이익과 관련된 비율과 투자한 자산, 자본의 성과를 측정하는 비율로 구성되어 있어 재무상태표 및 포괄손익계산서의 자료가 필요하다.

- **매출액순이익률 = (당기순이익/매출액) × 100**

  경상적, 비경상적인 모든 경영활동의 결과가 반영된 최종적인 경영성과를 측정하는 척도가 된다.

- **총자산순이익률 = (순이익/총자산) × 100**

  경영자가 기업의 경영활동을 수행하기 위해 보유하고 있는 총자산을 얼마나 효율적으로 운영하였는지 나타낸다.

- **자기자본순이익률 = (순이익/자기자본) × 100**

  주주가 투자한 자본에 대한 수익성을 측정하는 척도로 주주의 투자수익률을 의미함이다.

다음은 (주)지환전자의 자산과 부채 그리고 자본의 재무상태표와 포괄손익계산서를 나타낸 것이다.

재무상태표

제7(당)기 2015년 12월 31일 현재

㈜지환전자 (단위: 억 원)

자 산	100	부 채	30.3
현금 및 유가증권	14	매 입 채 무	5.5
매 출 채 권	3.2	단 기 차 입 금	17.1
재 고 자 산	7	비 유 동 부 채	7.7
고 정 자 산	75.8		
		자 본	69.7
		자 기 자 본	69.7
자 산 총 계	100	부채와 자본총계	100

포괄손익계산서

제7(당)기 2015년 1월 1일 부터 12월 31일 까지

㈜지환전자 (단위: 억 원)

매 출 액	100
(−) 매 출 원 가	(75.7)
매 출 총 이 익	24.3
(−) 판 매 비 와 관 리 비	(17.2)
영 업 이 익	7.1
(+) 영 업 외 수 익	5.6
(−) 영 업 외 비 용	(3.2)
법인세비용차감전순이익	9.5
(−) 법 인 세 비 용	(0.4)
당 기 순 이 익	9.1

2. 매출액순이익률

매출액순이익률(return on sales 혹은 profit margin on sales)은 순이익을 매출액으로 나눈 값을 말하며 마진율(profit margin)이라고도 한다.

매출액순이익률	= 순이익/매출액 × 100
	= 9.1억 원/100억 원 × 100
	= 9.1%

매출액순이익율은 전체적인 경영활동의 성과를 나타내는 것으로 기업의 영업활동 및 재무활동의 결과가 모두 반영되어 있다. 만약 매출액순이익율이 해당 산업의 평균치보다 높다는 것은 다른 기업들보다 더 높은 순이익을 얻고 있음을 의미한다. 그러나 매출순이익률이 높다고 해서 반드시 수익성이 높다고 판단 할 수는 없다. 왜냐하면 기업의 영업활동이 부진하더라도 만약 영업외이익이 상대적으로 많이 발생하였다면 매출액순이익률이 높아질 수 있기 때문이다. 반대로 영업활동과 재무활동을 포함한 경상적 활동이 좋지 않더라도 매출순이익률이 높게 나타날 수 있다. 예를 들어 영업이익이 적으나 영업외손실이 커서 당기순손실이 발생하였으나 보유한 부동산 등을 매각하여 유형자산처분이익의 증가로 당기순이익 발생할 경우도 있다. 수익이 저조할 경우 부채의 조달이 어렵거나 아니면 높은 금융비용으로 자본의 조달에 어려움으로 기업은 보유자산을 매각하여 당기순이익을 얻는 방식을 선택 할 수 있다. 따라서 매출액순이익률로 기업의 수익성을 판단하지 말고 그 외 매출액영업이익률 및 다른 수익성지표들과 연관 지어 기업의 수익성을 판단하여야 할 것이다.

3. 매출액영업이익률

매출액영업이익률(operating income to sales ratio)은 영업이익을 매출액으로 나눈 값이다. 이는 기업의 정상적인 영업활동의 효율성을 측정하며 매출액에서 매출원가 및 판매비와 일반관리비의 지출 정도를 동시에 분석할 수 있다.

매출액영업이익률	= 영업이익/매출액 × 100
	= 7.1억 원/100억 원 × 100
	= 7.1%

(주)지환전자의 매출액영업이익률이 매출액순이익률(9.1%)보다 낮은 것으로 미루어 보아 기업의 재무활동이 (주)지환전자의 순이익에 영향을 미칠 수 있음을 알 수 있다. 매출액영업이익률은 매 시기(매 분기, 반기, 년)에 따라 변화하는데 이는 매출액의 변화와 매출원가 및 판매비와 일반관리비의 변화가 포괄적으로 작용하여 변한 것이다. 전기대비 매출액의 변화율과 전년대비 각종 비용변화율을 비교하면 매출원가와 판매비 및 일반관리비의 효율성을 파악할 수 있을 것이다. 특히 매출원가 부분에서 재료원가나 노무원가 등 세부항목별로 증감률을 파악함으로써 비용절감 효과가 매출액영업이익률에 얼마나 작용하는지를 추가적으로 알 수 있게 된다. 따라서 당해연도 한해의 매출액영업이익률만을 가지고 기업의 영업활동의 효율성을 분석하기보다는 매 시기에 따라 매출액영업이익률을 비교하거나 해당 기업이 속해 있는 동종산업의 평균과 대비하여 해당기업의 영업활동 효율성을 분석하는 것이 바람직하다.

4. 총자산순이익률

총자산순이익률(return on assets : ROA)은 총자산을 얼마나 효율적으로 이용하여 영업성과를 올렸는가를 총괄적으로 나타내는 것으로서 대표적으로 쓰이는 수익성비율이다.

총자산순이익률 = 순이익/총자산 × 100
= 9.1억 원/100억 원 × 100
= 9.1%

(주)지환전자의 재무상태표와 포괄손익계산서는 전체를 100%로 환산하여 표준화한 것이므로 총자산순이익률은 실제와 차이가 나타날 수 있지만 일반적인 사용하기도 한다. 총자산순이익률이 높다면 투하된 자본에 대하여 기업의 이익창출능력이 높다는 것을 의미한다. 그러나 이 수치만으로 기업의 영업활동과 재무활동 중 어느 것이 상대적으로 더 활발한 것인지를 알 수가 없다. 따라서 이자수익이나 이자비용, 그리고 세금 등의 영향을 배제하고 순수한 영업활동의 이익창출능력으로 기업을 평가하는 것이 더 바람직하다고 생각하는 재무분석자들은 순이익 대신 영업이익을 분자에 이용하여 총자산영업이익률을 이용하기로 한다. 총자산순이익률은 매출액순이익률과 총자본회전율을 통하여 간접적으로 계산이 가능하다.

총자산순이익률	=	매출액순이익률 × 총자산회전율 × 100
	=	순이익/매출액 × 매출액/총자산 × 100
	=	9.1억 원/100억 원 × 100억 원/100억 원 × 100
	=	9.1%

총자산순이익률은 매출액수익성과 총자산회전율이 결합된 비율이므로 총자산순이익률을 높이기 위해서 총자산회전율을 증가시키거나 또는 매출액수익성을 높여야 한다. 따라서 두 부분 중에 어느 부분이 총자산순이익률에 기여도가 높은 지를 파악함으로써 기업의 단·장기 영업 전략을 수립할 수 있다.

5. 자기자본순이익률

자기자본순이익률(return on equity : ROE)은 순이익을 자기자본으로 나눈 값으로 자기자본은 자본금, 자본잉여금, 그리고 유보이익(이익잉여금) 등을 포함한다. 만약 우선주를 발행한 기업의 경우에는 순이익에서 우선주 배당액을 차감한 값으로, 그리고 자기자본은 우선주 가치만큼 제외한 금액을 이용하여야 한다.

자기자본순이익률	=	순이익/자기자본 × 100
	=	9.1억 원/69.7억 원 × 100
	=	13.06%

자기자본순이익률은 주주들이 투자한 자본에 대하여 얼마만큼의 수익을 올렸는가를 나타내는 지표로 자기자본순이익률이 주주들이 요구하는 수준이 되지 못할 경우에는 이 기업의 주식을 팔려고 할 것이다. 따라서 기업의 자기자본순이익률은 기업의 자기자본에 대한 기회비용이 된다. 자기자본수익률이 높은 것은 자기자본수익률이 낮은 것보다 선호되는 것은 당연하지만, 만약 기계장치와 설비 등의 폐기처분으로 인해 자산 및 자기자본의 감소 등이 발생할 경우에는 순이익의 변화가 없어도 자기자본순이익률은 높아질 수 있다. 즉, 단순히 자기자본수익률이 증가한다고 해서 수익성이 높아졌다고 판단하여서는 안 된다. 이러한 이유로 자기자본 수익률이 높아졌다고 해서 기업이 더 많은 성과를 거두었다고 판단해서는 안 된다. 자기자본순이익률은 회계 장부상의 이익을 바탕으로 작성되었으므로 장부상의 수치이므로 실제 시장에서의 투자수

익률과 직접적으로 비교하기가 어려움으로 종합적으로 판단하여야 한다.

기회비용(opportunity cost)이란?

어떤 재화의 여러가지 종류의 용도 중 어느 한 가지 만을 선택한 경우, 나머지 포기한 용도에서 얻을 수 있는 이익의 평가액을 기회비용 또는 기회원가(機會原價)라고도 한다. 만약 어떤 기업가가 특정한 선택을 하였기 때문에 포기한 나머지 선택의 가치를 말하는 것으로 기업에 투자한 돈을 은행에 예금했다면 그 이자를 받을 수 있는데, 이 이자가 바로 기회비용이 된다.

생각해보기

재무비율분석 중 수익성이란 기업의 매출액과 이익과의 관련된 비율로 기업운영방식의 성과를 나타내주는 지표로 매출액순이익율, 자기자본순이익율, 총자산순이익율 등이 있다. 일반적으로 수익성비율이 높을수록 기업의 정책이나 사업 의사결정을 잘 하여 수익성이 좋아지고 있음을 알 수 있다.

그렇다면 수익성비율이 높다고 좋은 기업일까?

단순하게 수익성비율이 높다라면 수익이 증가하고 있으므로 전체적으로 좋은 기업일 가능성이 높다. 하지만 매출액순이익율보다는 매출액영업이익율이 더 중요한 지표가 될 수도 있다. 자기자본순이익율이 낮다고 하더라도 기업의 연구개발투자를 위해 유상증자를 한 경우라면 일시적으로 수익성이 떨어질 수 있기 때문에 여러 가지 기업환경의 상황을 고려해보아야 할 것이다. 다음의 경우를 보자.

재무상태표

제7(당)기 2015년 12월 31일 현재
제6(전)기 2014년 12월 31일 현재

㈜지환전자 (단위: 억 원)

	당 기	전 기		당 기	전 기
자 산	70	60	부 채	40.3	37.5
현금 및 유가증권	13.8	12.0	매입채무	15.5	27.0
매출채권	17.2	13.0	단기차입금	14.1	3.0
재고자산	19.0	15.0	고정부채	10.7	7.5
고정자산	20.0	20.0			
			자 본	29.7	22.5
			자기자본	29.7	22.5
자산총계	70	60	부채와 자본총계	70	60

포괄손익계산서

제7(당)기 2015년 1월 1일 부터 12월 31일 까지
제6(전)기 2014년 1월 1일 부터 12월 31일 까지

㈜NHN (단위: 억 원)

	당 기	전 기
매 출 액	50	30
(−) 매 출 원 가	(35.7)	(20.5)
매 출 총 이 익	14.3	9.5
(−) 판 매 비 와 관 리 비	(4.2)	(3.5)
영 업 이 익	10.1	6.0
(+) 영 업 외 수 익	2.6	2.5
(−) 영 업 외 비 용	(11.2)	(3.0)
법인세비용차감전순이익	1.5	6.5
(−) 법 인 세 비 용	(0.4)	(2.3)
당 기 순 이 익	1.1	4.2

· 매출액순이익율 1.1 / 50 = 2.2%

· 매출액영업이익율 10.1 / 50 = 20.2%

이 기업의 경우 매출액순이익율은 2.2% 이나 매출액영업이익율은 20.2%이다. 일반적으로 재무분석을 할 경우 매출액순이익율보다 매출액영업이익율을 더 중요한 지표로 본다. 그 이유는 기업과 관련하여 발생하는 수익과 비용부분이 영업이익이고 기업의 영업활동 이외에 발생하는 수익과 비용이 바로 영업외 수익, 영업외 비용이기 때문에 기업의 주영업활동에서 발생한 영업이익이 더 중요한 지표가 되기 때문이다. 따라서 이 기업의 경우 영업외 비용이 직전년도에 비하여 급증하고 있는데 그 이유가 단기간에 빌린 단기차입금에 기인하는 것을 알 수 있다. 따라서 타인자본을 줄여 이자비용을 줄이는 방안을 강구하여 수익성 지표도 함께 관리하여야 것이다.

· 자기자본순이익율 1.1 / 29.7 = 3.7%

직적년도의 자기자본순이익율은 4.2 / 22.5 = 18.7% 이였으나 올해의 자기자본순이익율은 3.7%으로 낮아졌다. 그 원인은 앞서 말한 것과 같이 단기차입금과 장기차입금의 증가로 인한 이자비용 등의 급증으로 인한 이익의 감소로 인한 것을 판단할 수 있다. 이 뿐만 아니라 외부로부터의 타인자본(차입)의 한계로 유상증자를 통한 자기자본

이 7.2억 원 증가함을 알 수 있다. 따라서 전체적인 기업의 전반적인 상황과 각각의 재무비율을 분석하여 기업의 수익성지표를 판단하여야 할 것이다.

문 제

01 기업의 성과를 나타내주는 지표로서 여러 가지 정책과 의사결정의 결과로 나타나는 것을 무엇이라고 하는가?

① 유동성비율 ② 안정성비율
③ 성장성비율 ④ 수익성비율

해답 ④

※ 다음의 자료를 이용하여 문제를 풀어보시오(소수점 3째자리에서 반올림 하시오)

재무상태표

제10(당)기 2017년 12월 31일 현재

㈜채민전자 (단위: 원)

자 산			부 채	
현 금		45,000	매 입 채 무	82,000
매 출 채 권	110,000		미 지 급 비 용	5,000
(대손충당금)	(15,000)	95,000		
재 고 자 산		170,000		
선 급 보 험 료		8,000	자 본	
토 지		20,000	자 본 금 (액면@5,000)	260,000
기 계 장 치	175,000			
(감가상각누계액)	(25,000)	150,000	이 익 잉 여 금	141,000
자 산 총 계		488,000	부채와 자본총계	488,000

포괄손익계산서

제10(당)기 2017년 1월 1일 부터 12월 31일 까지

㈜채민전자 (단위: 원)

과목		
매 출 액		
(−) 매 출 원 가		1,400,000
재고자산(2017. 1. 1.)	200,000	
당 기 매 입 액	790,000	
매 출 가 능 액	990,000	
재고자산(2017.12.31.)	(170,000)	820,000
매 출 총 이 익		580,000
(−) 영 업 외 비 용		170,000
당 기 순 이 익		410,000

02 매출액영업이익율은 얼마인가?

① 0.29 ② 0.31
③ 0.41 ④ 0.91

해답 ①

03 총자산순이익율은 얼마인가?

① 1.68 ② 1.19
③ 0.84 ④ 1.07

해답 ④

04 자기자본순이익율은 얼마인가?

① 0.84 ② 0.88
③ 1.07 ④ 1.19

해답 ②

제 13 장

내가 선택한 기업 분석하기

우리는 이제 동안 내가 가고자 하는 기업에 대해 전체적인 기업의 재무 분석을 알아보았다. 물론 기업의 악의적인 분식회계라든지 회계적 수치의 조작이라면 이러한 재무비율분석은 큰 의미가 없을 수도 있다. 그럼에도 불구하고 앞으로 내가 가고자 하는 기업의 전체적인 미래의 비젼, 목표 등을 알아보고 또한 하나의 경제지표인 재무분석을 통하여 기업이 앞으로 발전가능성이 큰지, 수익성이 높은지, 안정적이고 유동성이 좋은지를 판단하여 좀 더 나은 삶을 위해 노력해 보아야 할 것이다.

자 이제 우리는 전체적으로 내가 좋아하는, 가고자 하는 기업을 선택하여 기업의 재무 비율분석을 해보도록 하자. 우리는 하나의 기업을 선택하여 안정성, 유동성, 활동성, 수익성, 성장성을 통하여 기업을 종합적으로 판단 할 수 있는 종합적 사고를 길러보도록 하자.

재무상태표

제7(당)기 2015년 12월 31일 현재
제6(전)기 2014년 12월 31일 현재

㈜지환전자 (단위: 억 원)

	당 기	전 기		당 기	전 기
자 산	90	80	**부 채**	40.3	37.5
현금 및 유가증권	13.8	12.0	매 입 채 무	15.5	27.0
매 출 채 권	17.2	13.0	단 기 차 입 금	14.1	3.0
재 고 자 산	19.0	15.0	고 정 부 채	10.7	7.5
고 정 자 산	40.0	40.0			
			자 본	49.7	42.5
			자 기 자 본	49.7	42.5
자 산 총 계	90	80	**부채와 자본총계**	90	80

포괄손익계산서

제7(당)기 2015년 1월 1일 부터 12월 31일 까지
제6(전)기 2014년 1월 1일 부터 12월 31일 까지

㈜지환전자 (단위: 억 원)

	당 기	전 기
매출액	90	70
(−) 매출원가	(71.7)	(52.5)
매출총이익	18.3	17.5
(−) 판매비와 관리비	(12.2)	(7.5)
영업이익	6.1	10.0
(+) 영업외수익	2.6	2.5
(−) 영업외비용	(7.2)	(3.0)
법인세비용차감전순이익	1.5	9.5
(−) 법인세비용	(0.4)	(2.3)
당기순이익	1.1	4.2

전체적인 재무비율분석을 직접 작성하여 보자.

1 유동성비율

☑ 당좌비율
☑ 유동비율

2 안정성비율

☑ 총부채비율
☑ 부채비율

3 활동성비율

☑ 매출채권회전율
☑ 매출채권회수기간
☑ 재고자산회전율
☑ 재고자산회수기간

4 성장성비율

☑ 매출액증가율

☑ 총자산증가율

☑ 이익증가율

5 수익성비율

☑ 매출액순이익율

☑ 매출액영업이익율

☑ 자기자본이익율

전체적인 재무비율분석 결과는 다음과 같다.

1 유동성비율

☑ 당좌비율 31/29.6 = 104.7%

☑ 유동비율 50/29.6 = 168.9%

2 안정성비율

☑ 총부채비율 40.3/90 = 44.8%

☑ 부채비율 40.3/49.7 = 81.1%

3 활동성비율

☑ 매출채권회전율 90/[(17.2 + 13)/2] = 5.96회

☑ 매출채권회수기간 365/5.96 = 61.2일

☑ 재고자산회전율 71.7/[(19 + 15)/2] = 4.22회

☑ 재고자산회수기간 365/4.22 = 86.5일

4 성장성비율

☑ 매출액증가율 (90−70)/70 = 28.6%

☑ 총자산증가율 (90−80)/80 = 12.5%

☑ 이익증가율 (1.1−4.2)/4.2 = −73.8%

5 수익성비율

☑ 매출액순이익율 1.1/90 = 1.2%

☑ 매출액영업이익율 6.1/90 = 6.8%

☑ 자기자본이익율 1.1/49.7 = 2.2%

기업의 **유동성비율**은 100% 정도로 단기간의 지급능력은 양호한 것으로 나타났다.

· 당좌비율 31/29.6 = 104.7%

· 유동비율 50/29.6 = 168.9%

전체적으로 유동성비율은 양호하나 매출액이 증가(70→90 즉, 22.2% 증가)하는 대비 매출채권의 증가(13→17.2 즉, 24.4%)비율과 재고자산의 증가(15→19 즉, 21.1%)비율이 증가하고 있어 매출채권의 관리를 위한 대손충당금 설정 및 관리, 재고자산의 진부화 또는 관리 보관비용을 관리하여야 할 것이다. 회사가 성장단계에 있을 것으로 판단되어 현금 등의 유동성 위험 예를 들어 흑자도산 등을 잘 관리하여야 할 것이다.

기업의 **안정성비율**은 100% 이하로 장기간의 지급능력은 양호한 것으로 나타났다.

· 총부채비율 40.3/90 = 44.8%
· 부채비율 40.3/49.7 = 81.1%

전체적으로 안정성비율은 양호하여 장기지급능력은 좋은 것으로 판단된다. 자기자본은 49.7억 원이고 타인자본은 40.3억 원으로 안정성이 있으며, 유상증자를 통한 자기자본을 일부 증가하여 안정성비율을 높이고 있다. 다만, 타인자본을 사용하는 절세효과도 고려할 필요가 있으며, 단기차입금 뿐만 아리라 장기차입금이 증가하고 있어 이에 따른 이자비용의 부담 문제, 갚아야 할 자금을 잘 관리하여야 할 것이다.

기업의 **활동성비율**은 전반적으로 양호한 것으로 나타났다.

· 매출채권회전율 90/[(17.2 + 13)/2] = 5.96회
· 매출채권회수기간 365/5.96 = 61.2일
· 재고자산회전율 71.7/[(19 + 15)/2] = 4.22회
· 재고자산회수기간 365/4.22 = 86.5일

매출채권회전율이 5.96회로 매출채권회수기간이 60일로 대략 2개월 정도로 상당히 양호한 것으로 나타났다. 매출채권회전율이 높다는 것은 그만큼 제품이 우수하거나 선도제품일 가능성이 있어 앞으로 발전가능성도 있을 것으로 판단된다. 그리고 재고자산회전율은 4.22회로 재고자산회수기간은 86.5일로 대략 3개월 정도 재고를 보유한 것으로 보인다. 매출액이 비약적으로 증가(매출액 증가(0→90 즉, 22.2% 증가)하고 있는 것으로 보아 재고자산 비중(21.2%)도 크고 재고자산보유기간(86.5일)도 길지만 크게 문제는 없는 것으로 판단된다. 다만 보관비용이나 물류비용 등을 고려할 필요가 있다.

기업의 **성장성비율**은 다소 좋지 않게 나타나 추가 관리가 필요한 것으로 나타났다.

- 매출액증가율 (90 − 70)/70 = 28.6%
- 총자산증가율 (90 − 80)/80 = 12.5%
- 이익증가율 (1.1 − 4.2)/4.2 = −73.8%

매출액증가율과 총자산증가율이 증가하고 있어 성장성이 있으나 이익증가율이 악화되고 있는 것으로 보인다. 포괄손익계산서를 보면 판매비와 관리비, 영업외 비용이 크게 증가하고 있어 이익부분을 많이 줄이는 것으로 보인다. 매출이 비약적으로 증가하는 것으로 보아 판매촉진이나 광고 선전 등의 판매관리비가 증가하는 것으로 보이며, 외부 차입금의 증가 등으로 영업외 비용인 이자비용이 증가하는 것으로 판단된다. 다만, 매출원가율은 크게 증가하는 부분은 없으나 제조부분의 효율성도 추가적으로 검토할 필요성이 있다. 따라서 이익부분을 개선하기 위하여 판매관리비, 영업외 비용도 추가적으로 관리하여야 할 것이다.

기업의 **수익성비율**은 다소 좋지 않게 나타나 지속적으로 관리를 하여야 할 것이다.

- 매출액순이익율 1.1/90 = 1.2%
- 매출액영업이익율 6.1/90 = 6.8%
- 자기자본이익율 1.1/49.7 = 2.2%

매출액영업이익율은 6.8%로 직전년도 15.7%보다 많이 악화되고 있고, 매출액순이익율은 1.2%로 아주 낮게 나타났다. 재무상태표와 포괄손익계산서를 보면 단기차입금과 장기차입금의 증가로 인하여 이자비용이 급증하여 영업외 비용이 증가되고 있는 것으로 보이며, 매출액이 급증함에 따른 판매관리비와 광고 선전비 등의 증가로 영업이익이 낮아지고 있는 것으로 보인다. 따라서 수익성부분도 관리를 하여 이익창출 할 수 있도록 경영지표를 고려하여야 할 것이다. 만약 성장기 기업이라면 충분히 이런 재무제표가 될 가능성이 있어 유동성 문제 등도 함께 고려하여 성장기를 안정화 단계로 넘어가기 위해 지속적인 관리를 하여야 할 것이다.

부록-1

결산시 Check List

1. 결산에 필요한 자료수집 개요

(1) 결산의 개요

결산을 앞두고 필요한 자료 등을 일괄적으로 업체별로 정리하여 한 번에 모두 받는 것이 결산을 시행함에 앞서 우선적으로 행해져야 할 것이다. 특히나 업종별·산업별에 따라 필요한 자료가 다르기 때문에 각 업종별·산업별로 필요한 자료에 대한 체크 리스트(Check List)를 미리 작성해 두어 이를 이용해 자료를 받는다면, 두서없이 유선상을 통해 자료요청을 하여 결산관련 자료를 받는 것보다 훨씬 체계적이며 효율적일 것이다. 이 경우에도 법인의 경우에는 법인통장, 법인카드의 이용대금명세서, 각종 보험 영수증, 일반 간이 영수증 등의 자료를 받아야 한다. 따라서 기장대리업무를 하고 있는 실무자들은 업체에 자료 요청할 때 여러 차례에 걸쳐 자료를 요청하거나 하는 번거로움을 없애고, 업무가 원활히 진행될 수 있도록 앞으로 설명할 결산 준비 서류 체크리스트와 관련 서류 명세서를 참고하여 결산에 필요한 자료를 받도록 준비해야 할 것이다.

(2) 자료의 요청시기

일반적으로 결산시 필요한 자료는 부가가치세 신고를 위해 필요한 자료와 함께 분기별 또는 반기별로 마감하여 받을 수 있도록 업체에 요청하는 것이 가장 좋다. 그리고 이처럼 매일 또는 매월에 발생하는 많은 경비 영수증이 아닌 자동차보험 관련 서류 등 기타 필요한 자료는 결산시 미리 자료를 받아야만 법인 결산에 차질 없다.

회계사무실의 경우에는 세금계산서나 계산서 또는 각종 영수증 등은 부가가치세 신고시인 분기별 또는 반기별에 받으면 되나, 자동차보험이나 또는 업종에 따라 발생하는 국고보조금, 관세환급금, 리스계약서 등은 12월에 일괄적으로 준비서류 리스트를 업체에 전달하여 사전에 결산 준비가 이루어질 수 있도록 하는 것이 중요하다. 이렇게 준비된 서류는 2기 확정 부가세 신고 관련 자료와 함께 받는 것이 업무상 가장 효율적이다.

(3) 결산 자료 수집시의 주의사항

매년 말이 되면, 여러 기장대리업체의 2기 확정 부가세 신고 및 면세사업자현황신고, 연말정산 등을 준비하기 위해 관련 자료 수집 및 정리를 함으로써 바쁜 시즌을 미리 대비하여야 한다.

자칫 업체로부터 결산시 필요한 서류를 기중에 받지 않았거나 또는 받았다 하더라도 자료 정리 미숙으로 인해 분실했을 경우 업체와 실랑이를 하게 되는 경우가 발생한다. 따라서 각 자료들을 생각 날 때마다 또는 건별로 받기 보다는 일괄적으로 업체의 업종 등에 따라 필요한 자료들을 체크리스트를 통하여 일괄적으로 받는 것이 효율적이다. 물론 처음에는 많은 시간이 소요 될 수 있으나, 업체의 전체적인 내용을 알게 된 경우에는 이처럼 자료를 받아 두는 것이 업무의 효율화를 증진시킬 수 있다는 것을 알게 될 것이다. 또한 미처 확인 받지 못했거나 받지 못한 자료가 있는 경우에는 담당자와 협의하여 즉시 확인 할 수 있도록 하여야 할 것이다.

따라서 이러한 자료 요청시에는 업체별로 필요한 자료의 체크리스트에 의하여 자료를 수령한 후 인수인계서를 작성하여 확인받고 이를 보관하여 두는 것이 필요하다. 이후의 자료 수수로 인해 발생하는 문제에 대하여 책임여부를 확실히 할 수 있고, 서로간의 신뢰성을 유지하여 업체와의 협력관계를 지속하기 위해서는 반드시 이러한 증빙서류를 수수하는 것이 관리에 있어서 매우 효과적이기 때문이다.

2. 결산 및 세무조정 Check List

(1) 기업의 일반 개요 확인

번호	준비서류	검토 사항
1	· 법인등기부등본 · 정관 · 사업자등록증	· 법인 본점 등 소재지(본점 등 수도권외 지역 이전 여부) · 사업개시일 및 사업연도 월수, 업조, 대표이사 변경 · 임원 급여(상여 포함) · 퇴직급여 지급규정 ⇨ 한도설정 및 규정의 적법한 위임 여부 · 등기부상 사업목적 및 범위(업무무관자산 등 확인)
2	· 주식이동상황 (주주명부)	· 자본금의 증감, 주주 변동, 지분율 변동, 특수관계 등 · 외국인투자지분 · 증권거래세, 양도소득세 신고납부 여부 · 주식취득자금의 출처
3	· 중소기업기준검토표 [별지 제51호]	· 세법상 중소기업, 유예기준, 졸업기준 해당여부 · 소기업 해당 유무
4	· 해외 현지법인 및 지사의 결산서	· 재무제표의 외화환산 · (간접)외국납부세액공제 계산

번호	준비서류	검토 사항
5	· 전기 법인세무조정 계산서	· 이월결손금, 전기말 유보사항 확인 · 감가상각의제 유무 · 준비금, 익금불산입(분할과세) 등 익금환입사항 유무 · 기부금 한도초과분 손금추인사항 유무 · 최저한세 등 미공제 이월세액 유무 · (구)이연자산 이월잔액 · 당기 세무상 결손시 소급공제신청(중소기업에 한함)
6	· 법인세·부가가치세의 수정신고(경정청구)서 및 세무조사경정결의서	· 당기 해당 분 수정회계처리 여부 · 이월결손금 및 유보소득 등 차가감 정리확인 · 이연법인세 해당 시 수정반영 여부
7	· 당기 부가세 신고서	· 부가가치세 과세표준과 수입금액 제외분의 확인
8	· 중간예납세액신고서 및 납부영수증 · 원천징수영수증 등	· 기납부세액 확인 · 원천납부세액명세서의 작성
9	· (세금)계산서, 원천징수 영수증 등 지급조서제출	· 법정기한 내 미제출 등 : 법인세신고시 가산세 적용
10	· 평가방법 등 신고서	· 재고자산, 유가증권의 평가방법 신고 여부 · 감가상각방법과 내용연수 등의 신고 여부
11	· 등기(등록)부등본 · 개별공시지가확인원 · 회원권증서	· 부동산, 차량(사업용, 승용), 회원권(골프, 콘도등) · 주요계정명세서 부표 작성
12	· 기타	· 창업 후 2년이내 벤처기업 확인 여부 · 기업 부설연구소 또는 연구전담부서 유무 · 퇴직위로금 등 명예퇴직수당 지급에 관한 퇴직급여지급 규정, 취업규칙, 노사합의 유무 · 외부조정대상 여부(국세청고시 제2004-37호) · 판매장려금 등 지급유무 확인 ⇨ [법인사무처리규정 별지 제93호] 판매장려금등 지급명세서 작성 여부 확인

❖ 최신 법인세 이론과 실무, 함영복 세무사저 세무조정 확인사항 인용.

실무상 법인 결산과 세무조정을 별개로 하여 준비하지는 않는다. 따라서 법인 결산을 준비하는 단계에서 세무조정을 감안하여 자료를 챙겨두는 것이 중요하다. **결산준비서류 체크리스트**에 따라 업체들로부터 서류를 수취함에 있어서는 위의 기업 일반사항과 다음에 나오는 계정과목별 체크리스트를 충분히 확인하고 관련 증빙을 수취하는 것이 더 효율적일 것이다.

3. 재무상태표-계정과목별 Check List

(1) 재무상태표

과 목	내 용
(자 산)	
I. 유동자산	- 1년기준(다음 사업연도 말일 이전 기준)
(1) 당좌자산	
1. 현금 및 현금등가물	- 보통예금 및 큰 거래 비용없이 현금전환이 용이한 자산(**통장등 잔액 확인**)
2. 단기금융상품	- 만기 1년 이내인 정기적금, 정기예금(**통장등 잔액 확인**)
3. 단기투자자산	- 시장성있는 주식, 채권(단기매매증권)등 (**기말평가액의 확인**)
4. 외상매출금 대손충당금	- 일반적인 상거래에서 발행한 매출채권(상업어음·실물어음·진성어음) - 대손처리분 중 환입액을 대손충당금으로 처리 여부 - **대손상각비 규정에 따른 대손 여부와 기말 대손충당금 설정여부 검토**
5. 받을어음 대손충당금	
6. 단기대여금 대손충당금	- 회수기간이 1년이내 도래하는 대여금(상거래외에서 발생한 어음의 대여액)
7. 미수금	- 일반적인 상거래 외에 발생하는 미수채권
8. 미수수익	- 당기에 속하는 수익중 미수금(예 : 이자수익, 수입임대료등) - **가지급금 인정이자 관련 미수수익 계상여부 및 1년내 회수 여부 검토**
9. 선급금	- 상품이나 원재료등의 일반적인 상거래에서 해당하는 자산구입 비용
10. 선급비용	- 선급된 비용 중 1년내에 비용으로 되는 것(**결산 반영 금액 검토**)
11. 선납제세	- 원천징수 이자세액, 중간예납법인세 등
12. 부가가치세대급금	- 매입에 대한 부가가치세 선급금(**4/4분기 매입세액 합계**)

13. 전도금	- 건설업등에 있어서 사용처가 확정되지 않은 현장 경비
14. 가지급금	- 계정과목이 확정되지 아니한 미결산계정(예: 대표이사 가지급금) - 약정 유무 및 법인 및 개신사업자에의 대여 여부 - 동일인에 대한 가지급금과 가수금의 적수 상계 가능 여부 - 미수이자의 결산반영 여부 - 특수관계 소멸 여부 - 인별 업무무관 가지급금과 인정이자 처리 여부 검토 **(13, 14는 미결산 계정은 기업회계상 용인되지 않으므로 적정항목으로 표시)**

(2) 재고자산	- 평가손익계상 확인
1. 상품 2. 제품 3. 반제품 4. 재공품 5. 원재료 6. 저장품	- 재고자산의 평가는 다음 중 선택(기업회계 = 세무회계) 원가법(개별법·선입선출법·후입선출법·총평균법·매출가격환원법) 저가법(평가차손만 발생. 원가법 중 1가지 방법을 함께 선택하여 신고) (시가와 원가법의 재고자산과 비교하여 평가손실처리) - 평가방법의 신고 및 변경 최초신고 : 첫 사업연도 법인세 신고시(무신고시 : 선입선출법) 변경신고 : 변경하고자 하는 사업연도 종료 3개월전(법인세 신고시)

II. 비유동자산	
(1) 투자자산	
1. 장기금융상품	- 유동자산에 속하지 아니하는 금융상품 및 저축성보험(통장등 잔액 검토 확인)
2. 장기투자증권	- 유동자산에 속하지 아니하는 유가증권으로 주식·사채등 (매도가능증권) - 기말평가액의 확인 후 반영
3. 투자부동산	- 유휴설비·업무와 무관한 부동산

(2) 유형자산	
1. 토　　지	- 자본적지출 포함 : 취득세, 등록세, 개발부담금, 농지전용부담금 등
2. 건물 감가상각누계액	- 자본적지출 포함 : 취득세, 등록세, 과밀부담금, 건설자금이자등
3. 구축물 감가상각누계액	- 축대, 토목설비, 정원설비, 진입로, 교량등
4. 기계장치 감가상각누계액	
5. 차량운반구 감가상각누계액	
6. 비품 감가상각누계액	

(3) 무형자산	- 무형자산의 상각액은 정액법상각, 당해자산에 **직접 차감.**
1. 영업권	- 합병, 영업양수, 전세권 취득시 권리금등 유상취득분에 한함(5년 상각)
2. 산업재산권	- 특허권(10년상각), 실용신안권, 의장권, 상표권(5년 상각)
3. 광업권	- 상각방법 : 생산량비례법 또는 정액법 20년 상각중 선택 가능
4. 사용수익기부자산	- 상각방법 : 당해 자산의 사용수익 기간동안 균등 상각
5. 개발비	- 신제품·신기술의 개발을 위한 비경상적인 비용으로 미래의 경제적 효익을 확실하게 기대할 수 있는 것(소프트웨어 개발비 포함) (신제품 판매시점부터 상각 5~20년 중 선택가능) (일반적인 연구비·경상개발비는 당기 비용으로 처리)

(4) 기타비유동자산	
1. 장기대여금 2. 장기매출채권	- 상거래외에서 발생한 어음의 대여액은 장 · 단기 대여금으로 처리 - 명목가치와 현재가치의 차이가 중요한 경우 이를 현재가치로 평가하여 현재가치할인차금으로 당해 자산, 부채 차감항목으로 기재한다.
3. 보증금	- 전세보증금, 전화가입권, 영업보증금등 - 차입금과다법인의 임대주업법인 여부 확인(임대보증금)
4. 이연법인세자산	- 기업회계와 세무회계의 일시적인 차이로 인하여 법령에 의해 납부할 금액이 법인세 비용을 초과할 경우 당해 금액에 대한 법인세효과 (예 : 손금불산입되어 유보처분된 금액은 일정조건 성립시 추인되어 법인세를 줄여 줄 것이므로 이를 선급비용과 같은 성격으로 보아 유보된 금액에 상당하는 법인세만큼은 자산으로 처리함)
5. 시설물이용권	

(부 채)	
I. 유동부채	- 1년 기준(대차대조표 작성일 기준)
1. 외상매입금	- 일반적인 상거래에서 발생한 매입채무(**업체별 잔액의 확인**)
2. 지급어음	- 일반적인 상거래에서 발생한 어음상 매입채무(**업체별 잔액의 확인**)
3. 단기차입금	- 결산일 현재 만기가 1년이내인 차입금(**부채 잔액의 확인**)
4. 당좌차월	- 당좌예금으로서 자산상에 표시할 때는 (-)로 표시 - **미결산항목이므로 결산시 단기차입금으로 대체 분개**
5. 미지급금	- 상거래외 발생한 채무로서 단기인 것(**업체별 잔액의 확인**)
6. 선수금	- 건설·예약매출·분양 등 일반적인 상거래에서 발생한 미리 받은 대가
7. 예수금	- 일반적인 상거래외에서 발생한 보관금(갑근세·국민연금·의료보험 등) - **갑근세등 대사표를 통한 상계 회계처리등 확인**
8. 미지급비용	- 당기에 속하는 비용중 미지급금(예 : 이자비용, 보험료등)

9. 미지급법인세	- 기말 결산 후 추가 납부해야되는 법인세 계상액
10. 유동성장기부채	- 비유동부채 중 상환기간이 1년 이내로 도래한 것
11. 선수수익	- 영업외 수익거래에서 발생
13. 부가가치세예수금	- 매출에서 발생한 부가가치세 선수금
14. 가수금	- 유동자산인 가지급금의 상대 계정 - 적수 계산시 가지급금 적수와의 상계 여부 검토 - 미결산항목이므로 기말 결산시 적정한 계정과목으로 대체 분개할 것 (주임종단기채권, 차입금등)
15. 미지급배당금	- 배당 결의 후 실제 지급하기 전의 배당금은 부채로서 처리 배당결의시 : (미처분이익잉여금 *** 미지급배당금 ***) 배당지급시 : (미지급 배당금 *** 현금 및 소득세예수금 ***)

II. 비유동부채	
1. 사채	- 사채할인발행차금은 사채에서 차감하는 형식으로 기재 (사채 발행시 부터 상환시까지 유효이자율법에 의해 상각 또는 환입하고 동 금액은 사채이자에 가감한다.)
2. 장기차입금	
3. 장기매입채무	
4. 퇴직급여충당금 퇴직연금미지급금 퇴직연금운용자산(-) 퇴직보험예치금(-)	- 부채성충당금(수선충당금등) - 퇴직연금미지급금은 DB형 퇴직연금제도에서 근로자가 연금 수령 선택시 발생 - 퇴직연금운용자산은 DB형 퇴직연금제도에서 납입한 연금보험료 상당액 - 기존 퇴직보험에 가입하고 납입한 보험료 - 퇴직연금운용자산과 퇴직보험예치금의 경우 납입액이 퇴직급여충당금과 퇴직연금미지급금의 합계액을 초과하는 경우에는 그 초과액을 투자자산의 과목으로 표시 하여야 한다.
5. 이연법인세부채	- 기업회계와 세무회계의 일시적인 차이로 인하여 법인세비용이 법령에 의해 납부할 금액을 초과할 경우 당해 금액에 대한 법인세 효과

(자 본)	
I. 자본금	- 증자(무상, 우상, 주식배당 등), 감자 - 특수관계자와의 자본거래 - 개인주주 의제배당에 대한 원천징수 - 주식이동상황 파악 - 차입금과다법인 해당 여부
1. 보통주자본금	
2. 우선주자본금	
II. 자본잉여금	
1. 주식발행초과금	- 액면가액 초과발행시
2. 감자차익	
3. 합병차익	- 합병·분할 평가차익은 세법상 익금산입(잉여금 처분) (부동산의 평가차익은 일시상각충당금·압축기장충당금으로 손금 산입하여 감가상각시 또는 처분시까지 과세이연이 가능함)
4. 자기주식처분이익	- 세법상 익금산입(기타로 처분함)
5. 기타자본잉여금	
III. 자본조정	- 자본에 대한 일시적인 계정으로 차감, 가산을 통하여 소멸함.
1. 주식할인발행차금	- 액면가 이하 발행시 액면가액과 차액 - 증자비용 포함. 3년간 이익잉여금과 균등 상각하여야 함.
2. 배당건설이자	
3. 감자차손	- 결손금 보전 순서에 의해 상각
4. 자기주식처분손실	
5. 자기주식	- 차감항목
IV. 기타포괄손익누계액	
1. 매도가능증권평가손익	- 차기의 평가손익으로 가감
2. 해외사업환산손익	- 영업·재무활동이 본점과 독립적으로 운영되는 해외지점. 영업소 등의 경우 외화환산손익, 차기이후 발생되는 차·대와 상계한다.
3. 기타 손익	- 현금흐름위험회피파생상품평가손익
4. 자기주식처분이익 5. 기타자본잉여금	- 세법상 익금산입(기타로 처분함)

III. 자본조정	- 자본에 대한 일시적인 계정으로 차감, 가산을 통하여 소멸함.
1. 주식할인발행차금	- 액면가 이하 발행시 액면가액과 차액 - 증자비용 포함. 3년간 이익잉여금과 균등 상각하여야 함.
2. 배당건설이자	
3. 감자차손	- 결손금 보전 순서에 의해 상각
4. 자기주식처분손실	
5. 자기주식	- 차감항목
IV. 기타포괄손익누계액	
1. 매도가능증권평가손익	- 차기의 평가손익으로 가감
2. 해외사업환산손익	- 영업·재무활동이 본점과 독립적으로 운영되는 해외지점. 영업소 등의 경우 외화환산손익, 차기이후 발생되는 차·대와 상계한다.
3. 기타 손익	- 현금흐름위험회피파생상품평가손익
V. 이익잉여금(또는 결손금)	
1. 이익준비금	- 현금 배당액의 10%이상을 자본금의 1/2까지 적립함.
2. 기업합리화적립금	- 조세특례제한법상 공제, 감면액(배당제한, 결손보전 및 자본전입가능) (2002.12.11폐지, 기존의 기업합리화 적립금은 임의 적립금으로 본다.)
3. 재무구조개선적립금	- 상장법인이 자기자본 비율의 30%에 달할 때까지 당기순이익, 유형자산처분이익에서 일정비율로 적립
4. 임의적립금	- 중소기업투자준비금등의 신고조정시 이익잉여금 처분에 의한 임의 적립금으로 계상하고 손금산입(조세특례제한법상 준비금)
5. 미처분이익잉여금 (또는 미처리결손금)	- 전기오류수정손익 중 당기 세무조정사항 - 회계변경으로 인한 누적효과 중 당기 세무조정사항 유무 - 세법상 손금으로 인정되는 성과급 유무

4. 포괄손익계산서-계정과목별 Check List

(1) 포괄손익계산서

과 목	내 용
I. 매출액 1. 상품매출 2. 제품매출 3. 기타매출	- 총매출액에서 매출에누리·매출환입 · 매출할인 · 판매장려금을 차감한 순 매출액을 기준으로 표시한다.(기업회계와 세법이 일치한다.) - 손익인식시기 차이 해당 유무 - 특수관계자에 대한 매출액 유무 - 잡이익 등에 계산된 매출 파악(부산물 매각 등)
II. 매출원가	- 기초재고액 + 당기매입액 - 타계정대체액 - 기말재고액
1. 기초재고액	
2. 당기매입액	- 당기 총매입액에서 매입에누리와 매입환출·매입할인을 차감한 순 매입액 기준으로 표시 - 매입과 관련한 통관비·운반비등은 매입원가에 가산
3. 타계정대체액(-)	- 매입한 상품을 판매하지 아니하고 견본품, 광고용등으로 지출한 경우 [접대비·복리후생비 : 부가세해당(간주공급 여부 고려)] - 관세환급금은 제조원가 중 원재료비의 차감항목으로 분개
4. 기말재고액	- 수량 결정 방법 : 실사법과 계속기록법(차이 발생시 재고자산감모손실 인식) - 단가 결정 방법 : 선입선출법, 후입선출법, 개별법, 이동평균법, 총평균법등
III. 매출총이익	매출액 - 매출원가
IV. 판매관리비	- 법정증빙수취의무 : 08년 건당 3만원 초과분, 09년 건당 1만원 초과분
1. 급 여	- 임원의 급여(상여포함) 지급 규정 확인 (규정 초과분 손금불산입)
2. 퇴직급여	- 퇴직급여충당금 전입액 포함 - 퇴직금 지급시 임원의 지급 규정 확인 (규정 초과분 손금불산입)
3. 복리후생비	- 사용자 부담 4대 보험료, 직원 식대등
4. 여비교통비	
5. 지급임차료	- 임대차 계약서 확인 및 간이과세 임대자의 경우 경비등 송금명세서 작성
6. 접대비	- 사업과 관련하여 특정인에게 지출한 비용(일반접대비, 문화접대비, 경조사비)

7. 감가상각비	- 상각방법과 내용연수의 세법과의 차이
8. 무형자산상각비	- 당해 자산에서 직접 차감
9. 세금과 공과	- 벌금·과태료등 손금불산입 항목 및 취득세·등록세등 자본적지출항목 확인
10. 광고선전비	- 사업과 관련하여 불특정 다수인에게 지출한 비용
11. 경상연구개발비	- 무형자산인 개발비와 구분(자산인식요건 미충족시 사용), 세액공제적용여부
12. 대손상각비	- 대손요건 불비분 및 결산조정과 신고조정 대상의 구분
13. 차량유지비	- 부가가치세 매입세액 불공제 대상의 구분(1000cc초과, 9인승 미만 차량)
14. 지급수수료	
15. 전력비(수도광열비)	
16. 통신비	
17. 운반비	- 상품의 매출·비품등 기타 자산의 운반비 등(매입은 제외)
18. 교육훈련비	- 외부강사 초빙시 원천징수(사업소득, 기타소득)
19. 보험료	- 보장성 보험에 대한 납입액(자동차보험, 화재보험등), 기간경과분 처리여부
20. 잡비	- 판매관리비 지출액 중 기타 지출 비용
V. 영업이익	
VI. 영업외수익	
1. 이자수익	- 기업회계는 발생기준이나 세법상은 수입기준으로 세무조정 필요함. (세법상 지급이자는 발생기준 또는 지급기준을 선택할 수 있음)
2. 수입임대료	
3. 배당금수익	- 현금수입에 한하며 주식배당은 제외(세법상은 주식배당도 익금산입) - 익금불산입 대상 배당금 수익 파악
4. 투자증권처분이익	- 단기매매증권 및 매도가능증권, 만기보유증권등 처분액
5. 투자증권평가이익	- 시장성 있는 유가증권 시가차이에 의한 평가이익·세법상부인됨
6. 외환차익	- 화폐성 외화자산·부채의 상환시 발생되는 실현이익
7. 외화환산이익	- 화폐성 외화자산·부채의 기말 평가시 발생되는 미실현이익
8. 전기오류수정이익	- 법인세 수정신고납부한 부분은 익금불산입
9. 투자자산처분이익	
10. 유형자산처분이익	

<table>
<tr><td>11. 자산수증이익</td><td>- 자본잉여금이 아님</td></tr>
<tr><td>12. 채무면제이익</td><td></td></tr>
<tr><td>13. 보험차익</td><td>- 건물등의 보험금 수령시 발생 (일시상각충당금 설정으로 익금불산입 가능)</td></tr>
<tr><td>14. 법인세 환급액</td><td>- 법인세법상 익금불산입(환급 가산이자는 잡이익으로 처리후 세무조정)</td></tr>
<tr><td>15. 잡이익</td><td>- 기타의 수입 (유가보조금, 신규고용촉진장려금등)</td></tr>
<tr><td>VII. 영업외비용</td><td></td></tr>
<tr><td>1. 이자비용</td><td>- 이자비용 중 금융비용자본화대상에 대한 회계처리 주의<table><tr><td>기업회계</td><td>원칙 : 이자비용처리, 예외 : 요건 충족시 자본화계상 가능</td></tr><tr><td>법인세법</td><td>유형자산·무형자산 취득등에 직접 관련된 이자비용은 자산계상함.</td></tr></table></td></tr>
<tr><td>2. 매출채권처분손실</td><td>- 어음·당좌수표 할인료등</td></tr>
<tr><td>3. 투자증권처분손실</td><td>- 단기매매증권 및 매도가능증권, 만기매매증권등 처분액</td></tr>
<tr><td>4. 투자증권평가손실</td><td>- 기말현재의 시가차(세법상은 부인)</td></tr>
<tr><td>5. 재고자산감모손실</td><td>- 원가성이 없는 비정상적인 재고자산 감소손실</td></tr>
<tr><td>6. 외환차손</td><td>- 화폐성외화자산 부채의 상환시 발생되는 실현손익</td></tr>
<tr><td>7. 외화환산손실</td><td>- 화폐성외화자산 부채의 기말 평가시 발생되는 미실현손익</td></tr>
<tr><td>8. 기부금</td><td>- 기부금의 구분 : 법정, 특례, 지정, 비지정(비지정기부금은 손금불산입)
- 어음 등 미지급기부금 확인(귀속시기) 및 법정여수증의 수취 여부</td></tr>
<tr><td>9. 투자증권감액손실</td><td>- 시장성 없는 투자주식의 가치 하락시 인식 : 세법상은 부인</td></tr>
<tr><td>10. 투자자산처분손실</td><td></td></tr>
<tr><td>11. 유형자산처분손실</td><td></td></tr>
<tr><td>12. 법인세추납액</td><td>- 설정한 법인세 비용 초과하여 추가납부시 일반적인 법인세 추징분(수정신고·경정사항)은 당기손익에 반영한 후 손금불산입.</td></tr>
<tr><td>13. 재해손실</td><td></td></tr>
<tr><td>14. 전기오류수정손실</td><td>- 법인세 수정신고부분등(손금불산입)</td></tr>
<tr><td>16. 잡손실</td><td>- 기타 지출 비용액</td></tr>
<tr><td>VIII. 법인세차감전순이익</td><td></td></tr>
<tr><td>IX. 법인세등</td><td>- 법인세·농어촌특별세·법인소득할 주민세 포함</td></tr>
<tr><td>X. 당기순이익</td><td></td></tr>
</table>

5. 제조원가명세서-계정과목별 Check List

(1) 제조원가명세서

과 목	내 용
I. 재료비	- 관세환급금은 당기 원재료 매입액에서 차감
1. 원재료비	- 원재료가 주재료 부재료로 구분될 경우 주재료비·부재료비 구분하여 각각 작성
기초 원재료재고	- 매입과 관련된 통관비·운반비·D/A이자는 매입원가 가산
당기 원재료매입	- 기말재고평가는 원가법과 저가법 중 선택·무신고시 선입선출법
기말 원재료재고	- 매입원재료를 제조에 사용하지 않고 타용도로 사용한 경우
타계정 대체	
II. 노무비	- 생산현장에 임원 및 직원 인건비
1. 임금	
2. 상여금	
3. 잡급	- 잡금 대장 및 송금내역의 확인
4. 퇴직급여	- 생산직 임직원에 대한 퇴직급여지급액·퇴직급여충당금 전입액 - 퇴직금 지급대장에 대한 지급 내역의 확인
III. 제조경비	
1. 복리후생비	- 생산직 임직원의 의료보험료·고용보험료·산재보험료·식대등
2. 여비교통비	
3. 통신비	
4. 연구개발비	- 연구개발비는 원칙적으로 당기 비용으로 처리·개발비의 경우 5-20년 중 선택하여 무형자산으로 처리 가능
5. 지급임차료	
6. 접대비	- 사업과 관련하여 특정인에게 지출한 비용
7. 감가상각비	- 생산현장의 차량·기계장치·시설장치·공장의 감가상각비
8. 세금과 공과	- 벌과금·과료·과태료 등 벌칙성 경비는 손금불산입
9. 수선비	
10. 외주가공비	
11. 차량유지비	
12. 지급수수료	
13. 수도광열비	

14. 통신비	
15. 운반비	
16. 소모품비	
17. 교육훈련비	
18. 보험료	
19. 잡비(잡손실)	
Ⅳ. 당기총제조비용	재료비 + 노무비 + 제조경비
Ⅴ. 기초재공품재고액	
Ⅵ. 합계	- 원가법에 의하여 평가하고 무신고시 선입선출법 - 재고자산의 종류별로 원재료·제품·재공품 등에 따라서 각각 평가방법을 달리할 수 있음
Ⅶ. 기말재공품재고액	
Ⅷ. 타계정대체액	- 매출이외의 목적으로 사용한 재공품액(접대, 감모손, 광고선전용등)
Ⅸ. 당기제품제조원가	기초재공품재고액 + 당기총제조비용 - 기말재공품제고액 - 타계정대체액

❖ 한국세무사회 법인결산신고 실무 법인결산 체크리스트 인용.

6. 결산준비서류 List

(1) 결산준비서류 리스트

구 분	서 류 명	해당 여부		수령 여부		비 고
		해당	무관	수령일	수령자	
1	법인등기부등본					등기소
2	주주명부 및 주주변동내역서					당해 업체
3	직전 법인결산서 및 조정계산서					결산 대행시
4	당해 연도 부가가치세신고서					결산 대행시
5	당해 연도 원천세신고서					결산 대행시
6	보통예금·당좌예금등 잔액증명원					관련 금융기관
7	각 예금별 예금이자 원천징수영수증					관련 금융기관
8	부채 잔액 증명원					관련 금융기관
9	부채(차입금) 건별 이자계산서					관련 금융기관
10	인별 가지급금 및 가수금명세(업무무관)					당해 업체
11	금전소비대차약정서(차용증)등					당해 업체
12	신규 개설 통장 및 해지자료					관련 금융기관
13	카드사별 법인신용카드 월별 명세서					관련 금융기관
14	각종 보험 가입 계약서 - 보장성 보험(자동차, 화재등) - PL보험(생산물 배상 책임 보험) - 저축성 보험 가입내역					관련 금융기관
15	각종 보험 납입 내역서 - 각종 주보험과 특약보험구분 내역					관련 금융기관
16	자동차 보험 및 화재보험 관리대장					당해 업체
17	퇴직보험 및 퇴직연금 운용 보고서등					관련 금융기관
18	퇴직금 추계액 명세서					당해 업체
19	연간 퇴직금 지급내역서					당해 업체
20	리스계약서 및 건당 리스료 내역서					관련 금융기관
21	임대차 계약서 사본					당해 업체

22	유형·무형자산 관련 내역서 - 토지. 건축물대장 및 등기부등본 - 차량등록증등 - 유형 · 무형 자산명세서					당해 업체
23	재고자산명세서 - 원재료, 제품, 상품, 재공품등 잔액 - 위·수탁상품 및 미착상품 내역					당해 업체
24	국고보조금등 각종 지원금 수령 내역 - 중소기업지원금 - 신규고용촉진장려금 - 유가보조금등					해당 기관 및 통장
25	판매장려금 지급 및 수령 내역					
26	관세환급금 내역					
27	이익잉여금 처분 계획안					당해 업체
28	거래처별 외상매출금 잔액명세서					당해 업체
29	거래처별 외상매입금 잔액명세서					당해 업체
30	어음장(받을어음 및 지급어음)					당해 업체
31	어음할인 내역서					금융 기관
32	미회수한 매입매출전표·일반영수증					
33	법인 통장 사본					
34	기업어음제도 개선 세액공제 자료					금융 기관
35	그 외 업종별 추가 결산 자료					

7. 결산 자료 부속 List

(1) 주요서식

1. 법인등기부등본
2. 주주명부 및 주주변동상황명세서
3. 예금잔액증명서
4. 부채증명원
5. 대출금(이자)계산서
6. 인별 업무무관 가지급금 또는 가수금 명세서
7. 금전소비대차약정서(차용증)
8. 신규 개설 통장 및 해지자료
9. 신용카드 월별 이용대금명세서
10. 자동차 보험관리 대장
11. 보험계약서
12. 화재보험대장
13. 퇴직급여추계액명세서
14. 퇴직금지급대장
15. 리스계약서
16. 임대차 계약서 사본
17. 자동차양도증명서
18. 자동차등록증
19. 재고조사표
20. 장려금 등 수령 내역서
21. 이익잉여금 처분안(현금배당)
22. 외상매출금 잔액명세서
23. 외상매입금 잔액명세서
24. 어음장(받을어음 및 지급어음)
25. 어음할인내역서
26. 기업어음제도 개선을 위한 세액공제 자료

1. 법인등기부등본

등기번호	010840
등록번호	111111-1234567

등기사항전부증명서(현재사항)

상 호	주식회사 창조코리아	. . .변경 . . .등기
본 점	부산시 사상구 감전동 3 - 28 부광빌딩 2층	. . .변경 . . .등기
공고방법	부산광역시내에서 발행하는 일간 부산일보에 게재한다.	. . .변경 . . .등기
1주의 금액	금 10,000원	. . .변경 . . .등기
발행할 주식의 총수	100,000주	. . .변경 . . .등기

발행주식의 총수와 그 종류 및 각각의 수	자본의 총액	변경연월일 등기연월일
발행주식의 총수 35,000 주 보통주식수 35,000 주	금 350,000,000 원	. . .변경 . . .등기

목 적

1. 선박 부품의 제조
2. 선박 부품 및 장비 도소매업
3. 철강 및 비철금속 수출입업
4. 위 각호에 부대되는 일체의 사업

임원에 관한 사항

직위	성명	주민등록번호	주소
이사	홍길동	640801 - 18*****	
이사	성춘향	670203 - 21*****	
이사	이몽룡	770312 - 11*****	
대표이사	홍길동	640801 - 18*****	부산광역시 해운대구 우동 1023-4
감사	변사또	531213 - 15*****	

회사성립연월일 1993년 03월 18일

등기기록의 개설 사유 및 연월일
설립
1993년 03월 18일

수수료 1,200원 영수함 - 이 하 여 백 -

관할등기소 : 부산지방법원 북부산등기소 / 발행등기소 : 부산지방법원 북부산등기소

문서 하단의 바코드를 스캐너로 확인하거나, 인터넷등기소(http://www.iros.go.kr)의 발급확인 메뉴에서 발급확인번호를 입력하여 위·변조 여부를 확인할 수 있습니다.
발급확인번호를 통한 확인은 발행일로부터 3개월까지 5회에 한하여 가능합니다.

발급확인번호 : 600-ABCD-EFGH

발행일 : 2008/12/31

2. 주주명부 및 주주변동상황명세서

주 주 명 부

2008 년 12 월 31 일 현재

주주명	소유주식수	회의출석	의결찬성	인증촉탁	비 고
홍길동	20,000				
성춘향	10,000				
이몽룡	5,000				

총주식수	출석주주수	의결찬성주식수	인증촉탁주식수	1주당금액
35,000주				10,000원

위 주주명부는 본사에 비치된 주주명부와 대조하여 틀림없음을 증명합니다.

2008 년 12 월 31 일

회 사 명　창조코리아(주)
소 재 지　부산시 사상구 감전동 3 - 28 부광빌딩 2층
대표이사　홍 길 동

– 00년 00월 00일 주식변동상황명세서

NO	성명	주민번호	주소	기초			변동상황						기말		금액	대주주와 의관계	증권 거래 세	양 도 세
				주식수	단가	지분율	증가			감소								
							원인	주식수	단가	원인	주식수	단가	주식수	지분율				
1	홍길동			20,000	10,000	57.1%												
2	성춘향			10,000	10,000	28.5%												
3	이몽룡			5,000	10,000	14.4%												

⇨ 기중 주주변동이 있으면 관련일자로 업체에 작성을 요청하여 변동내역과 증권거래세 및 양도소득세 납부 여부까지 총괄적으로 확인하여야 할 것이다.

3. 예금잔액증명서

08-006186

예금잔액증명서

창조코리아(주)
홍 길 동 귀하

금 이천육백육십육만육천칠백구십일 원정
(단, 미결제타점권 금 해당 금액 없음 원 포함)

예금종류	계좌번호	잔액	미결제타점권	비고 (관련대출금 등)
한가족기업	416-006928-04-013	₩26,666,791	₩0	
합 계		₩26,666,791	₩0	

1.이 증명서는 감리역의 확인이 있어야 유효함.
2.비고란의 '관련대출금 등'은 질권, 압류 등 지급제한 사유가 있는 경우에만 표시합니다.

위 금액은 2008년 12월 31일 현재 귀하 명의의 예금잔액임을 증명합니다.

2009년 01월 11일

감리역확인

00은행 사장
지점장대리 000
취급자 : 000 051)313-6111

(예용226-2) (195×265) (NCR상지) (93.4) (출급번호22480) (2008.1 대양)

00은행

⇨ 기말 통장잔액을 확인하기 위하여 각 예금별 잔액증명원을 받아야 된다. 이 경우 각 예금별 이자소득 원천징수영수증도 반드시 같이 받도록 하여야 할 것이다.

4. 부채증명원

발급확인

부 채 증 명 서

일금 : 일십억삼천구백사십팔만천육백육십원정

(단, 미결제타점권 0 을 포함)

차주	(주) 창조코리아			
법인, 사업자(주민등록)번호	622-81-*****			
대출과목	계좌번호	대출잔액	대출일자	비고
기업운전일반자금대출	1220-200-210279	200,000,000	2006-04-28	
기업운전일반자금대출	1220-500-196646	300,000,000	2005-12-14	
기업운전일반자금대출	1220-600-258463	0	2007-10-11	
기업운전적금관계대출	1222-700-004932	25,000,000	2007-01-10	
기업운전할인어음	1330-500-049593	89,319,032	2006-05-15	
기업운전외상채권담보대	1331-300-035864	9,357,500	2004-02-04	
기업운전외상채권담보대	1331-600-121454	0	2006-02-20	
기업운전외상채권담보대	1331-800-136859	408,827,100	2006-07-24	
카드일시불	9435-2000-3379-0702 9435-	2,997,926		
카드할부사용	2000-3379-0702	3,989,302		
<합계>		1,039,488,860		

위와 같이 2008년 12월 31일 현재 부채가 있음을 증명합니다.
<개인형법인카드포함>

2009년 02월 03일

주식 회사 우리은행 구포지점

051-332-1581

보존기간5년

대출실행내역서

창조코리아(주) 귀하 00 지점

대출계좌번호	: 322-2007-00095192	기업일반자금대출(시설-분할상환)
대출금액	: KRW******270,000,000	대출승인번호 : 311-2007-00083361
대출이율	: 6.95000%(변동금리)	이자납입방법 : 분할후취고정 (원금)
대출만기일	: 2015-02-09	원금상환방법 : 원금균등분할상환
다음상환하실날	: 2010-05-13	수입/내국신용장번호
다음이자내실날	: 2008-03-13	수입인지금액 : ******150,000
연동계좌번호	: 611017173169	*예금주: 창조코리아(주)
계좌입금액	: ******269,850,000	

항상 저희은행을 이용하여 주셔서 감사합니다.

거래일시 2009-01-13 16:04:53 담당자: 000 전화번호:(051)621-2511

LN-I-SL-011
2001.07 제정

00은행

5. 대출금(이자)계산서

대출금(이자)계산서

(2009년 1월 13일)

창조코리아(주) 귀하　　　　　　　　00은행 00지점

대상기간 : 2008-01-01 ~ 2008-12-31

계좌번호 대출과목	대출일	만기일 상대업체명	이 자	원금 /외화원금	계 L/C NO, B/L NO
288-036750-33-00015 할인어음	2007-09-18	2008-09-17	0	101,094,840	101,094,840
416-019196-33-00007 중소기업자금대출	2008-05-11	2008-08-11	1,290,082	450,000,000	451,290,082
416-018176-32-00008 중소기업시설자금대출	2008-08-29	2015-08-29	1,181,964	500,000,000	501,181,964
건수 : 3		합 계 :	2,472,046	1,051,094,840	1,053,566,886

항상 저희 은행을 이용하여 주셔서 감사합니다.
귀하의 대출금(이자)계산내역은 위와 같습니다.

00은행 00지점장

⇨ 부채의 경우에도 주요서식4. 부채증명서과 함께 각 대출건별 이자지급 내역서(월별)를 수취하여 이자비용 회계처리 내역과 상호 대사를 하는 것이 중요하다.

6. 인별 업무무관 가지급금 또는 가수금 명세서

가지급금명세서

직책: 대표이사　　성명 : 홍길동

지급일	내용	대여 금액	상환 금액	잔액	해당 일수	대여시 이자율	이자내역	수령 여부
3.1	업무무관	20,000,000		20,000,000	91	8.2%		
5.31	3/1가지급금		10,000,000	10,000,000	61	8.2%		
8.1	업무무관	30,000,000		40,000,000	153	9.3%		
합계								

업무무관 가지급금의 경우 세법상 인정이자 계상의 문제, 지급이자 손금불산입 문제, 금전소비대차약정서 작성 등의 문제가 발생할 수 있으므로, 지급내역 및 이자수령에 대한 내역을 정리한 명세서를 각 인별로 받아두는 것이 중요하다.

7. 금전소비대차약정서(차용증)

금 전 소 비 대 차 계 약 서

삼천만 원정(₩ 30,000,000)

1. 상기 금원을 **채무자 홍길동**은 2008 년 8 월 1일 채권자 창조코리아(주)부터 정히 차용하고 아래 조항을 이행할 것을 확약합니다.
   ① 원금변제기 : 2009 년 7 월 31 일
   ② 이자율 : 연 9.3 %
   ③ 이자지급일 : 원금상환시 일괄 지급(09년 7월 31일)
   ④ 채무변제방법 : 원금은 채권자의 주소지에 지참 변제하며 이자는 지정일자에 채권자 창조코리아(주)의 예금계좌(OO은행 000-000000-000 예금주 창조코리아(주))로 송금하여 변제함
   ⑤ 원금 및 이자의 변제를 지체할 경우 채무자 홍길동은 일 0.2 %의 이자율에 의한 지연 손실금을 가산해서 지불해야 한다.

2. 채무자 홍길동은 다음의 어느 하나에 해당하는 경우에 있어서는 채권자 창조코리아(주)로부터 통지, 최고 등이 없이도 당연히 기한의 이익을 잃고 채무 전부를 즉시 변제하지 않으면 안 된다.
   ① 본건 이자의 지불을 3개월분 이상 지체했을 때
   ② 다른 채무 때문에 강제집행, 집행보전처분을 받거나, 파산 또는 경매의 신청이 있었을 때
   ③ 채무자가 주소를 변경하고, 그 사실을 채권자에게 고지하지 않았을 때

3. 채무자 홍길동은 본 채무불이행시에는 그의 전재산에 대한 강제집행에 따를 것을 승낙한다.

4. 본 채무에 관한 분쟁의 재판관할은 채권자의 주소지를 관할하는 법원으로 정한다.

2008 년 8 월 1 일

채권자(갑) 성 명 : 창조코리아(주) ㊞
주 소 : 부산시 사상구 감전동 3 - 28 부광빌딩 2층 (☏)
주민등록번호 : 111111-1234567

채무자(을) 성 명 : 홍길동 ㊞
주 소 : 부산광역시 해운대구 우동 1023-4 (☏)
주민등록번호 : 640801 - 18*****

8. 신규 개설 통장 및 해지자료

0 0 은행

거래일자 2008년	거래내용	해당월	회차	적립액	지급액	현재잔액	거래점
	계좌번호 194-016181-15-016					*69,000,000	
08-31CC		06	47	*1,500,000		*70,500,000	김 해
08-31CC		07	48	*1,500,000		*72,000,000	김 해
이체등록해제 194-016181-04-017 해제일자 2008-09-11							
03-22	입금	07	60	*18,000,000		*90,000,000	김 해 010
10-11	해지				*90,000,000	*0	김 해 010

지급이자 *12,754,373 차감지급액 *100,940,183

소득(법인)세 *1,814,190 주민세 *0 농특세 *0

그 동안 거래해 주셔서 감사합니다.

9. 신용카드 월별 이용대금명세서

■카드이용내역(일반, 해외) **00은행**

이용구분	이용일자	이용가맹점	예정포인트	당월납입금액	수수료	비고
일반	6.1	한국도로공사	50	50,000		
일반	6.1	하이플러스카드(주)	200	200,000		
		소 계		250,000		
		합 계		**250.000**		

※카드이용기간: 2008년 6월 1일~ 20008년 6월 30일

12월말 시점의 각 카드사별로 월별 이용대금명세서를 요청하여 전표 분실 등으로 인해 미계상한 비용에 대해 대체 분개하고, 통장에서 이체된 미지급금 금액과 이용대금명세서상의 결재금액을 확인하여 12월말 미지급급 기말잔액을 확인하여야 한다.

10. 자동차 보험관리 대장

자동차 보험관리 대장

구분	항목	세부	1	2	3
차량정보	차 명		쏘나타		
	차 종		승용차		
	등록번호		부산 30로 1111		
	소 재		부산 사상구 감전동		
임의보험	보험회사명		현대해상화재보험		
	담 당 자		김 웅		
	취급대리점		북부산		
	담 당 자		김 웅		
	증권번호		00-0002-00000		
	계약자명		창조코리아(주)		
	보험기간		2008.10.1		
			2009.10.1		
	보험금	차 량	5,000,000		
		대 인	20,000,000		
		대 물	10,000,000		
		탑승자	10,000,000		
	보험료		2,925,600		
	참고사항	책임보험	600,000		
		종합보험	2,325,600		
자배책보험	보험회사명				
	취급대리점				
	증서번호				
	보험기간				
	보험 계약자	성 명			
		주 소			
차검	차검 실시일				
	차검 만료일				
선급보험료			2,190,203		

차종별 보험납입현황을 일괄 정리하면 결산시 업무에 수월하다.

11. 보험계약서

자동차보험 가입증명서(보험료 영수증)

◦설계번호 111-11-1111111-111	◦영수증번호 28-111111

차 량 번 호	부산 OO 가 OOOO	보 험 종 목	OOOO업무용
피 보 험 자	창조코리아(주)	주민번호 /사업자번호	605-81-22341
계 약 자	창조코리아(주)	주민번호 /사업자번호	605-81-22341
보 험 기 간	2008년 05월 21일24:00부터 2009년 05월 28일 24:00까지		
대 인 I 유 효 기 간	2008년 05월 21일24:00부터 2009년 05월 28일 24:00까지		
임의유효기간(대인 I 제외)	2008년 05월 21일24:00부터 2009년 05월 28일 24:00까지		
운전자 범위	만26세이상한정		
비 고			

담보종목	보험가입금액		
대인배상 I	지배법시행령에서 정한 금액	종적용보험료	**1,116,980원
대인배상 II	미가입	대인배상 I	*** 630,970원
대물배상	1사고당 1천만원 한도	임의보험	*** 486,010원
자동차상해	미가입	납입보험료	**1,116,980원
무보험차상해	미가입		
자기차량손해	미가입	대인배상 I	*** 630,970원
SOS특약	미가입	임의보험	*** 486,010원

결재방법 납입방법 일시납

◦신용카드결제	카드번호 마지막 4자리는 고객정보 유출방지를 위하여 ****로 표시됩니다.

카드번호	승인번호
매출금액	할부기간

위의 자동차가 대인배상 I 과 대물배상을 가입한 경우 자동차손해배상보장법 제5조 제1항, 제2항의 규정에 의한 의무보험에 가입하였음을 증명함.

위 보험료를 2008년 5월 21일 16시 49분에 영수하였습니다.

1. 본 영수증은 전산출력된 원본만 유효합니다.
2. 본 영수증은 영수시각 외에 수기로 기재되거나 정정, 가필, 복사된 것은 무효입니다.
3. 본 영수증은 상기 보험계약에 의거한 보험료 납입증명에 한하여, 그 외의 사용은 무효입니다.
4. 본 영수증은 개인금전거래(사채) 담보용으로 사용할 수 없습니다.
5. 자세한 내용은 청약서, 증권, 약관내용을 참조하시기 바랍니다.

※보험책임기간
의무보험(대인배상 I 과 대물배상1천만원, 영업용 대인배상 II 1억원 포함) 자동차보험에 처음 가입하는 자동차의 경우에는 모든 담보의 책임개시는 보험료를 받은 때로부터 시작됩니다.(단, 보험기간 개시이전에 보험계약을 맺고 보험료를 받은 때에는 보험기간 첫날 0시부터 시작)

OO화재해상보험주식회사
대표이사
사 장 O O O

소속 : OO지점 담당자 : OO 대리점 연락처 : 051-OOO-OOOO 발급일시 : 2008.5.21 16:49

12. 화재보험대장

화재보험대장

회 사 명	보 험 기 간		보험금액	증권번호	보 험 료	보 험 료 입금년월일	증 권 유 무	비 고
	년월일	년월일						

13. 퇴직급여추계액명세서

퇴직급여추계액명세서

2008년 12월 31일 현재

사원번호	성 명	입사년월일	근속기간	최근3개월간 월급여총액	연간상여총액	기준급여	퇴직급여추계액
001	홍길동	2002.5.1	6년 8개월	6,300,000	4,000,000	2,433,333	16,222,219
101	김명희	2004.1.1	5년 개월	6,150,000	4,000,000	2,383,333	11,916,665
102	강민정	2004.2.1	4년 11개월	6,000,000	3,800,000	2,316,666	11,390,274
103	조세기	2004.5.1	4년 8개월	5,790,000	3,800,000	2,246,666	10,484,441
104	한상호	2004.1.1	5년 개월	3,600,000	2,000,000	1,366,666	6,833,330
105	최윤석	2007.1.1	2년 개월	3,600,000	2,000,000	1,366,666	2,733,332
205	김주필	2005.5.1	3년 8개월	3,600,000	2,000,000	1,366,666	5,011,108
305	정미경	2003.8.1	5년 3개월	3,300,000	2,000,000	1,266,666	6,861,107
306	박태환	2004.5.1	4년 8개월	3,150,000	1,900,000	1,208,333	5,638,887
합계							70,230,286

14. 퇴직금지급대장

퇴직금지급대장

2008년 기중

<table>
<tr><td rowspan="3">성명</td><td rowspan="2">주 소</td><td>직급·호봉</td><td>입사일자</td><td>퇴직일자</td><td rowspan="3">퇴직
보험
수령액</td><td rowspan="3">퇴직
연금
수령액</td><td rowspan="3">국민연금
전환금
상계액</td><td rowspan="3">원천
징수액</td><td rowspan="3">순지급액</td></tr>
<tr><td>기준임금</td><td>근속기간</td><td>퇴 직 금</td></tr>
<tr><td>주민등록번호</td><td>퇴직금
지급일</td><td>지급방법
(계좌번호)</td><td>원천세 신고 유무</td></tr>
<tr><td rowspan="3">문재곤</td><td rowspan="2">부산 사상 덕포</td><td>과장</td><td>2003.5.1</td><td>2008.11.30</td><td rowspan="3"></td><td rowspan="3"></td><td rowspan="3"></td><td rowspan="3">396,840</td><td rowspan="3">12,258,711</td></tr>
<tr><td>2,266,666</td><td>5년 7월</td><td>12,655,551</td></tr>
<tr><td>800219
-1******</td><td>2008.12.10</td><td>농협</td><td>2009년 1월 신고</td></tr>
<tr><td rowspan="3"></td><td rowspan="2"></td><td></td><td></td><td></td><td rowspan="3"></td><td rowspan="3"></td><td rowspan="3"></td><td rowspan="3"></td><td rowspan="3"></td></tr>
<tr><td></td><td></td><td></td></tr>
<tr><td></td><td></td><td></td><td></td></tr>
<tr><td rowspan="3"></td><td rowspan="2"></td><td></td><td></td><td></td><td rowspan="3"></td><td rowspan="3"></td><td rowspan="3"></td><td rowspan="3"></td><td rowspan="3"></td></tr>
<tr><td></td><td></td><td></td></tr>
<tr><td></td><td></td><td></td><td></td></tr>
<tr><td rowspan="3"></td><td rowspan="2"></td><td></td><td></td><td></td><td rowspan="3"></td><td rowspan="3"></td><td rowspan="3"></td><td rowspan="3"></td><td rowspan="3"></td></tr>
<tr><td></td><td></td><td></td></tr>
<tr><td></td><td></td><td></td><td></td></tr>
<tr><td rowspan="3"></td><td rowspan="2"></td><td></td><td></td><td></td><td rowspan="3"></td><td rowspan="3"></td><td rowspan="3"></td><td rowspan="3"></td><td rowspan="3"></td></tr>
<tr><td></td><td></td><td></td></tr>
<tr><td></td><td></td><td></td><td></td></tr>
<tr><td rowspan="3"></td><td rowspan="2"></td><td></td><td></td><td></td><td rowspan="3"></td><td rowspan="3"></td><td rowspan="3"></td><td rowspan="3"></td><td rowspan="3"></td></tr>
<tr><td></td><td></td><td></td></tr>
<tr><td></td><td></td><td></td><td></td></tr>
</table>

15. 리스계약서

시 설 대 여 (리스) 계 약 서

수 입 계약일호: 202571 - 01- 01
인 지 계약일자: 2008 년 00월00일

시설대여회사(갑) : 부산시 동래구 안락동 999
스 타 리 스 (주)
대 표 이 사 강 마 에

대여시설이용자(을) 연대보증인 :
(연대채무자) 연대보증인 :
연대보증인 :

■신용정보의 제공및 활용동의서	스타리스(주)귀중 귀사와의 시설대여 (리스) 등 여신에 관한 모든 금융거래와 관련하여 귀사가 본인으로부터 취득한 다음 신용정보는 신용정보의 이용 및 보호에 관한 법률 제23조의 규정에 따라 타인에게 제공.활용시 본인의 동의를 얻어야 하는 정보입니다. 이에 본인은 귀사가 다음의 신용정보를 신용정보집중기관, 신용정보업자, 신용정보제공 . 이용자 등에게 제공하여 본인의 신용을 판단하기 위한 자료로서 활용하거나 또는 공공기관에서 정책자료로서 활용하도록 하는데 동의합니다. 이 동의서는 계약의 갱신 등으로 변경되는 경우에도 유효합니다. ◈제공할 신용정보의 내용 : ● 개인(법인) 식별정보(성명(상호),주민등록번호(법인등록번호),성별,국적,직업,연락처 등) ● 신용거래정보(본계약 이전 및 이후의 실적을 포함한 거래내용) ● 신용능력정보(재산, 채무, 소득의 초액.납세실적 등) 주) 채무불이행정보(쳔체, 대위변제, 대지급, 부도, 관련인 발생사실 등) 및 신용조회정보 (신용조회에 따라 신용정보업자가 신용정보를 제공한 사실 등)는 신용정보집중기관* 및 신용정보업자 **를 통하여 신용정보제고. 이용자***에게 제공됩니다. *전국은행연합회, 여신전문협회 등 **(주)한국신용정보, (주)한국신용평가정보 (주) 한국개인신용 등 ***은행, 카드사,캐피탈 등 금융기관등 ****상기 내용이 변동하는 경우 고객에게 별도의 통지없이 인터넷 홈페이지에 공시할 예정입니다. 년 월 일 대여시설(리스)이용자 : ____________________(인) (리스이용자직접기재) 연대보증인: _______(인)(연대보증인 직접기재)연대보증인: ________(인)(연대보증인 직접기재)
■권리의 양도에 관한 사항	스타리스(주)귀중 대여시설(리스)이용자 및 연대보증인은 계약서 제26조 (권리의 양도)에 대하여 충분히 설명을 듣고잘 이해하셨습니다. 년 월 일 대여시설(리스)이용자 : ____________________(인) (리스이용자직접기재) 연대보증인: _______(인)(연대보증인 직접기재)연대보증인: ________(인)(연대보증인 직접기재)
■물건 대금 입금 요청서	스타리스(주)귀중 귀사와의 리스계약과 관련하여 아래와 같이 물건대금 입금을 요청하오니 업무에 협조하여 주시기 바라며, 세금계산서가 본인 앞으로 발행되는 경우에도 부가가치세를 호함한 금액으로 물건 대금 지급을 요청하는 바입니다. -아 래- 대여시설(리스)이용자 : ____________________(인) (리스이용자직접기재)

입금요청금액		입금요청일		입금요청은행	
입금요청계좌			예금주		

위 시설대여회사(이하 '갑'이라 한다)와 대여시설이용자(이하 '을'이라 한다)는 후면에 기재된 내용과 같이 계약을 체결하고 이를 증명하기 위하여 위 기재 일자에 계약서 2통을 작성하여 각1통씩 보관한다.

별 표(계약조건표)

(1)리스물건		(2)매 도 인	
(3)취득원가	₩ ________________ (리스이용자 직접기재)	(4)리스계약 보증금/선수금	₩________________ (리스이용자 직접기재)
(5)설치장소		(6)리스기간	물건수령증 발급일로부터 개월

(7)리스료 및 지급방법	매월리스료 (1회 ~ 4회) ₩________________ (리스이용자 직접기재) (회 ~ 회) ₩ 지급방법 : 매월후불	
	출금이체( )	현금입금( )
	본 계약서 제29조 (출금이체)조항을 준수하고 다음과 같이 출금이체를 신청합니다. 1.은행명(지점) : 2.계 좌 번 호 : 3.예 금 주	아래 통장으로 현금 입금 1.은행명 : 00은행 2.계 좌 번 호 : 296-01-003862 3.예 금 주 :스타리스주식회사

(8)규정손실금 금액단위 원화: 천원	제 1차년도초	제2차년도초	제3차년도초	제4차년도초	제5차년도초
(9)연체이자율		(10)재리스기간 및 재리스료		(11) 재 리 스 규정손실금	

(12) 특약 사항	제 1조 (리스기간 종료후 처리) 을은 리스기간 종료후에 본 계약서 제23조(물건의 반환)및 제24조(재리스)규정에도 불구하고 리스물건을 무상양도 받기로 한다. 제 2조(리스료 지급기일) 리스료 지급기일은 물건수령증 발급일자에 따라 다음 각호와 같이 정하기로 한다. 1. 물건 수령증이 1일부터 10일까지 발급되는 경우 : 3일 2. 물건 수령증이 11일부터 10일까지 발급되는 경우 : 13일 3. 물건 수령증이 21일부터 말일까지 발급되는 경우 : 23일 제 3조(보험) 본 계약서 제12조 (보험)의 규정에도 불구하고 리스물건에 대한 동산종합보험 부보를 면제키로하며, 보험 사고로 인한 손해발생시 을이 책임지기로 한다. 제 4조(기타) 을은 물건의 도입과 관련하여 을이 물건대금의 일부 및 관세 등 기타의 부대비를 부담한 경우에도 이를 이유로 하여 을은 물건의 전부 또는 일부에 대하여 소유권을 주장할 수 없으며, 리그기간 중물건의 소유권은 갑에게 있음을 확인한다. 제 5조(보증금/선수금의 처리방법) 본 계약서 제9조(리스계약보증금/선수금) 제 3항의 규정에도 불구하고 리스계약보증금/선수금의 처리방법은 다음을 따르기로 한다. ※보증금의 처리방법 □ 리스기간 종료 후 반환 □ 리스기간 종료 후 미회수원금과 상계 ※선수금의 처리방법 : □ 마지막 리스기간 3회에 균등분할하여 리스료에 처리

물건수령증

스타리스(주)귀중

귀사와의 리스계약에 따라 아래 물건을 그일 정히 수령하였는바. 동 리스계약서상의 각 조항을 성실히 준수할 것임을 확약합니다.

- 아 래 -

리스개시일		매도인		물건설치장소	별표(5)란의 설치장소
수령물건의 표시	별표(1)란의 리스물건	리스기간		리스기간	○○개월(본 수령증 발급일로부터 기산)

대여시설(리스)이용자: ________________________(인)(리스이용자 직접기재)

운용리스인지 금융리스인지를 판단하여 그에 맞는 회계처리를 하여야 한다.

16. 임대차 계약서 사본

부동산임대차계약서

☐ 전세 ☐ 월세

임대인과 임차인 쌍방은 아래 표시 부동산에 관하여 다음 계약내용과 같이 임대차계약을 체결한다.

1.부동산의 표시

소 재 지				
토 지	지 목		면 적	㎡
건 물	구조·용도		면 적	㎡
임대할부분			면 적	㎡

2. 계약내용

제 1 조 (목적) 위 부동산의 임대차에 한하여 임대인과 임차인은 합의에 의하여 임차보증금 및 차임을 아래와 같이 지불하기로 한다.

보 증 금	금 원정 (₩)
계 약 금	금 원정은 계약시에 지불하고 영수함. 영수자(㊞)
중 도 금	금 원정은 년 월 일에 지불하며
잔 금	금 원정은 년 월 일에 지불한다.
차 임	금 원정은 년 월 일에 지불한다.

제 2조 (**존속기간**) 임대인은 위 부동산을 임대차 목적대로 사용수익할 수 있는 상태로 _________년______월______일까지 임차인에게 인도하며, 임대차 기간은 인도일로부터 _________년______월______일까지로 한다.

제 3조 (**용도변경 및 전대 등**) 임차인은 임대인의 동의없이 위 부동산의 용도나 구조를 변경하거나 전대임차권 양도 또는 담보제공을 하지 못하며 임대차 목적 이외의 용도로 사용할 수 없다.

제 4조 (**계약의 해지**) 임차인이 계속하여 2회 이상 차임의 지급을 연체하거나 제3조를 위반하였을 때 임대인은 즉시 본 계약을 해지 할 수 있다.

제 5조 (**계약의 종료**) 임대차계약이 종료된 경우에 임차인은 위 부동산을 원상으로 회복하여 임대인에게 반환한다. 이러한 경우 임대인은 보증금을 임차인에게 반환하고, 연체 임대료 또는 손해배상금이 있을 때는 이들을 제하고 그 잔액을 반환한다.

제 6조 (**계약의 해제**) 임차인이 임대인에게 중도금(중도금이 없을때는 잔금)을 지불하기 전까지, 임대인은 계약금의 배액을 상환하고, 임차인은 계약금을 포기하고 이 계약을 해제할 수 있다.

제 7조 (**채무불이행과 손해배상**) 임대인 또는 임차인이 본 계약상의 내용에 대하여 불이행이 있을경우 그 상대방은 불이행한 자에 대하여 서면으로 최고하고 계약을 해제 할 수 있다. 그리고 계약 당사자는 계약해제에 따른 손해배상을 각각 상대방에 대하여 청구할 수 있으며, 손해배상에 대하여 별도의 약정이 없는 한 계약금을 손해배상의 기준으로 본다.

제 8조 (**중개수수료**) 부동산중개업자는 임대인과 임차인이 본 계약을 불이행 함으로 인한 책임을지지 않는다. 또한, 중개수수료는 본 계약체결과 동시에 계약 당사자 쌍방이 각각 지불하며, 중개업자의 고의나 과실없이 본 계약이 무효·취소 또는 해약되어도 중개수수료는 지급한다. 공동중개인 경우에 임대인과 임차인은 자신이 중개 의뢰한 중개업자에게 각각 중개수수료를 지급한다.(중개수수료는 거래가액의 _________%로 한다.)

제 9 조 (**중개대상물확인설명서 교부등**)중개업자는 중개대상물 확인설명서를 작성하고 업무보증관계증서(공제증서등) 사본을 첨부하여 거래당사자 쌍방에게 교부한다.

년 월 일

특약사항

....

....

....

....

....

....

본 계약을 증명하기 위하여 계약 당사자가 이의 없음을 확인하고 각각 서명날인 후 임대인, 임차인 및 중개업자는 매장마다 간인하여야 하며, 각 1통씩 보관한다.

년 월 일

임대인	주 소						㊞
	주민등록번호		전 화		성 명		
	대 리 인	주 소	주민등록번호		성 명		
임차인	주 소						㊞
	주민등록번호		전 화		성 명		
	대 리 인	주 소	주민등록번호		성 명		
중개업자	사무소소재지		사무소소재지				
	사 무 소 명 칭		사무소명칭				
	대 표	서명·날인 ㊞	서명·날인			㊞	
	등 록 번 호	전화	등록번호		전 화		
	소속공인중개사	서명·날인 ㊞	서명·날인			㊞	

임대인의 사업자 여부 및 일반과세자 여부에 따라 받아야 할 증빙이 다르다.

17. 자동차양도증명서

[별지 제15호서식]

등 록 용	교부일자 :

제 호

자동차양도증명서 (양도인, 양수인 직접거래용)

본인은 자동차매매사업자의 중개를 통하지 아니하고 양수인과 직접 거래로 소유자동차를 양도하고 그 사실을 증명하기 위하여 자동차 관리법 제15조 제1항의 규정에 의하여 이 양도증명서를 작성 교부합니다.

(본인 불참석시 인감도장 날인)

20 년 월 일

양도인 (날인 또는 서명)
양수인 (날인 또는 서명)

자동차등록번호			
차 종 및 차 명			
차 대 번 호			
매 매 일 자			
매 매 금 액		잔 금 지 급 일	
비고(주행거리)		자동차인도일자	

제1조(당사자표시) 양도인을 "갑" 이라 하고, 양수인을 "을" 이라 한다
제2조(동시이행등) "갑"은 잔금수령과 상환으로 자동차와 소유권이전등록에 필요한 서류를 "을" 에게 인도한다.
제3조(공과금부담) 이 자동차에 대한 제세공과금은 자동차 인도일을 기준으로 하여, 그 기준일까지의 분은"갑" 이 부담하고, 기준일의 다음날부터의 분은 "을" 이 부담한다.
제4조(하자담보책임)"을" 은 이 자동차를 인수한 후에는 이 자동차의 고장 또는 불량등의 사유로"갑"에게 그 책임을 물을 수 없다.
제5조(사고책임) "을" 은 이 자동차를 인수한 때부터 발생하는 모든 사고에 대하여 자기를 위하여 운행하는 자로서의 책임을 진다.
제6조(법률상의 하자책임) 자동차인도일 이전에 발생한 행정처분 또는 이전등록요건의 불비 기타 행정상의 하자에 대하여는 "갑" 이 그 책임을 진다.
제7조(등록지체책임)"을" 이 이 매매목적물을 인수한 후 소정의 기일안에 이전등록을 하지 아니할 때에는 이에 대한 모든 책임을 "을"이 진다.
제8조(할부승계특약)"갑" 이 자동차를 할부로 구입하여 할부금을 완납하지 않은 상태에서 "을" 에게 양도하는 경우에는 잔여할부금을 "을" 이 승계하여 부담할 것인지의 여부를 특약사항란에 기재하여야 한다.

제9조(양도증명서) 이 양도증명서는 2통을 작성하여 "갑" 과"을" 이 각각 1통씩을 소지하고"을" 은 이를 소유권이전등록 신청을 할 때(잔금지급일로부터 15일이내)에 등록관청에 제출하여야 한다.

수 입 인 지
인지세법에 의함 (뒷면에 붙임)

(특약사항) :

갑 (양도인)	성 명(명 칭)		주 민 (사 업 자) 등 록 번 호	
	주 소	(전화번호 :)		
을 (양수인)	성 명(명 칭)		주 민 (사 업 자) 등 록 번 호	
	주 소	(전화번호 :)		

※ 주의사항
1. 양도인 주의사항 : 이 양도증명서를 작성할 때 양수인의 인적사항을 기재하지 아니하면 양수인의 무단전매 등으로 예측할 수 없는 손해를 볼 수 있으니 반드시 양수인의 인적사항을 기재하기 바랍니다.
2. 양수인 주의사항 : 이 양도증명서를 작성할 때 이 차량에 대하여 부과된 자동차세 및 제세공과금을 납부하였는지를 확인하여 불의의 손해를 입지 아니하도록 하시기 바랍니다.
3. 공통사항 : 이 당사자거래용 양도증명서는 각 시·도지사가 제작하고 검인을 한 것에 한하여 유효하며, 직접 거래 당사자가 아닌 자(자동차매매업자 포함)가 사용할 때에는 자동차관리법령에 의하여 처벌받게 됩니다.
※ 시·도지사는 양도증명서를 교부한 일자를 기재하여야 합니다.

18. 자동차등록증

자 동 차 등 록 증

제 호 최초등록일 : 년 월 일

<table>
<tr><td colspan="2">① 자동차등록번호</td><td></td><td>② 차 종</td><td></td><td>③용도</td><td></td></tr>
<tr><td colspan="2">④ 차 명</td><td></td><td>⑤ 형 식 및 연 식</td><td colspan="3"></td></tr>
<tr><td colspan="2">⑥ 차 대 번 호</td><td></td><td>⑦ 원 동 기 형 식</td><td colspan="3"></td></tr>
<tr><td colspan="2">⑧ 사 용 본 거 지</td><td colspan="5"></td></tr>
<tr><td rowspan="2">소유자</td><td>⑨ 성명(명칭)</td><td></td><td>⑩ 주민(사업자) 등 록 번 호</td><td colspan="3"></td></tr>
<tr><td>⑪ 주 소</td><td colspan="5"></td></tr>
</table>

자동차관리법 제8조의 규정에 의하여 위와 같이 등록하였음을 증명합니다. 이전

년 월 일

부산광역시차량등록사업소장

1. 제 원

<table>
<tr><td>⑫제원관리번호
(형식승인번호)</td><td colspan="3">A08-1-00036-0090-1303</td></tr>
<tr><td>⑬길 이</td><td>mm</td><td>⑭너 비</td><td>mm</td></tr>
<tr><td>⑮높 이</td><td>mm</td><td>⑯총중량</td><td>kg</td></tr>
<tr><td>⑰배기량</td><td>cc</td><td>⑱정 격 출 력</td><td>Ps</td></tr>
<tr><td>⑲승 차 정 원</td><td>명</td><td>⑳최 대 적재량</td><td>kg</td></tr>
<tr><td>㉑기통수</td><td>기통</td><td>㉒연료의 종류</td><td>(연비 : km/l)</td></tr>
</table>

2. 등록번호판 교부 및 봉인

㉓구 분	㉔번호판교부일	㉕봉인일	㉖교부대행자 확인

3. 저당권 등록사실

㉗구분(설정 또는 말소)	㉘ 일 자

기타 저당권등록의 내용은 자동차등록원부를 열람·확인하시기 바랍니다.

4. 검사유효기간

㉙연월일부터	㉚연월일까지	㉛검사 시행장소	㉜주행 거리	㉝검사 책임자확인

❖ 주의사항 : ㉙항 첫째란에는 등록일을 기재한다.

❖ 비고

자동차 출고(취득)가격 : 원

❖정기검사를 받아야 하는 기간은 검사유효기간 만료일(㉚항) 전·후 30일간입니다.

19. 재고조사표

( )월 말 재 고 현 황

코드 번호	품 명	규격	단위	수량	단가	금액	재 고 상 태			비 고
							신제품	수 리 품		
								수리가능	수리불가능	

20. 장려금 등 수령 내역서

◆장려금, 매입할인, 관세환급금, 타사로부터 수령한 각종 지원금 명세서◆

2008년 12월 31일 (일자별, 거래처별로 표시)

일자	거래처	적요	금액	비고

상기 잔액을 2008년 12월 31일 현재 잔액임을 확인함.

2009 년 1 월 일

상 호 :

대표자 : (인)

확인자 : (인)

21. 이익잉여금 처분안(현금배당)

별첨1. 현금배당 계획(안)

창조코리아(주)

1. 주당배당금(보통주) 30,000원
2. 배당기준일 2008년 12월 31일
3. 배당금 지급 예정일 2009년 04월 11일
4. 연간 배당 내역
   가. 주당 연간 배당액(보통주) 30,000원
   나. 연간 배당총액(보통주) 300,000,000원
   다. 당기순이익 322,975,169원
5. 주주총회 예정일 2009년 03월 2일
6. 이사회 결의일 2009년 02월 25일

당기 결산시에 배당에 대한 처분(안)은 이익잉여금처분계산서상에 기재되는 데, 그 중 당기 이입과 처분에 대해서는 위의 서식과 같이 처분(안)에 의해서 작성이 되게 된다. 따라서 12월 31일말 결산시에는 이익잉여금의 처분(안)을 받아서 재무제표에 반영하게 된다.

22. 외상매출금 잔액명세서

◆외상매출금 잔액명세서◆

2008년 12월 31일 (일자별, 거래처별로 표시)

일자	거래처	적요	금액	비고

상기 잔액을 2008년 12월 31일 현재 잔액임을 확인함.

2009년 1월 일

상 호 :

대표자 : (인)

확인자 : (인)

23. 외상매입금 잔액명세서

◆외상매입금 잔액명세서◆

2008년 12월 31일 (일자별, 거래처별로 표시)

일자	거래처	적요	금액	비고

상기 잔액을 2008년 12월 31일 현재 잔액임을 확인함.

2009년 1월 일

상 호 :

대표자 : (인)

확인자 : (인)

24. 어음장(받을어음 및 지급어음)

어 음 장 기 입 장

담당	과장	부장	사장

월일	어음번호	적요	발행인 배서인	수취인 지급인	어음종류	발행일	결재일	지급장소	금 액	전 기 말	
										월 일	적요

25. 어음할인내역서

할 인 어 음 조 회 표

년 월 일

계정과목	계 좌 번 호	사업자등록번호	대출CIF번호	업종구분	우량구분	법적처리구분	체당구분	운용구분	담보구분

적격구분	승 인 기 간	한도승인금액	본지점 한도구분	단수 구분	우대 구분	이율	어음할인 매 수	잔여매수	기업 규모
	–								

당초대출일자	총 할 인 액	총 회 수 금 액	대 출 잔 액

*** 거 래 내 역 ***

거래구분	거래일자	어음번호	지급은행	어음기일	할인금액	일수	할 인 료	적격유무	부도구분	해체구분

26. 기업어음제도 개선을 위한 세액공제 자료

<< 기 업 구 매 자 금 결 제 실 적 증 명 서 >>

업 체 명 : 창조코리아(주)
사업자등록번호 : - -
대 상 기 간 : 2008년 1월 1일 - 2008년 12월 31일

결 제 실 적

구분	결제일구분	건수	실적금액
기업구매자금대출	30일이내 결제금액	9	2,330,000,000
	30일초과 60일이내 결제금액	0	0
	소계	9	2,330,000,000
자 기 자 금	30일이내 결제금액	0	0
	30일초과 60일이내 결제금액	0	0
	소계	0	0
세액공제계		9	2,330,000,000

2008년 12월 31일
주식회사 00 은행
00 지점

본 서식은 기업결산시에 필요한 서류는 아니고, 법인조정시 세액공제 중 기업어음제도 개선을 위한 세액공제 적용을 받는 경우 필요한 서류이다. 결산시 회사의 부채증명서 등에 기업구매자금대출, 외상매출채권담보대출, B2B구매자금대출 등이 있다면 해당 금융기관에서 위의 서식과 같은 세액공제를 위한 증빙 서류를 받을 수 있다. 다만, 금융기관별로 서식 차이가 있으니 주의하여야 할 것이다.

부록-2

취업을 준비하면서 알아두어야 할 사항

1. 취업을 준비하면서 알아두어야 할 사항

(1) 어떤 회사에 들어가야 할까?

한 조사에 따르면 신입사원 77%가 전공과 무관한 '묻지마 취업'을 하고, 그런 까닭에 10명 중 9명이 이직을 고려한다고 한다. 회사에 입사 전 본인이 생각한 업무(일)와 다를 경우 이직을 고려할 수밖에 없을 것이다. 직장인들의 설문조사에 의하면 4.5%만이 현재 다니는 직장을 평생직장으로 생각하고, 평균적으로 평생 동안 4, 5번의 이직과 전직[1]을 한다고 한다. 한 조사에 따르면 대졸 신입사원이 임원이 되기까지 23.6년이 걸리고 입사한 1,000명 중 8명만이 임원이 될 수 있다고 한다. 또한 대기업의 임원 중 80%는 2년 이내에 해고가 된다고 한다. 그래서 빨리 진급하지 않기를 원하는 경우도 있지만 현재처럼 조선업이 불황에다 브렉시트(Brexit; 영국이 EU 탈퇴)로 인한 한국의 경제위기는 그 어느 때보다도 불확실성이 크다고 할 수 있다.

그럼 어떤 회사에 들어가는 것이 좋을까? 대기업처럼 연봉을 많이 주는 회사가 좋을까? 아니면 신의 직장이라는 공사(공공기관)에 들어가는 것이 좋을까? 신의 직장으로 복지제도까지 좋은 공사는 누구나 꿈꾸는 직장생활일 수 있다. 아니면 급여가 작더라도 공무원이 되는 것이 좋을까? 그것도 아니면 내 회사를 창업해서 내가 사장이 되는 것이 좋을까? 이도 아니면 전문자격증을 따서 프로페서널한 전문가의 삶은 어떨까?

결론부터 말하자면 단순하게 어떤 회사가 나에게 좋다고는 말할 수 없다. 본인의 적성과 재능, 그리고 본인이 하고자 하는 미래 비전을 보고 회사를 선택하여야 할 것이다. 대기업의 경우는 연봉이 높은 대신 개인의 사생활과 가정은 뒷전으로 하여야 하며 업무의 중과 및 도태하지 않고 살아남아야만 진급할 수 있으며 반면에 그만큼 빨리 퇴사의 위험이 도사리며 매일 매일의 업무에 대한 스트레스는 높다고 하소연한다. 반면에 공사는 아직도 신의 직장에 속해있다. 공사가 되면 안정적이며 연봉도 높고 복지

---

1) **이직**은 직장을 옮기거나 직업을 바꾸는 것을 의미하고 **전직**은 직업이나 직무를 바꾸어 옮기는 것을 의미한다. 즉, 조직속의 한 직위에서 직무의 종류와 성격이 다른 직렬로 수평 이동하는 것을 전직이라 한다.

이직이나 전직시 고려사항은 크게 다음의 같다. 첫째가 나의 적성과 맞는지를 고려하여야 한다. 아무리 편안하고 미래가 보장된다고 하더라도 내가 즐겁지도 행복하지도 않다면 또 다른 이직을 할 수 도 있을 것이다. 시간이 지나더라도 내 적성에 맞지 않다면 이직을 신중히 고려하여야 할 것이다. 둘재는 지급받는 급여이다. 이직을 준비하는 사람들 중 많은 사람들은 새로운 직장에서 더 많은 급여를 받을 수 있기 때문이다. 확실한 계약관계로 인해 미래가 보장된 것이 아니라면 내 능력에 ㅂ하여 턱 없이 낮은 급여를 받고 있다면 이직준비를 할 것이다. 마지막으로 앞으로의 본 직장 또는 부서에서 내가 성장할 수 있는 좋은 기회를 고려할 것이다. 미래가 밝고 나의 노력여하에 따라 좀 더 나은 삶과 좋은 기회가 있다면 지금의 어려움은 이겨낼 수 있으리라. 만약 그렇지 않다면 굳이 미래도 없고 기회도 없는 현재의 회사에 있을 이유가 없을 것이다.

도 좋은 장점이 있다. 반면에 공사에 입사하는 것 자체가 그만큼 힘들뿐만 아니라 최근 지방분권화로 인하여 많은 공공기관들의 본사를 지방으로 이전되어 수도권 등의 대도시에서 멀어질 경우 가족과 따로 사는 주말부부 등 그에 대한 포기해야 하는 것도 만만치 않다. 미래의 불확실성을 줄이고 안정적이며 업무강도가 상대적으로 적어 스트레스를 덜 받는 공무원이 되고자 하는 것은 어떨까? 현재 공무원의 경쟁률은 최소 30대 1이 넘어 어떨 때는 100대 1이 넘는 경우가 허다하다. 안정적이고 상대적으로 미래가 보장되어 있는 삶이지만 공무원이 되기 위한 경쟁률이 너무 치열하며 다이내믹한 미래에 대해 많은 젊은이들이 너무 안정성만을 추가하는 현세대를 불안하게 보는 미래학자들도 다수 있다. 이도 저도 아니라면 속편하게 내 사업을 내 스스로 하는 것은 어떨까? 상사에 대한 스트레스도 없고 자유롭지만 내 사업이 성공하기 위해서는 많은 어려움을 극복하여야 한다. 어떠한 좋은 아이템이 있더라도 상품화 하여 시장에 잘 알려서 판매로 이어지기 까지는 많은 어려움에 봉착할 것이다. 이러한 위험을 없애기 위해 전문직공부를 할 수 도 있을 것이다. 미래가 보장된 의사, 약사, 그리고 프로페셔널한 변호사, 공인회계사, 감정평가사, 건축사 등등의 자격증을 따서 미래를 보장받기를 원하는 경우도 있을 것이다. 하지만 이러한 전문직의 경우에도 라이선스를 얻는다 해서 바로 부자로 안정적이고 멋진 인생이 보장되지는 않는다. 라이선스를 따서 실무를 익혀야 할뿐 아니라 최근에는 전문직 또한 무한경쟁으로 사회에서 자리를 잡기 위해서는 적어도 최소 3년, 5년의 시간이 지나야 한다. 그 어떤 삶도 그렇게 만만하지 않은 삶속에 우리는 놓여 있다. 정말 나는 어떤 삶을 살고 싶은 걸까?

생각해보기

자신은 어떠한 회사에 들어가고 싶은지 생각해 보자

2. 취업을 위한 스펙(SPEC: specification)

취업을 위한 나름대로의 학과마다의 기본적인 스펙이 있을 것이다. 우리가 알고 있는 기본적인 스펙은 학과에서 요구하는 기본적인 자격증, 영어 토익, 그리고 다양한 인턴활동들, 어학연수나 타 국가 여행, 봉사활동, 기본적인 엑셀, PPT등의 프로그램을 다룰 줄 알아야 할 것이다. 예를 들어 디자인을 전공하는 학생은 캐드(CAD)와 같은 전문 프로그램을 운영할 줄 알아야 하고 그 외 학과 성적 등이 중요할 수 있는데 디자인과 관련 없는 영어 토익점수를 요구하고 경우도 있다. 경영학과의 경우 기본적인 영어 토익점수와 학과 성적 그리고 다양한 인턴 활동 그리고 그 무엇보다 중요한 대학 등급도 포함되어 있다.

각 학과마다 전공을 공부하면서 필요한 기본 자격증이 있을 것이다. 이론적으로 배우고 실전에 앞서 프로그램 자격증을 딴다는 것은 이론과 실무를 겸비한 산학연계형 중심으로 나아가는 것이다. 각 학과마다 각 학년별로 단계적인 이론과 실무를 통하여 전공중심의 자격증을 딸 수 있도록 도와줄 것이다.

영어의 중요성은 귀에 딱지가 앉을 정도이며, 각 학과마다 졸업하기 위한 기본적인 토익점수를 요구하기도 한다. 최근 세계경제의 중심이 중국으로 이동하면서 중국어의 중요성이 점점 증가하는 추세이기도 한다. 무역파트에서 근무하지 않더라도 즉, 외국어가 굳이 필요 없는 부서에까지 기본적인 토익점수의 요구로 젊은이들이 많은 시간을 허비하고 있는지도 모르겠다.

최근 금융기관이나 대기업의 경우 다양한 인턴활동 등을 추가적으로 요구하기도 한다. 봉사활동이라든지 전공과 관련된 인턴활동은 앞으로 일을 배우기에 앞서 사전에 업무를 익히는 것과 같기 때문에 많은 학생들은 인턴활동을 본인의 의사와 관련 없이 요구받기도 한다. 최근 IPP형 일학습병행제라 하여 대학교와 기업체가 산학중심형 인턴 프로그램을 개발하여 각 전공학생들이 졸업 전에 자신의 전공과목과 관련된 업무를 인턴활동과 같이 체험해 볼 수 있는 프로그램도 있다. 요즘은 학생들에게 너무 많은 것을 요구한다. 기본적인 워드와 엑셀, PPT등의 프로그램의 운용할 수 있는 능력을 당연시하는 시대에 살고 있다.

이러한 다양한 기본적인 요구들은 대학생들에게 많은 시간을 스펙 쌓기에 열을 올리는 이유이기도 한다. 학벌, 스펙을 제외한 블라인드 면접에서도 일부 스펙을 영향을 미치는 것이 현재의 우리사회의 모습이기도 하다. 따라서 많은 대학생들은 자신들의 소중한 시간에 자신의 적성과 취미생활이 아닌 스펙 쌓기에 열을 올리는 반증이기도 하다.

과연 이러한 스펙들이 앞으로 내가 원하는 직장생활에서 많은 도움이 되는 것일까?

생각해보기

본인을 위한 SPEC알아보기

✏ 전공관련자격증

✏ 토익(TOEIC), 토플(TOEFL) 등의 어학

✏ 인턴활동

✏ 봉사활동 등 그 외

3. 정말 내가 하고자 하는 것

정말 본인이 무엇을 원하는지를 고민해볼 필요가 있다. 가장 먼저 본인의 선택이든 부모 또는 고3선생님에 의한 타의적인 선택이든 간에 현재 본인의 전공이 자신의 적성과 맞는지를 심각하게 고민해볼 필요가 있다. 일부 다수의 사람들은 자신의 직업을 자신의 전공과 전혀 상관없이 선택하는 경우를 종종 자주 보게 된다. 이는 결국 본인의 인생에서 많은 시간을 낭비한 결과가 되기도 하다. 따라서 냉정하게 자신의 적성과 전공이 본인과 잘 맞는지를 심각하게 고민해 볼 필요가 있다.

가장 행복한 삶이란 자신이 정말 좋아하는 일을 자신의 직업으로 삼는 삶일 것이다. 누구나 행복해지기를 원할 것이다. 자기가 좋아하는 일은 더 열심히 할 것이고 더 효율적이고 효과적이기 위해 노력할 것이기 때문이다. 적당한 스트레스는 또 다른 발전된 나를 위한 동기부여가 될 것이다. 따라서 본인이 정말 무엇을 원하는지를 심각하게 고민해 보아야 한다.

만약 지금 이 순간에도 자신이 무엇을 원하는지를 모른다면 심각하게 자신이 무엇을 좋아하는지 무엇을 잘하는지를 찾아내는 것이 중요하다. 당신은 다른 사람보다 더 뛰어난 재능이 반드시 있다. 단지 아직 그걸 찾아내지 못한 것뿐이다. 반면에 자신의 무엇을 좋아하고 무엇을 원하는지를 안다면 그와 관련된 일들을 퍼즐처럼 조합하여 본인의 직업을 찾아보는 것이다. 각각의 조합된 퍼즐은 당신이 원하는 삶에 대해 단계별로 어떻게 하여야 하는지를 알려줄 것이다. 적성과 맞게 순차적인 자격증을 딸 수 있도록 할 것이고 노력하게 할 것이다. 만약 이러한 것들을 찾기 힘들다면 주변의 멘토를 잘 활용하라. 멘토(Mentor)[2]는 대단한 사람이 아니다. 우리주변에 있는 친구, 동네 형, 누나, 친척, 부모님, 교수님 등 주변에 무수히 많은 사람들이 여러분의 멘토가 되어줄 준비가 되어 있다. 내가 살아보지 못한 느껴보지 못한 부분에 대해 멘토들이 당신에게 도움이 될 지름길을 알려줄 수도 있을 것이다. 따라서 혼자만의 고민도 좋지만 객관적일 수 있는 제 3자들의 조언이나 충고는 또 다른 나의 모습을 볼 수 있고 나

2) **멘토**(Mentor)란 현명하고 신뢰할 수 있는 상담 상대, 지도자, 스승, 선생의 의미로 쓰이는 것으로, 멘토는 현명하고 신뢰할 수 있는 상담 상대, 지도자, 스승, 선생의 의미이다. 멘토의 상대자를 **맨티**(Mentee) 또는 **멘토리**(Mentoree), **프로테제**(Protege)라 한다. '멘토'의 유래는 〈오디세이아 Odyssey〉에 나오는 오디세우스의 충실한 조언자의 이름에서 따왔다. 오디세우스가 트로이 전쟁에 출정하면서 집안 일과 아들 텔레마코스의 교육을 그의 친구인 멘토에게 맡긴다. 오디세우스가 전쟁에서 돌아오기까지 무려 10여년 동안 멘토는 왕자의 친구, 선생, 상담자, 때로는 아버지가 되어 그를 잘 돌보아 주었다. 이후로 멘토라는 그의 이름은 지혜와 신뢰로 한 사람의 인생을 이끌어 주는 지도자의 동의어로 사용되었다.

에 적합한 삶을 알려줄 수 있다는 것을 잊지 말았으면 좋겠다.

생각해보기

자신의 멘토들을 생각해보자

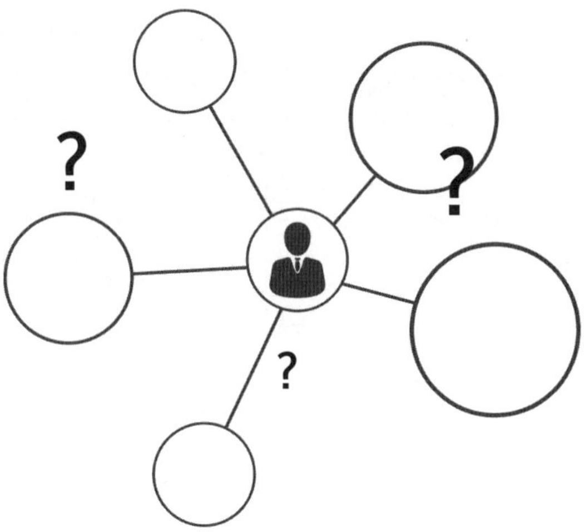

4. 미래에 대한 나의 비전

신입생 새내기와 달리 대학교 3학년이 되면 미래가 점점 불안해 오는 것이 사실이다. 4학년이 되면 불안하다 못해 전공에 필요한 자격증이 없을 경우 허둥지둥 하며 졸업하기 위한 이수학점과 토익 성적 등 걷잡을 수 없는 스트레스를 받기 시작한다. 거기다 경제상황의 어려움은 취업을 위한 스트레스를 극에 달하게 할 수 있다. 이러한 어려움을 해소하기 위해서는 2학년쯤에 나에 대한 목표(Goal), 비전(Vision), 미션(Mission)을 설정하는 것이 좋다. 목표가 무엇인지? 그 목표를 위한 비전을 설정하여 그 목적을 실행할 수 있는 미션(Mission)을 수행하려야 할 것이다. 최근 송중기처럼 좋은 드라마 하나로 Top Star가 되는 경우도 있지만 송중기의 경우도 10년 이상의 연예인생활을 했었다. 물론 좋은 기회로 대스타가 되었지만 특정한 몇 명을 제외하고는 보이지 않은 곳에서 최고가 되기 위해 수많은 노력들을 하였을 것이다. 따라서 여러분도 지금 이 순간 본인의 SWOT분석[3])을 통한 냉철하게 자신의 현 상황을 인식하고 자신의 목표, 비전과 미션을 설정해보기 바란다.

3) 일반적인 SWOT분석은 마케팅에서 주로 사용하는 분석기법으로 기업의 내부 환경과 외부 환경을 분석하여 강점(strength), 약점(weakness), 기회(opportunity), 위협(threat) 요인을 규정하고 이를 토대로 경영 전략을 수립하는 기법으로, 미국의 경영컨설턴트인 알버트 험프리(Albert Humphrey)에 의해 고안되었다. SWOT 분석의 가장 큰 장점은 기업의 내·외부 환경 변화를 동시에 파악할 수 있다는 것이다. 이러한 기업의 내부 환경을 분석하여 강점과 약점을 찾아내며, 외부 환경 분석을 통해서는 기회와 위협을 찾아낸다.

- 강점(strength): 내부 환경(자사 경영 자원)의 강점
- 약점(weakness): 내부 환경(자사 경영 자원)의 약점
- 기회(opportunity): 외부 환경(경쟁, 고객, 거시적 환경)에서 비롯된 기회
- 위협(threat): 외부 환경(경쟁, 고객, 거시적 환경)에서 비롯된 위협

이를 활용하여 본인의 SWOT분석은 본인의 강점과 약점을 인식하고 외부환경을 통한 나의 기회요인과 위협요인을 알아 최적의 상황을 이룰수 있도록 하는 것이다.

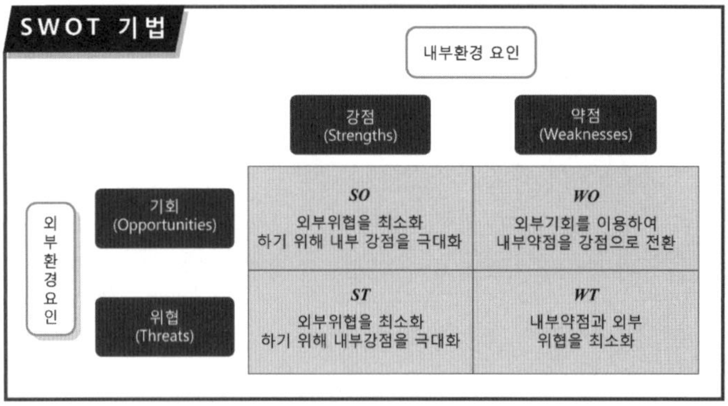

단순히 취업을 원하는 것인지, 좀 더 공부를 하여 공사나 아니면 공무원, 프로페셔널한 전문가가 될 것인지 고민을 하여야 한다. 전문직을 선택했다면 자격증을 딸 수 있는 공부를 하여 자격증을 따기 위해 노력할 것이고, 취업을 목적으로 한다면 어떤 회사에 취업을 할 것인지, 어떤 부서, 연봉은 어느 정도 생각할 것인지, 나름대로의 삶을 설계해 보아야 한다. 현재 지금 이 순간은 지금 단 한번 뿐이며 이전의 과거와 앞으로의 미래가 현재에 따라 존재할 뿐이다. 이런 과거와 미래를 위해 현재 내가 더 노력하고 열심히 준비하여 이루면 되는 것이다.

여러분이 어떤 전공에 있든, 어떤 일을 하고 싶든 취업을 하고자 한다면 들어가고 싶은 회사 아니면 선택이 안 된 회사라 하더라도 자신이 다니는 회사의 미래를 고민해 보아야한다. 망하는 회사에 취업을 하고자 하는 사람은 없을 것이다. 내가 다니는 회사가 성장가능하고 발전적이어서 연봉도 오르고 미래에 내가 임원이 될 수 있을지도 고민해보아야 할 것이다. 따라서 본 책의 목적은 내가 들어가고자 하는 미래의 회사에 대하여 알아보고자 한다. 회사가 성장하고 연봉도 오르고 미래발전적인 회사에 입사하고 싶지 곧 망할 회사에 들어가기를 원하는 사람은 없을 것이기 때문이다. 자신이 원하는 회사의 홈페이지에 들어가 보면 최근 3년간의 재무제표가 나와 있을 것이다. 이 회사가 무엇을 하는 회사인지, 수익성은 어느 정도인지, 안정적인지, 발전가능한지를 보여주는 재무제표를 통해서 여러분의 좀 더 나은 회사를 선택 할 수 있기를 고대한다.

목표(Goal), 비전(Vision), 미션(Mission)

현재 많은 고민을 하고 있는 여러 학생들의 입장에서 여러분의 인생의 목표(Goal), 비전(Vision), 미션(Mission)에 대한 고민을 해보며 작성해보자.

1. 미션(Mission)은 존재의 의미부여, 예를 들어, 나는 누구인가? 무엇을 원하고 무엇 때문에 사는가? 에 대한 정의
   - 개요: 대학생인 여러분이 무엇을 하고 싶어 하는지, 자기가 원하는 삶에 대한 것
   - 예: 우리가족을 위한 행복한 삶
     책을 쓰고, 읽는 삶
2. 비전(Vision)은 단기(3~5년) 또는 장기(20~30년)에 이루고 싶은 달성하고 싶은 것들
   - 개요: 미션들을 성공적으로 이루기 위한 기반을 생각하고, 내 스스로 항상 비젼에 대해 자문하고 스스로 해결해가며 중장기적인 인생의 전략을 수립함
   - 예: 3~5년 안에 세무사시험에 합격하여 전문직으로의 삶을 살기
     20~30년 후에는 새로운 게임 비즈니스 사업을 창업, CEO가 되어 연 매출 500억 정도 수익을 올리며 가족들과 크루즈 세계여행을 다니는 사람 되기
3. 목표(Goal)는 비전에 대한 구체적이고 현실적인 내용
   - 예: 전문 세무사로서의 TOP10 선정
     전 세계 게임회사 중 100대 기업에 들어가기

생각해보기

자신의 목표, 비전, 미션을 알아보자

✏ 목표

✏ 비전

✏ 미션

5. 재무정보로 보는 희망회사

4학년이 되면 이제 취업을 하기 위해서 이력서도 작성해보고 각종 취업박람회도 참가해 보고, 선배로부터 다양한 많은 이야기도 들어보고 할 것이다. 자신의 SWOT분석을 통한 자신의 강점, 약점, 외부환경의 기회요인과 위협요인을 잘 고려하여 자신의 삶의 목표(Goal), 비젼(Vision), 미션(Mission)을 설정하였다면 이제 나에게 맞는 회사를 찾아보아야 할 것이다.

인터넷 미디어 홍수시대에 살아가는 우리는 내가 원하는 정보를 얻기 위해 다양한 방법을 통해 정보들을 얻을 것이다. 내가 입사 하고자 하는 희망회사 사이트에 들어가서 회사의 개요, 연혁들, 대표이사인 기업가의 마인드, 기업의 인재상과 각종 복지혜택들, 그리고 기업의 재무정보들을 알아볼 수 있다. 본인의 전공이 경영학도이든, 공대생이든, 인문학이든 이러한 기본 재무정보를 이해하지 못한다면 앞으로 여러분의 삶에 대한 불확실성은 점 점 더 커질 수 있다. 내가 가고자 하는 희망하는 회사가 장차 발전가능성이 높은지, 어떠한 독보적인 기술력이 있는지, 판매망이 전세계적으로 얼마나 다양한 지를 통하여 장차 이 희망회사에 입사하여 나의 꿈을 마음껏 펼칠 수 있는지를 알아보아야 할 것이다. 대부분의 회사들은 자사의 홈페이지에 자사의 기본 재무정보들, 매출은 어떠한지 얼마의 이익을 얻고 있는지 등의 다양한 기본정보를 오픈하고 있다. 가고자하는 회사가 상장기업이라면 금융 감독원 증권거래소의 전자공시시스템(www.dart.ass.or.kr)에서 다양한 기업의 정보를 얻을 수 있을 것이다. 만약 상장기업이 아니라면 기업을 알리기 위하여 자사 홈페이지에 기본 재무정보를 올리는 경우가 대부분이다. 이를 통하여 희망회사를 사전에 확인하여 본인이 입사하기 위해 기본정보를 얻을 수 있을 것이다.

그 외에는 각종 카페나 모임 등을 통하여 희망회사의 다양한 정보를 얻을 수 있을 것이다. 이러한 정보는 실제 상황에 근접한 정보로 기본적인 자사 홈페이지 정보에 비해 실제 그 희망회사에 근무하는 사람이나 그 거래처 등 다양한 희망회사의 정보를 얻을 수 있을 것이다. 즉, 정보는 어디에나 있지만 좋은 기업을 선별할 수 있는 기본적인 재무분석을 통하여 자신의 미래를 투자할 수 있는 희망기업을 찾는데 좋은 길잡이가 될 수 있었으면 한다,

생각해보기

자신의 입사하고자 하는 회사정보를 알아보자

✏ 회사이름, 사이트

✏ 회사 오너의 경영철학

✏ 사업군들

✏ 재무제표현황 등

6. 상장회사와 비상장회사

상장회사(listed company)란 증권거래소가 정하는 상장심사기준을 충족시켜 그 발행 주식이 증권거래소에서 매매되는 회사로 일반대중에게 주식을 사고 팔수 있도록 하는 회사를 말한다. 코스닥(Kosdaq), 코스피(Kospi) 등의 주식회사들을 말한다. 반면에 비상장회사(Unlisted company)는 장외주식이라고도 하는데 이는 주식의 객관적인 가치나 시가를 측정할 수 없는 주식으로 일반대중은 비상장주식을 자유롭게 살수 없는 주식을 말한다. 따라서 일반대중이 주식을 사고 팔수 있는 상장회사는 각종 규제나 법규가 엄격하지만 비상장회사는 상대적으로 규모가 작은 회사로 각종 기업의 규제나 법규가 엄격하지 않다.

1700개 상장사, 3년치 재무정보 한번에 확인한다.

이달부터 투자자가 많이 찾는 전자공시시스템(DART)을 이용하면 전체 상장사의 재무정보를 손쉽게 비교할 수 있다.
금융감독원은 23일부터 전체 상장회사의 최근 3년간 재무정보를 이용자가 엑셀 파일로 다운 받을 수 있도록 전자공시시스템를 개선한다고 22일 밝혔다.
현재 전자공시시스템(DART, http://dart.fss.or.kr)은 개별 회사 단위로만 공시정보를 제공하다 보니 여러 기업의 정보를 동시에 비교·분석하는데 어려움이 있다는 지적이 제기됐다.
이에 금감원은 여러 회사의 공시정보를 손쉽게 조회 및 분석할 수 있도록 DART에 '정부 3.0 공시정보제공'란을 추가했다.
해당 시스템은 사업보고서 주요정보조회, 재무정보조회, 재무정보 일괄다운로드 등 3개로 구성된다.
사업보고서 주요정보조회를 클릭하면 최대 5개 회사의 증자(감자)현황, 배당에 관한사항, 최대주주현황 등 주요 공시 정보를 한눈에 조회할 수 있다. 재무정보조회는 단일회사의 재무제표와 최근 3년간 주요계정정보, 회사간 주요계정정보 등이 확인 가능하다.
전체 상장 회사의 재무 정보를 비교하고 싶다면 재무정보 일괄다운로드를 활용하면 유용하다. 1700여개 상장법인이 제출한 사업보고서에 포함된 최근 3년간의 재무제표를 텍스트 파일 형태로 제공한다.
'재무정보 분석툴'을 다운로드 받아 회사명을 입력하면 부채비율, 유동비율, 자본증가율, 영업이익률, 당기순이익률 등 주요 재무지표를 분석할 수 있다.
단 금융업종은 IFRS(국제회계기준)에서 계정과목 표준화를 진행 중이어서 이번 개편 대상에는 제외됐다.
금감원 관계자는 "일반 이용자들도 대량의 공시정보를 손쉽게 비교·조회 할 수 있게 됨에 따라 정보의 비대칭성이 해소되고 공시정보에 기반한 합리적인 투자문화 정착에 기여할 것으로 기대한다"고 말했다.
이어 "전체 상장회사의 재무정보를 누구나 손쉽게 접근할 수 있게 되면 상장회사 재무정보에 대한 사회적 감시도 강화될 것이다"고 덧붙였다.
금감원은 서비스 이용자들의 의견을 수렴해 공시정보 제공 확대범위 등을 검토할 계획이다.

세정신문

저자소개

김 정 호

약 력

- 신라대학교 경영대학 회계세무학과 교수
- 부산지방국세청 조세심의위원
- 사회적기업육성위원

상 벌

- 한국경영학회, 2016, "최우수논문상" 수상, '지주회사 체제 밖의 계열회사를 이용한 재벌의 이익조정'
- 한국조세연구소, 2014 "조세 우수 논문상", '세무서비스 품질이 납세자의 세무대리인 선정시의 중요성과 세무서비스의 만족도에 미치는 영향'
- 한국산업경영학회, 2012, "최우수 박사 학위 논문상" 수상, '기업의 장기적인 조세회피 예측변수로서 유효세율의 평가 및 결정요인에 관한 연구'

논문 외

- Study on Corporate Social Responsibility (CSR): Focus on Tax Avoidance and Financial Ratio Analysis, Sustainability, Vol7 (2017), pp235-256(SSCI)
- Reported Profits and Effective Tax Rate Following Accounting Standards Changes Analysis of Consolidated Financial Statements and Separate Financial Statements, JABR(The Journal of Applied Business Reserch) Vol.36, No.5 (2017), pp1-15(SCOPUS)
- A Study on Brazil corporate's CSR Activity and Propensity of Tax Avoidance, III(International Information Institute), Vol.20, No.5(2017), pp16-32(SCOPUS)
- The Petrobras Scandal and the Need for Privatization, III(International Information Institute), Vol.20, No.5(2017), pp1-15(SCOPUS)
- The Study On The Effect And Determinants Of Small - And Medium-Sized Entities Conducting Tax Avoidance, JABR(The Journal of Applied Business Reserch) Vol.33, No.2 (2017), pp375-390(SCOPUS)
- A Study on the Prediction of the Level of Tax Avoidance Using Financial Characteristics, The Academic Society of Global Business Administration, Vol.14, No.1 (2017), PP1-25
- Do SME(Small - And Medium-Sized Entities) Conduct Less Corporate Tax Avoidance?, IJSST Vol.9, No. 9 (2016), pp.255-266(SCOPUS)
- Corporate Tax Avoidance in SME(Small - And Medium-Sized Entities): the Effect of Listing, IJSST Vol.9, No. 6 (2016), pp.283-294(SCOPUS)
- Dividend Policy and Earnings Management: Based on Discretionary Accruals and Real Earnings Management, IJSST Vol.9, No. 4 (2016), pp.137-150(SCOPUS)

그 외 다수

에센셜 기업회계분석

발 행 일 2018년 8월 21일

저자와의 협의 하에 인지를 생략함

지 은 이 김 정 호

발 행 인 손 영 만
발 행 처 퍼스트북(First Book)
주 소 서울시 서대문구 연희동 193-7 영화빌딩 502호
전 화 02)3141-2953 / 팩 스 02)3141-2955
E-mail first_book@naver.com
홈페이지 www.firstbook.kr
출판등록 제1312-2009-000053호

ISBN 97911-85475-332 93320
가 격 24,000원